百家廊文丛
BAIJIALANG WENCONG

奂平清 ◎ 著

理论自觉与中国社会学的探索

本书受中国人民大学科学研究基金项目暨中央高校基本科研业务费专项资金支持

中国人民大学出版社
·北京·

编委会名单

编委会主任 靳 诺　刘 伟

编委会副主任 贺耀敏　刘元春

编委会委员（以姓氏拼音排序）

　　　　　　冯惠玲　冯仕政　胡百精　刘大椿

　　　　　　孙 郁　王 轶　乌云毕力格　严金明

　　　　　　张 杰　张雷声

序　言

中国人民大学建校八十年，也是中国共产党创办新型高等教育的八十年。从1937到2017，从延安的陕北公学，到晋察冀边区的华北联合大学、正定的华北大学，再到北京的中国人民大学，八十年历史沧桑，斗转星移，中国人民大学始终与党和国家同呼吸、共命运。八十年来，几代学人进行了殚精竭虑的学术探索，在治学方面取得了令人瞩目的杰出成就。

改革开放以来，中国人民大学的学者在马克思主义指导下，努力继承中华传统文化精粹，发扬老一辈学者的笃实学风，同时借鉴了西方学术研究的新方法、新成果，解放思想，大胆创新，有力推动了我国人文社会科学的深入发展。经过数十年的建设与积淀，中国人民大学在人文社会科学各领域内学科门类建设齐全，研究领域日渐拓展，研究水准不断提升，呈现出人才辈出、欣欣向荣的学术繁荣景象。

2017年9月，经国务院批准，教育部等部门下发了《关于公布世界一流大学和一流学科建设高校及建设学科名单的通知》，中国人民大学入选A类一流大学建设名单，哲学、理论经济学、应用经济学、法学、政治学、社会学、马克思主义理论、新闻传播学、中国史、统计学、工商管理、农林经济管理、公共管理、图书情报与档案管理等14个一级学科入选一流学科建设名单。入选学科除统计学为理学学科外，其余全部为人文社会学科。

中国人民大学入选"双一流"建设高校和14个学科入选"双一流"建设学科，既体现了党和国家对人文社会科学的重视，同时也是对中国人民大学八十年发展成就的充分肯定，是鼓励和认可，更是鞭策和期许。我们感觉肩上的担子更重了。

习近平总书记指出："人类社会每一次重大跃进，人类文明每一次重大发展，都离不开哲学社会科学的知识变革和思想先导。"如果我们将"双一流"的入选视为中国高等教育在新的历史阶段开启新的征程的信号，那么当前，中国人民大学已经站在新的历史坐标点上。我们需要总结历史，更需要开拓未来。

2016年中，学校科研处的同志与我们谈起，他们准备在校庆年启动一项名为"百家廊文丛"的持续支持工程，希望通过多年连续性的资助，把学校各学科卓有成就的学者所撰写的代表性学术成果择优出版，系统性地展示中国人民大学近年来的整体学术水平。科研处作为管理和服务教师科学研究的机构，一直把提升科研品质、打造学术精品作为部门的责任。但是，客观讲，中国高校的文科科研经费投入还是有限的，怎样把有限的资源配置到最需要、最出成效的地方，是中国人民大学多年来认真思考的问题。为了把"好钢用在刀刃上"，科研处也做了许多有益的谋划，推动了学校科研事业的蓬勃发展。

在校庆年首度推出"百家廊文丛"，具有几层特殊的意义。首先，"百家廊文丛"反映了中国人民大学在人文社会科学方面的深厚学术实力。本年入选的多部著作各具特色，有的资料翔实，有的论述细密，有的条理畅达，有的富有文采，足以彰显中国人民大学近年来的学术实绩。其次，体现出中国人民大学学者群体持续关注和深入研究我国发展面临的重大理论和实践问题的深沉人文情怀。有的学者耐得住寂寞，苦坐书斋；有的学者读万卷书行万里路，遍寻一手数据。再次，丛书是一个对外交流的窗口，在人大学者与国内外的学者之间架起了一个交流的平台。"百家廊文丛"如能持续坚持下去，就是一项规模较大的学术文化工程，值得期待。

大学因学术而显厚重，因学者而富气象。"百家廊文丛"首批推出的著作，选题丰富多元，特别是对基础学科和学科基础中的一些重要问题进行了专题研讨。对于"基础学科和学科基础"的强调和看重，一直以来也是我校科研工作的指导方针。"百家廊文丛"如果能做到叫得响、传得开、留得住，就成功了。好的学术成果一定要能沉淀下来，而非过眼云烟。

习近平总书记《在哲学社会科学工作座谈会上的讲话》指出："这是一个需要理论而且一定能够产生理论的时代，这是一个需要思想而且一定能够产生思想的时代。我们不能辜负了这个时代。自古以来，我国知识分子就有'为天地立心，为生民立命，为往圣继绝学，为万世开太平'的志向和传统。一切有理想、有抱负的哲学社会科学工作者都应该立时代之潮头、通古今之变化、发思想之先声，积极为党和人民述学立论、建言献策，担负起历史赋予的光荣使命。"中国人民大学长期秉持立学为民、治学报国的优良传统，始终践行着实事求是的学术良知。不论是在抗战烽火中，还是在建国伊始；不论是遭受了"文革"的磨难，还是在改革开放中凤凰涅槃，中国人民大学的学者一方面坚守书斋、甘于清贫，另一方面又关心国家、民族的命运，关心社会的进步。中国人民大学的命运从来与党和国家的命运休戚相关，而人大学者从来志向远大，他们为构建具有中国特色、中国风格、中国气派的哲学社会科学做出了积极贡献。今天，我们推出这套文丛，正是传承中国人民大学八十年文脉，弘扬砥砺奋进、实事求是精神的有益之举。

"百家廊文丛"的名字，非常契合中国人民大学的实际。因为"百家廊"是中国人民大学校内的著名风景，在李东东同志创作的《人民大学赋》中有云："百家廊，檐飞七曜，柱立八荒，凝古今正气，汇中外学术。"我们认为，这几句话就是对即将面世的首批"百家廊文丛"的最好诠释。"百家廊中百家争鸣"，这套文丛是献给历经岁月沧桑、培育桃李芬芳的中国人民大学八十年校庆的一份心意，祝愿这所伟大的学校在新的历史征程中继往开来、再续辉煌。

是为序。

目　录

绪　论 …………………………………………………………………… 1

第一编　中国社会学理论自觉的典范

第一章　费孝通学术历程的理论自觉 …………………………… 13
　一、费孝通的城乡社会学理论自觉 ……………………………… 14
　二、费孝通的民族研究理论自觉 ………………………………… 19
　三、费孝通的文化自觉与理论自觉的意义 ……………………… 22

第二章　郑杭生的理论自觉与社会运行学派的发展 …………… 27
　一、"理论自觉"概念与命题的提出 …………………………… 27
　二、理论自觉与社会运行学派的发展 …………………………… 29
　三、理论自觉与中国社会学的发展瞻望 ………………………… 44

第三章　郑杭生的马克思主义社会学理论自觉 ………………… 48
　一、理论自觉与马克思主义社会学两种形态理论的提出 ……… 49
　二、郑杭生的马克思主义社会学理论自觉及贡献 ……………… 54
　三、马克思主义社会学理论自觉与中国社会学话语权的提升 … 62

第二编　理论自觉与城乡社会学研究

第四章　费孝通城乡发展思想的演变及其对新型城镇化的意义 ……… 67
　一、费孝通城乡发展思想的演变 ………………………………… 68
　二、在什么意义上说"小城镇依然是大问题" ………………… 73

三、费孝通的城乡发展思想对新型城镇化的意义 …………… 76
第五章　陆学艺"三农"问题研究的社会学理论自觉 …………… 80
　　一、关于农村经济社会体制改革与农业发展的研究 ………… 80
　　二、关于农民问题的探索 ……………………………………… 85
　　三、关于农村发展与农村社会建设的研究 …………………… 88
　　四、"三农"问题研究中社会学理论自觉的深远意义………… 92
第六章　小农经济依然是中国"三农"问题的出路吗？ ………… 94
　　一、关于中国小农经济的争论 ………………………………… 94
　　二、小规模家庭农场仍将是中国农业的出路吗？ …………… 102
　　三、城乡二元结构和小农经济条件下的"三农"发展困境…… 110
　　四、"三农"困境的突破口与出路 …………………………… 116

第三编　理论自觉与民族和文化研究

第七章　大瑶山调查与费孝通民族研究的理论自觉历程………… 127
　　一、第一次大瑶山调查及对顾颉刚"中华民族是一个"
　　　　的质疑 ……………………………………………………… 127
　　二、新中国成立之初的民族调查及对中华民族"多"与"一"关系
　　　　的思考 ……………………………………………………… 134
　　三、1978年后的大瑶山调查及多元一体理论的形成 ………… 136
　　四、费孝通民族研究理论自觉的启示………………………… 146
第八章　费孝通的"和而不同"与"天下大同"思想…………… 149
　　一、对费孝通"和而不同"与"天下大同"思想的理解的
　　　　偏差 ………………………………………………………… 149
　　二、从文化自觉看"和而不同""天下大同"思想 ………… 152
　　三、理论自觉在民族和文化研究中的意义…………………… 163

第四编　理论自觉与关系研究

第九章　我们需要什么样的关系社会学研究？ ………………… 171
　　一、"社会资本"概念与理论兴起的背景 …………………… 171
　　二、中国社会转型期"关系"盛行的原因及影响……………… 173

三、关系社会学研究反思……………………………………… 176
　　四、中国现代社会资本的建构…………………………………… 178
第十章 关系研究反思与社会建设…………………………………… 180
　　一、中国人的"关系"困境与悖论……………………………… 180
　　二、关系研究的两种主要范式…………………………………… 182
　　三、关系研究批判与反思………………………………………… 187
　　四、反思性关系研究与社会建设………………………………… 196

第五编　理论自觉与社会政策研究

第十一章 福利制度是西方国家危机的根源吗？…………………… 217
　　一、福利国家制度的作用及其面临的困境与批评……………… 218
　　二、对西方国家危机的福利制度根源论的分析与批判………… 220
　　三、中国与西方福利国家在福利制度建设与改革上的差异…… 229
　　四、结语…………………………………………………………… 232
第十二章 福利社会建设与社会治理………………………………… 234
　　一、福利制度建设与社会现代化………………………………… 235
　　二、福利社会建设与中国社会治理……………………………… 236
　　三、中国福利社会建设之路与当前的重点任务………………… 253

参考文献………………………………………………………………… 259
后　记…………………………………………………………………… 262

绪　论

2019年系中国社会学恢复重建30周年，郑杭生在对中国社会学发展历程进行深入总结与反思的基础上，提出和论述了"理论自觉"概念和命题，认为中国社会学要充分利用中国社会历史性变迁的巨大舞台和现实性宝贵资源，提炼和创造自己的概念、命题和理论，形成自己的学术话语，而不是在西方理论的笼子里跳舞，使自己的理论研究或经验研究成为西方理论的案例和验证。中国社会学理论自觉的实现途径，就是要"立足现实、开发传统、借鉴国外、创造特色"。中国社会学只有树立高度的理论自觉意识，才能更好地回应中国社会转型中出现的新问题、新现象和新趋势，才能提炼自己的概念、命题、理论，增强自主性和创造力，开创中国社会学发展的新局面。[①]"理论自觉"概念提出后，得到中国社会学界的热烈响应，对提升中国社会学的主体性、自信心和创造性，进而更好地推进中国社会建设产生了持续而重大的影响。

郑杭生在提出"理论自觉"概念后，继续在中国社会学会学术年会等各类学术会议的发言中强调和呼吁要加强理论自觉。在银川召开的中国社会学会2012年学术年会上，郑杭生发言指出，理论自觉和理论自信已经成为摆在中国社会科学界面前的一个重大的时代课题，中国社会科学的各

---

① 郑杭生在中国社会学会2009年学术年会上做了题为"促进中国社会学的'理论自觉'：我们需要什么样的中国社会学？"的主题报告，《光明日报》2009年10月20日第11版以《中国社会学的"理论自觉"》为题发表了该报告的详细摘要，报告全文发表于《江苏社会科学》2009年第5期。《新华文摘》2009年第24期全文转载。

个学科，都应该用理论自觉来总结、梳理自己的过去，把握现在，规划将来，把理论自觉真正落实到自己学科各专业、各分支中，运用到自己学科教学和研究的方方面面，运用到学科体制、体系建设的各个领域。他呼吁中国社会学界尤其要把理论自觉全面落实和运用到社会学的各个领域、各个方面，重新思考和反思如何办社会学的教学和研究机构、如何办社会学杂志、如何进行社会学的学科建设、如何编写有中国特色的教材、如何培养社会学各专业的学生、如何总结"中国经验"、如何形成中国社会学派的各个流派、如何进行社会学的学术争鸣、如何建构中国的社会学学科的评价体系。对曾经和仍然存在的理论失觉、理论自卑进行建设性反思，对消除学界事实上还存在的"边陲思维"非常重要。①

在贵阳召开的中国社会学会 2013 年学术年会上，郑杭生在致辞中提出，中国社会学在理论自觉阶段的基本功就是再评判、再认识、再提炼，即在中国社会学所面对的中西关系、今古关系、理实关系三种基本关系上，真正做到"借鉴西方，跳出西方"，不断进行"再评判"，做到"开发传统，超越传统"，不断进行"再认识"，做到"提炼现实，高于现实"，不断进行"再提炼"，这样才能真正创新我们的学术话语，创造我们的学术特色，也才能形成众多的真正的中国学派②。

在武汉召开的中国社会学会 2014 年学术年会上，郑杭生做了题为"学会 学派 学术"的发言，将中国社会学理论自觉阶段的基本功进一步归结为"三再、两气、一追求"。所谓"三再"，就是前述的"再评判、再认识、再提炼"；所谓"两气"，就是社会学"只有接地气，才能有底气"，其中"接地气"至少可分为三种，即接现实中国的地气、历史中国的地气、中国立场观点的地气；所谓"一追求"，用中国学术传统的说法，就是社会学要追求"真善美"，既要追求"真"，又要追求"善"和"美"，费孝通晚年也是在这一意义上强调社会学要坚持科学性和人文性的结合，忽视人文性会使社会学研究陷入片面和狭隘，会把许多应该由社会学研究

---

① 郑杭生. 把"理论自觉"全面落实到社会学各个领域：在中国社会学会 2012 年银川学术年会上的致辞. 宁夏党校学报，2012 (5).
② 郑杭生. 再评判、再认识、再提炼：中国社会学在"理论自觉"阶段的基本功. (2012-07-23) [2017-05-03]. http://www.sociologyol.org.

的东西排斥在社会学的视野之外。[①]

对于郑杭生所倡导的理论自觉,不同学者间在概念理解上还存在一些偏差。例如,有学者将理论自觉简单地理解为就是要注重理论研究。笔者认为,需要从如下五个方面理解和贯彻中国社会学的理论自觉。

第一,社会现象的自我实现预言机制决定了社会学研究必须有理论自觉。默顿所揭示的自我实现预言机制这一社会现象的基本原理表明,某种期望、信念或预测会使人们按所想象的情境去行动,结果最初并不真实的预言会应验,变成现实[②]。自我实现预言的作用机制与社会建构论具有一定的契合关系[③]。与自然科学相比,人文社会科学研究之所以要强调理论自觉,最为根本的原因是人文社会科学研究的成果与结论,会成为一种思想或意识形态,改变人们对社会的理解和人们的行为方式,从而改变社会变迁与发展的方向。也就是说,"思想和行为一样,是会产生后果的"[④]。因此,缺乏反思性的学术如果介入政治社会现实,对社会和学术来说都是一种灾难[⑤]。理论与实践之间存在着互构关系,一方面,实践问题会大量地转变为理论问题,另一方面,理论问题也会大量地进入到实践领域,通过不同观点与思潮的讨论、争辩和反思,赋予实践以适应时代变化的新的理念、新的思路和出路[⑥]。理论与实践之间的这种互构关系,决定了社会学研究必须有理论自觉,必须坚持建设性反思批判精神。

第二,社会学要立足实践与经验研究,又要超越实践与经验,要有理论追求,这是理论自觉的基本层面。对经验研究与理论研究之间的关系,费孝通在20世纪40年代就做过反思,认为与社会调查只是了解事实不同,社会学调查或社区研究的中心是理论,是依据事实的考察来验证社

[①] 郑杭生. 学会 学派 学术:我对理论自觉从何而来的学术思考. 北京日报,2014-08-25(20).
[②] 默顿. 社会研究与社会政策. 林聚任,等译. 北京:生活·读书·新知三联书店,2001:286.
[③] 苏国勋. 从社会学视角看"文明冲突论". 社会学研究,2004(3).
[④] 维沃. 思想的后果. 王珀,译. 南昌:江西人民出版社,2015.
[⑤] 王明珂. 父亲 那场永不止息的战争. 杭州:浙江大学出版社,2012:234.
[⑥] 郑杭生. 自序//郑杭生,杨敏. 社会互构论:世界眼光下的中国特色社会学理论的新探索:当代中国"个人与社会关系研究". 北京:中国人民大学出版社,2010.

学理论或形成新的理论,"实地调查时没有理论作导线,所得到的材料是零星的,没有意义的"①。但是,以"拒斥形而上学"为口号的西方实证主义社会学,把价值性和理论性都当作"形而上学"加以拒斥,片面强调科学性,否认价值性;也把经验性和理论性对立起来,只强调经验性。受美国实证主义社会学的影响,中国社会学从恢复重建开始,就存在理论研究与经验研究失衡的问题,在社会学发展过程中理论明显滞后,大量经验研究缺乏深入的理论思考或明确的理论前提,缺乏学术性积累和进步;而且,很多经验研究往往只是对某些西方实证社会学理论的粗浅证明,对中国社会变迁的解释常常流于表层②。将社会学定位为经验性或实证性的狭隘理解和视野,在某种程度上成为中国社会学界广为流行的理解和视野,也成为某些社会学教学机构、研究机构和学术杂志的主流倾向,导致中国社会学理论研究和经验研究严重失衡。因此,大力推进中国社会学的理论研究、理论建设和理论创新,不仅是中国社会学在新的历史条件下适应中国社会变迁与发展的需要,同时也是中国社会学提高自己在社会学世界格局中的地位必不可少的步骤③。中国社会学理论自觉的基本方面就是立足对中国特色社会主义建设实践的经验研究,形成有中国特色的社会学概念和理论体系。

第三,中国社会学理论自觉的根本问题,是社会学的本土化问题,也就是如何处理中西、古今关系的问题。郑杭生提出理论自觉命题的根本目的,是倡导中国社会学根据中国社会历史性变迁的实践提炼和创造自己的概念、命题和理论,形成中国自己的社会学学术话语。从实现途径来说,就是要立足现实、开发传统、借鉴国外、创造特色。当前尤其要结合中国社会建设与社会治理实践,对仍然支配着中国社会学的一些来自西方社会学的概念、理论、方法和范式进行反思性梳理,在此基础上形成中国自己

---

① 费孝通.《禄村农田》导言//费孝通全集:第3卷.呼和浩特:内蒙古人民出版社,2009:1-6.费孝通.《昆厂劳工》书后//费孝通全集:第3卷.呼和浩特:内蒙古人民出版社,2009:353-354.

② 郑杭生.改革开放30年:日趋成熟的中国社会学:有关中国社会学发展全局的几个重大问题.江苏社会科学,2008(3).

③ 郑杭生.当代中国理论社会学面临的创新任务:一种社会实践结构性巨变的视野.社会科学战线,2007(1).

的社会学概念与理论体系；要充分挖掘和借鉴中国传统文化和思想，用中国思想与话语创造社会学概念与理论。当然，在追求社会学中国化方面，一方面中国社会学的研究不能沦为仅仅是在中国社会中为西方社会学理论寻找注解；另一方面，也要警惕因刻意追求中国的"本土性"而随意将中国社会的一些现象和困境归结为"中国特色"，视为中国文化的本质使然。

第四，理论自觉要求立足实践与社会变迁，对已有理论进行修正与丰富。除了对西方社会学理论进行反思性梳理和借鉴、对中国传统思想进行挖掘和继承外，对于当代中国社会学和老一辈社会学家的一些概念和理论，也要根据当前中国社会发展实践进行反思性地分析、修正和丰富。在中国特色社会主义进入新时代的背景下，更需要社会学者深入观察新时代社会的新变化，体察新时代的重大实践与理论问题，总结提炼富有解释力的社会学概念与理论，为社会良性运行与协调发展提供理论支持。

第五，理论自觉还要求中国社会学学者有理论自信，推动中国社会学的国际化。倡导理论自觉是在全球化和社会快速转型背景下中国社会学对现实迫切需要的回应，与中国从地区性大国向世界性强国的转变趋势相符合，与中国社会学从世界学术的边陲转化为学术中心之一的前景相一致[1]。理论自觉要求中国社会学学者要有坚定的理论自信：一是坚信中国化的社会学，即从中国土壤里生长出来的社会学，一定能够自立于世界学术之林；二是坚信中国社会学不仅能够回答中国自身的问题，也能够对人类面临的共同性问题做出贡献，具有普遍的学术意义[2]。中国的历史，中国所处的世情、国情以及发展实践都具有独特性，当代中国社会建设、发展实践及取得的举世瞩目的成就，在人类社会发展史上也具有重大意义，对此西方的理论不一定都能解释，这种独特性为中国特色社会学理论的发展提供了丰富的源泉与坚实的基础。此外，中华优秀传统文化思想也是中国社会学理论自信的源泉。西方文化中的"天人对立"和"文野之别"观念，是现代世界人类与自然之间、各民族之间、各文化之间的冲突的主要思

---

[1] 洪大用. 理论自觉的必要性及其意涵. 学海, 2010 (2).
[2] 景天魁. 从社会学中国化到中国社会学普遍化. 杭州周刊, 2015 (16).

想根源，而中国悠久的农业文明所孕育的"天人合一""有教无类""天下一家"等传统文化思想及历史实践，对摆脱现代世界人类困境仍有重要借鉴意义。对中华传统文化中这些优秀思想的挖掘和创造性转化，有助于推动共建共享的"一带一路"发展战略的顺利进行，也有助于推动相互尊重、公平正义、合作共赢的人类命运共同体建设。中国社会学也要积极主动地参与到这一伟大建设事业中来。中国正在全面走向世界，一方面，中国社会学学者要在研究好自己的社会和文化的基础上，向世界解读中国的文化和社会发展，让世界更好地了解中国。这就要求中国积极实施"走出去"战略，鼓励学者参加国际学术会议、发表外文学术文章、牵头组织国际研究项目；鼓励学术机构建立海外调研基地和研究中心，鼓励研究机构参与和设立国际性学术组织；鼓励兴建外文学术网站、办好外文学术期刊，积极向国外推介我国的高水平研究成果①。另一方面，中国社会学学者还要以高度的文化自觉和理论自觉，深入细致地研究世界其他国家的社会和文化，既要为中国走向世界提供坚实的理论基础，也要为世界发展提供中国视角和中国经验。

当前，中国社会学除了要在话语系统上高扬"理论自觉"的旗帜，还迫切需要以高度的理论自觉，对中国社会学各个研究领域和各个研究层次所使用的概念、理论、原则和方法进行全面、深入、系统的反思性梳理。对那些当前流行甚至占据主流话语地位，但与中国实际（包括中国的历史文化传统和现实经济政治社会背景）不相符或不利于中国社会建设和社会治理实践的概念、理论、原则和方法，要进行反思性梳理和批判；对中国社会学在发展过程中形成的符合当时国情的概念与理论，也要在积极回应社会快速转型中出现的新问题、新现象和新趋势的同时，有所借鉴继承和创新发展。总之，中国社会学界要遵循郑杭生所倡导的"立足现实、开发传统、借鉴国外、创造特色"这一理论自觉的实践途径，充分利用中国特色社会主义新时代的社会建设实践及丰富资源，努力创建新时代中国特色社会学学术话语和理论体系，并为世界社会学增添中国社会学者自己的创造与智慧。

---

① 李培林. 面向新时代构建中国特色社会学. 人民日报，2017-01-23（20）.

在本书中，笔者根据郑杭生关于加强中国社会学理论自觉阶段基本功的要求，结合自己的研究兴趣和领域，立足于对中国社会转型、社会建设和社会治理中的一些重要理论和现实问题的思考，在深入梳理和挖掘费孝通、郑杭生等中国社会学理论自觉典范人物的学术思想及其理论自觉的基础上，结合城乡发展研究、民族问题研究、关系研究和社会政策研究等中国社会学的研究领域，对相关概念、理论和方法做了深入的反思性梳理与讨论，探讨了这些研究领域所应有的理论自觉及其意义。

第一编"中国社会学理论自觉的典范"对费孝通和郑杭生的社会学理论自觉进行深入梳理与挖掘，探讨其对中国社会学发展的意义。从"理论自觉"的含义及其实现途径来看，费孝通、郑杭生等学者无疑是中国社会学理论自觉的典范。通过从理论自觉的视角梳理费孝通的学术思想可以发现，费孝通始终通过对中国社会现实的调查研究，敏锐把握时代变化的趋势，并根据中国经济社会发展实践的时空条件和变迁的阶段性特点，不断反思、修正和丰富自己的认识和理论，其学术思想、立场与态度体现出高度的理论自觉与文化自觉。对费孝通学术思想的演变及其理论自觉的历程进行深入梳理，有助于当代中国社会学、人类学、民族学的学者（尤其是年轻学者）以高度的理论自觉意识，充分利用中国社会历史性变迁的巨大舞台和现实性宝贵资源，提炼和创造中国自己的概念、命题和理论，形成中国自己的学术话语，提升中国相关学科在世界学术格局中的地位；也有助于中国社会学更好地为中国社会发展和社会建设服务。郑杭生的社会学理论自觉，不仅表现为他提出了"理论自觉"命题，也表现为其在社会学学术历程中始终保持高度的理论自觉意识。郑杭生及其学术团队所提出的社会运行论、社会转型论、学科本土论、社会互构论和实践结构论等相对系统的中国特色社会学理论体系，就是立足于中国社会运行与社会转型的实践基础，综合东西方社会思想和社会学理论资源而形成的。在中国社会学恢复重建初期，郑杭生就以高度的理论自觉，致力于对马克思主义社会学理论的探索。他关于马克思主义社会学两种形态的理论发现，以及"社会学是关于社会良性运行和协调发展的条件和机制的综合性具体社会科学"的主张，在理论和实践层面解决了社会主义国家发展在马克思主义指导下的社会学和发展马克思主义社会学的合法性和合理性问题。他在对辩证法和实事求是等马克思主义立场和方法的坚守、对马克思主义社会学理论的持续探索、对中国特色社会学理论的构建等方面，均取得了杰出的成就。

第二编"理论自觉与城乡社会学研究"以费孝通和陆学艺的城乡发展思想为例，对一些有悖于中国经济社会发展阶段与方向的有关城乡发展道路的概念、观点进行反思性批判。关于中国的城乡发展道路，不少学者借用费孝通早期的提法，认为乡镇工业和小城镇仍是中国城市化的"人口蓄水池"，"小城镇依然是大问题"，认为今天中国仍然如费孝通当年所指出的一样，发展的方向在农村，"三农"问题的出路归根到底还是在于加快小城镇建设。这种观点实际上完全脱离了费孝通城乡发展理论的时代背景，只是断章取义地将费孝通的城乡发展思想模式化为"乡土中国"、"小城镇"和"离土不离乡"，而无视费孝通始终是在根据中国经济社会发展的时空条件和变迁的阶段性特点不断反思、修正和丰富其认识与主张的事实，不仅有悖于费孝通晚年思想的变化，而且会对推进以人为本的新型城镇化建设战略造成认识上的混乱和实践上的误导。陆学艺在其学术生涯中，也主张和坚持研究社会转型过程中的重大现实问题、将具体调查与宏观经济社会结构变迁相结合、根据中国经济社会发展阶段适时调整"三农"政策，表现出高度的社会学理论自觉意识。有些学者和官员认为，未来中国农业仍将以小规模、劳动密集型经营为主，农业和农民问题的出路仍在于小农经济。实际上，这种认识与中国城乡社会变迁的实际并不相符，也难以从根本上破解当前中国的"三农"困境，对当前和今后的"三农"政策与实践也有误导作用。"三农"问题的根本出路在于推动以城乡二元社会体制转变与农村土地制度完善相结合的制度体制改革与建设。其中推动以农业转移人口市民化为核心的新型城市化和以土地流转等途径发展适度经营规模、促进农民专业化，则应是当前"三农"政策与实践工作的主要任务。

第三编"理论自觉与民族和文化研究"以费孝通民族研究和文化研究的理论自觉为例，对当前我国民族和文化研究领域以西方多元文化主义为核心的话语和研究实践进行反思与批判。受多元文化主义等思潮的影响，民族学、人类学、社会学的不少学者在文化和民族研究中将多元文化主义视作多民族社会发展的理想基础,有人甚至将费孝通的多元一体理论等同于多元文化主义,强调"多元"、"差异"或"不同",而忽略其理论中"一体"与"和"的方面,这些曲解,不仅造成认识与理论上的混乱,对现实的民族关系和民族政策也有不良的影响。因为不同民族和文化,由于所处环境的不同,可能是多渊源的,但并不意味着永远是"多元"的;无论是将"多元"作为争取承认的手段还是目的,都难以成为实现民族或文化之间真正平等的有效途径。费孝通注重从历史和现实的角度探讨中国各民族交往交融、民族平等和中华民族的凝聚等问题,无疑是民族研究理论自觉的典范。在民族和文化研究上,研究者要有费孝通这种高度的理论自觉意识,以促进民族平等、民族发展和民族融合的马克思主义民族理论体系为指导,以促进民族关系的良性运行与协调发展为宗旨和立场。在价值观念多元化的时代,我们既要避免文化的强制同化,更要警惕那种将文化差异绝对化并作为追求目标,从而人为扩大民族差异、制造民族矛盾和纷争的学术观点,以及可能对民族关系实践产生的破坏作用。

第四编"理论自觉与关系研究"以近年来流行的关系社会学研究范式为例探讨中国社会学理论自觉的意义。一些社会学者利用"社会资本"概念的狭义定义研究中国社会的"关系"运作,致力于对当代中国社会盛行的"关系"现象做技术性实证描述与分析,试图通过这种关系社会学研究为世界社会学理论做出具有中国特色的贡献;还有一些社会学、人类学和心理学者认为关系、人情和面子是中国文化的重要组成部分,将"关系"视为中国社会研究与调查的理论前提,致力于分析中国人文化心理和行为的特殊性,而忽视"关系"的社会结构制约性及其变迁性。这两种研究范式和立场,一方面忽视了"关系"运作现象的自我实现预言机制,另一方面,其研究结论本身也成为"关系"合理化和自我实现预言的重要推动力量。因此,中国社会学等学科的学者迫切需要加强理论自觉意识,坚持研究的反思性与建设性意识,致力于分析转型期"关系"等社会现象的自我实现预言机制等根本原因,通过发现与分析中国社会转型、社会建设与社会治理实践中通过制度设计等途径打破"关系"恶性循环的成功案例和可能途径,使中国人摆脱关系困境,推动中国社会规则意识等现代性的发展。

第五编"理论自觉与社会政策研究"对中国社会福利与政策研究领域自由主义的"福利病"话语与政策进行反思性批判。在对西方国家经济、社会与政治危机的反思中，有不少人将危机归因于其福利制度，并认为中国要吸取其教训以防范"福利病"。这种分析与批判并没有认清西方国家危机的本质，也使得福利制度的负面效应被放大，这无疑会对中国正在进行的以改善民生为重点的社会建设道路带来误导与干扰。在社会福利理论与政策研究中，需要以高度的理论自觉，深入剖析西方危机的本质与根源，总结西方福利制度发展的经验，在对比中西方福利制度改革的背景与逻辑差异中，厘清认识误区，探索适合中国国情的福利社会建设模式。建设福利社会，是社会主义的本质要求，是应对当前中国社会治理困境的根本途径，是实现经济发展方式转变的关键，也是促进社会认同、重塑价值共同性的重要途径，将为文化建设与中华民族复兴奠定坚实的基础。在当前中国的福利社会建设事业中，迫切需要形成福利社会建设的共识，要突出国家和政府在福利社会建设中的主体作用，要消除福利分割与排斥，要以高度的理论自觉意识进行福利社会建设和社会治理的理论与政策研究。

第一编

中国社会学理论自觉的典范

第一章　费孝通学术历程的理论自觉

2009年系中国社会学恢复重建30周年，郑杭生继承和发展了费孝通的"文化自觉"概念和理论，提出了"理论自觉"的概念和命题，认为中国社会学要充分利用中国社会历史性变迁的巨大舞台和现实性宝贵资源，提炼和创造自己的概念、命题和理论，形成自己的学术话语，而不是在西方理论的笼子里跳舞[1]。中国社会学理论自觉的实现途径，就是要"立足现实、开发传统、借鉴国外、创造特色"[2]。

虽然费孝通没有直接使用"理论自觉"概念，但从郑杭生所阐述的理论自觉的内涵来看，费孝通无疑是中国社会学理论自觉的典范。费孝通对这一命题也曾有过近似的论述。例如，在2000年，针对中国人文社会科学过度借用西方社会理论的状况，费孝通曾清醒地告诫说：我们必须意识到西方社会理论和概念是西方社会发展的产物，是西方社会科学家对其社会现实进行深入调查研究和总结概括的结果，他们还根据对现实社会变化了解的不断深入而反复加以修正，以使这些社会理论更符合其社会现实。因此，我们在研究中国问题时，一定不能全盘照搬西方社会理论和概念，必须在对其进行深刻理解的基础上，将其作为参照来创建我们自己的理论。尤其是青年学者，做学问要对外开放，但要防止"中心外移"，立足

---

[1] 郑杭生. 促进中国社会学的"理论自觉"：我们需要什么样的中国社会学?. 江苏社会科学，2009（5）.

[2] 郑杭生. 中国社会学百年轨迹. 东南学术，1999（5）. 郑杭生. 改革开放30年：当代中国社会学的历史轨迹和鲜明特色. 教学与研究，2008（6）.

点和中心应在中国，结合中国实际。中国的人文社会科学，一旦离开中国的社会实践，就很可能会丧失生命力。面对急剧变迁过程中社会的高度复杂性，我们要对时代变化做出积极有效的反应，要经常检查自己所做的研究能否贴切地反映现实社会。① 这些告诫充分体现出费孝通的理论自觉意识。

目前学界有关费孝通的研究文献数量众多，但从其理论自觉发展历程的角度进行分析的研究成果却并不多见。有些学者对费孝通理论和主张的分析与批评，往往脱离其时代背景，无视费孝通始终根据中国社会变迁不断修正和丰富自己的认识与理论的事实。梳理费孝通的学术生涯可以发现，他始终以对中国经济社会现实的调查研究为基础，敏锐把握时代变化的趋势，并根据社会变迁实践不断反思、修正和丰富自己的认识和理论，其学术思想、立场与态度体现出高度的理论自觉与文化自觉。本章主要从费孝通的城乡社会学、民族研究和文化研究等方面，对其理论自觉的发展历程加以分析，并探讨其对当前中国社会学乃至整个人文社会科学研究的意义。

一、费孝通的城乡社会学理论自觉

探索中国城乡发展的道路，是费孝通"一生的研究课题"②。近年来，对费孝通的小城镇等城乡发展理论有不少批评。有批评认为，他的乡村工业化与小城镇理论及其实践，是导致中国农村生态恶化、城市化滞后的重要原因之一。还有批评认为，他的城乡研究是"相对静止而单一的由乡镇工业联结的城乡关系范式"，"没有将更宏阔的政治视角纳入考虑范围"③。这些批评与认识，实际上脱离了费孝通的城乡发展理论与主张的时代背景，也忽视了他在中国社会发展的不同阶段对自己的理论与主张不断加以修正和丰富的事实。

费孝通一贯以从实求知的态度，结合中国经济社会发展的现实条件与

---

① 费孝通. 我们要对时代变化作出积极有效的反映. 社会，2000（7）.
② 费孝通. 中国城乡发展的道路：我一生的研究课题. 中国社会科学，1993（1）.
③ 冯川. 费孝通城乡关系理论再审视. 中国图书评论，2010（7）.

状况，敏锐地把握时代变迁趋势，提出相应的富民强国主张。他关于中国城乡发展道路的主张，经历了发展乡村工业、发展乡镇企业和小城镇、区域经济开发、走多元城市化道路的演变过程。这一演变过程，既反映了中国经济社会发展的阶段性特征，也充分体现了费孝通"志在富民"的历史责任感和高度的社会学理论自觉意识。因此，我们需要结合费孝通城乡发展道路的相关理论的历史背景，全面把握其基本观点和方法。唯其如此，方能为分析和解决当前中国城乡发展中的重大理论与现实问题提供有价值的参考。

费孝通以1936年的家乡江苏吴江江村（开弦弓村）调查和1939年开始的云南内地农村实地调查为基础，提出了发展乡村工业以改善农民经济状况、实现乡土重建的主张。这一主张在当时就引起了争论。如姜庆湘认为，费孝通提出的以恢复农村副业来为中国经济找出路的主张是保守的[1]。吴景超则断言手工业注定是要衰微的，"近代文明"和"机器工业"都是在都市产生的，因此中国要以发展新工业来吸纳农村人口，使农场面积扩大，使农民可以专靠农业谋生，使工业可以从农村里分出来，走向机器化和现代化[2]。就中国当时的经济、社会和政治环境而言，费孝通发展乡村工业的主张显然更为合理可行。这一主张符合中国历史上在人多地少条件下形成的农工相辅的传统经济模式，符合当时列强入侵导致中国农村工业衰落、农村贫困化的状况，也符合当时中国城市以消费为主、只能吸纳有限农村劳动力的现实条件。费孝通指出，在中国几千年来人多地少条件下形成的小农经济中，手工业已成为不可或缺的部分，一直到现在仍是大多数人赖以为生的职业[3]。但西方工业的扩张导致中国传统乡村工业迅速衰落，造成中国经济彻底农业化，部分农民失业，农村经济萧条，高利

---

[1] 姜庆湘. 再论城乡对立的经济关系. 中国建设, 1947 (5).
[2] 吴景超. 中国手工业的前途//第四种国家的出路. 北京: 商务印书馆, 2010: 195-205.
[3] 费孝通.《易村手工业》序: 中国乡村工业//费孝通全集: 第2卷. 呼和浩特: 内蒙古人民出版社, 2009: 337-355. 费孝通. 人性和机器: 中国手工业的前途//费孝通全集: 第4卷. 呼和浩特: 内蒙古人民出版社, 2009: 45-58.

贷活跃，土地权外流，土地问题日趋严重，导致乡村不安和政治不稳定①。费孝通认为，吴景超所提倡的通过发展都市新工业来吸收农村人口，实现工业化和现代化可以说是最基本的出路，但问题是都市新工业能吸收多少人口？新工业兴起能否解决手工业崩溃引起的大量人民失业和贫困的问题？这是攸关民生的大问题。② 因为从当时中国都市的性质来看，旧式的"城市"是其人口已脱离了土地、以收租为生的地主为主的消费性城市，而以生产性工商业为主的新兴都市（如上海等通商口岸城市）是在西方的经济压力下发展起来的经济体，主要是洋货的经纪站。在这种条件下，城市吸收乡村过剩人口的能力十分有限。③ 而且在乡村工业式微后，工业离开了乡村，城市吸收了一部分农村人口，但在吸收时并不是以家庭为单位，而是以个人为单位，其结果是破坏了家庭的完整，不像在传统的男耕女织、农工混合社区形式下，家庭这一基本团体不致被破坏④。因此，在人多地少的客观条件的制约下，恢复乡村工业是适应短期内无法改变的小农经济的现实可行的方案⑤。将乡村工业尽量分散，也是"可以使农民大众得到工业化利益的方案"，有助于稳定乡村经济，防止乡村衰落⑥。当然，在费孝通的乡村工业化主张中，工业不完全是传统社会中自生自灭的手工业，他指出，"我们原有的乡村工业太落后，不能和现代工业竞争，所以我们不能让现有乡村工业自己去挣扎，而必须有计划地把现代化技术、组织、精神输入乡村"⑦。

---

① 费孝通.《易村手工业》序：中国乡村工业//费孝通全集：第2卷. 呼和浩特：内蒙古人民出版社，2009：48. 费孝通. 江村经济：长江流域农村生活的实地调查//费孝通文集：第2卷. 北京：群言出版社，1999：200-202.
② 费孝通. 人性和机器：中国手工业的前途//费孝通全集：第4卷. 呼和浩特：内蒙古人民出版社，2009：45-58.
③ 费孝通. 我们在农村建设事业中的经验//费孝通全集：第1卷. 呼和浩特：内蒙古人民出版社，2009：115-122.
④ 费孝通. 城乡联系的又一面//费孝通全集：第6卷. 呼和浩特：内蒙古人民出版社，2009：281-282.
⑤ 费孝通. 小康经济：敬答吴景超先生对《人性和机器》的批评//费孝通全集：第5卷. 呼和浩特：内蒙古人民出版社，2009：428-443.
⑥ 费孝通. 关于"城""乡"问题//费孝通全集：第6卷. 呼和浩特：内蒙古人民出版社，2009：195-199.
⑦ 同⑤.

新中国成立后,由于实施重工业优先战略和"以粮为纲"的农村经济政策,农村工商业受到严格限制。费孝通在 1957 年重访江村时发现,虽然农业有了发展,粮食增产了,但农民手中无钱,生活并不比以前好过。他认为问题的症结是没有发展农村工业、商业和养殖业等副业。因此他重提乡村工业问题,认为应当在农村恢复副业,发展小型工业[1]。这一主张符合当时农村生产力并不发达的情况,但由于与政策相抵牾,在"反右"时遭到批判。费孝通指出,"以粮为纲"、只在土地上打主意希望是不大的,因为农民只能靠种田吃饭,不能靠种田生活,这是人多地少的农村里的一条普遍规律。"文革"时期"以粮为纲"的政策甚至使农村经济濒于崩溃。[2] 在农村搞"以粮为纲"的单一经济,取消商品生产,也使得以往作为农副产品集散中心的小城镇失去了经济基础,城镇个体和集体商业受到限制和打击,更使得许多小城镇人口下降,走向衰落[3]。

改革开放前后,凭借其工商业传统和地缘优势,江浙等地乡镇企业和小城镇迅速兴起。费孝通紧紧把握这种变化趋势,开始了对乡镇企业和小城镇实践的实地调查与理论探索。调查从江村开始,扩大到吴江七镇,再扩大到苏南四市,进而扩及江苏全省乃至浙江、福建和广东等省。费孝通的小城镇调查有力地推动了中国农村工业化、城镇化的发展,小城镇理论的探索也推动了中国社会学的重建与发展。

不过,费孝通在对小城镇道路的探索和倡导上是较为谨慎的,他并没有将小城镇作为中国城市化的主导模式,而是强调要因地制宜。如在 20 世纪 80 年代中期以后,他在对边区少数民族及贫困地区发展道路的探索中,就强调东部的发展可以"小城镇"为"眼",西部则要以"民族经济协作区"为"眼"[4]。在后来对小城镇研究的回顾与反思中,他指出,苏

---

[1] 费孝通. 重访江村//费孝通全集:第 8 卷. 呼和浩特:内蒙古人民出版社,2009:48-74.
[2] 费孝通. 近年来中国农村经济发展的几个阶段//费孝通全集:第 14 卷. 呼和浩特:内蒙古人民出版社,2009:297-307.
[3] 费孝通. 小城镇 大问题//费孝通全集:第 10 卷. 呼和浩特:内蒙古人民出版社,2009:192-233.
[4] 费孝通. 关于"小城镇 大问题"的通信//费孝通全集:第 20 卷. 呼和浩特:内蒙古人民出版社,2009:142-143.

南乡镇企业和小城镇的发展尽管有其"内发性",但更有其外部条件,即当时限制城乡人口流动的政策,城市里的工业不能适应市场的需求。苏南正是充分利用了靠近现代工商业大城市的地缘优势和现代城市工厂的技术优势等有利条件兴办社队工业,走上了工业化和城镇化的道路。① 因此可以说,发展乡镇企业是在特定历史条件下做出的选择。费孝通在调查研究中注意到,到 20 世纪 90 年代,沿海地区乡村的经济基础已由农业转变为工业,农民的收入 80% 以上来自工业和第三产业,农村劳动力 80% 以上已转移到非农产业。但在家庭联产承包责任制下,大部分居民还没有完全脱离农业,亦工亦农的问题成为新的发展阶段中一个"亟须通过进一步改革来解决的问题",因为"亦工亦农是一个行之有效的过渡方式,到工业化向深层次发展,工农势必分家,各自成为专业,农业也就实现了现代化"②。费孝通意识到,就城乡关系而言,自己在小城镇研究中提出的"离土不离乡"概念,是根据当时的经济发展情况提出来的,随着经济发展的变化,农民是"乡""土"都可能离的。"离土不离乡"可以看作是小农经济消亡过程中的一种过渡状态③,他由此对自己以前关于乡村工业化以及把镇作为农村经济中的"细胞核心"的观点进行修正,提出并思考"全国一盘棋"、城乡一体化、农业规模经营、城镇规划布局等问题。他后来以上海浦东新区开发为新的研究起点,从珠江三角洲、长江三角洲、黄河三角洲等区域开发层面,为中国宏观区域经济社会的发展谋篇布局。可见,那种不顾地区工业化的基础条件等客观因素,遍地开花发展小城镇,甚至将小城镇道路演变为只允许农民进入小城镇而限制农民进入大、中城市的认识与做法,都是与费孝通在工业化的基础上发展小城镇和实现城乡一体化的思想相违背的。

20 世纪 90 年代末,费孝通根据全球经济发展的大趋势和中国经济社

---

① 费孝通. 中国乡镇发展的道路//费孝通全集:第 14 卷. 呼和浩特:内蒙古人民出版社,2009:116-118.

② 费孝通. 近年来中国农村经济发展的几个阶段//费孝通全集:第 14 卷. 呼和浩特:内蒙古人民出版社,2009:297-307.

③ 费孝通. 全国一盘棋:从沿海到边区的考察//费孝通全集:第 13 卷. 呼和浩特:内蒙古人民出版社,2009:50-57. 费孝通. 小城镇研究十年反思//费孝通全集:第 15 卷. 呼和浩特:内蒙古人民出版社,2009:24-34.

会结构深刻转型的实际,进一步反思并修正自己的城乡发展理论。"想尽办法了解城市"①之后,他认识到农村要进一步发展,离不开城市的支持和推动;对于人口众多、地域广阔的中国而言,一个大问题是怎样妥善安排人口布局,使人们都能安居乐业。他认为,中国的城市化还是要走"大、中、小城市和村镇同时并举"的道路,我们"需要搞几个特大都市,更多的大城市和中等城市以及大量的小城市和小城镇来容纳更多的人口","形成中国农村工业化和城市化的全国多层次、一盘棋的合理布局"②。

费孝通晚年关于中国要走多元城市化发展道路的思想,对破解当前的"三农"问题有十分重要的理论和政策意义。在我国工业化、城市化、信息化快速发展,经济社会结构已经发生重大转变的背景下,那种一味强调要把农村或小城镇当作中国现代化的"稳定器"与"蓄水池"的观点、做法与政策,反而使农民工长期在城乡之间钟摆式流动,也导致农业、农村因发展主体缺乏或不确定而陷入困境。当前必须尽快转变长期以来在农民城市化上缺乏长远规划的做法,改变以往只注重城市规模扩张而不注重让农民分享城市发展成果这一城市化本质的增长方式,积极、主动、有序地推动农业转移人口的市民化,推进和完善让城乡居民都能安居乐业的统一的劳动力市场、现代职业体系和社会福利保障体系,实现工业化、城市化、农业现代化协调同步发展和城乡协调发展③。

二、费孝通的民族研究理论自觉

民族研究是费孝通学术生涯的另一个重要研究课题。费孝通早期主要是从体质、文化、语言等方面研究特定民族,后来逐步转向更注重从历史和民族社会学的角度探讨中国各民族交往交融、中华民族的凝聚与国家统一等问题。他由此也成为民族研究理论自觉的典范。

20 世纪 30 年代末,刚从英国学成归来的费孝通,曾与历史学家顾颉刚就"中华民族是一个"的论题展开过一场辩论。在日本全面侵华、中国

---

① 费孝通. 城镇化与 21 世纪中国农村发展. 中国城市经济, 2000 (1).
② 费孝通. 我看到的中国农村工业化和城市化道路. 浙江社会科学, 1998 (4).
③ 奂平清. 社会变迁视角下费孝通的城镇化理论. 中国社会科学报, 2013-05-03 (1-2).

面临严重民族危机之时,顾颉刚以高度的历史责任感和理论自觉意识,在对几千年来中国各民族在血统和意识方面融合的历史进行梳理与分析的基础上,联系当时的政治时局,提出"中华民族是一个"的理论,认为"凡是中国人都是中华民族","在中华民族之内我们绝不再析出什么民族",大家应当留心使用"民族"二字,我们也应当舍弃以前不合理的"汉人"称呼,和那些因交通不便而生活方式略微不同的边地人民共同集合在"中华民族"一词之下,团结起来以抵抗帝国主义的侵略[①]。顾颉刚的理论得到许多学者的积极支持和响应,也引发了一些论辩。费孝通从欧美功能主义人类学和社会学的视角,结合自己以前在广西大瑶山的体质人类学调查,对"中华民族是一个"理论提出质疑。与顾颉刚在现代国家民族意义上理解"民族"概念不同,费孝通认为民族是语言、文化及体质(血统)上相同的一类人,中国境内不仅有五大民族,而且还有许多人数较少的民族,不同民族在文化、语言、体质上有很大的差异,客观上的混合并不就等于主观上的统一。要谋求政治上的统一,不是要消除各民族及经济集团之间的界限,而是要消除这些界限所引起的政治上的不平等。[②]

虽然费孝通与顾颉刚二人的研究视角和观点不同,"中华民族是一个"理论在学理上也尚有不完善之处,但顾颉刚注重挖掘中国历史上民族融合的主流、致力于推动现代民族国家"政治的统一"与"心理的统一"的理论自觉意识和立场,无疑对费孝通产生了深刻的影响。费孝通后来提出的中华民族多元一体格局理论,在基本观点、立场以及历史论证方法等方面与顾颉刚的"中华民族是一个"理论有高度的一致性。正如有学者分析的,没有顾颉刚提出"中华民族是一个"的理论以及引发的论战,也就没有费孝通后来的多元一体理论[③]。

1949年新中国成立后,为了贯彻党和国家的民族平等政策,费孝

[①] 顾颉刚. 中华民族是一个. 益世报·边疆周刊, 1939-02-13.
[②] 费孝通. 关于民族问题的讨论: 答顾颉刚"中华民族是一个"一文. 益世报·边疆周刊, 1939-05-01.
[③] 郝时远. 关于构建中华民族的几点思考: 评析"第二代民族政策"说之五: 上. 中国民族报, 2012-04-13 (6).

通的研究重点由农村研究转向民族研究。他参与和组织了民族识别和少数民族社会历史的调查工作，了解各少数民族的文化、语言、历史和现状。在参加少数民族调查过程中及在后来的思考中，困扰他的主要问题是"汉族对少数民族社会历史发展发生过什么作用和怎样去看待包含汉族和国内所有少数民族在内的'中华民族'"①。他认识到，"民族实际是因地因时而变化的，我们对民族的认识也应当根据实际的变化而不断发展"，"要理解当前的任何民族决不能离开它的历史和社会的发展过程"②。在这方面，潘光旦关于不能孤立地研究某一民族历史的主张对费孝通有很大的启发。潘光旦认为，中国历史是具有不同民族特点的人们接触、交流、融合的过程，这个过程从没有间断过，而且还在发展着。汉族是在中国历史发展过程中不断吸收原来不属于汉族的人们而壮大起来的，其他民族实际上也多是由原来不相认同的人们逐步融合而成的。一方面是融合，另一方面也有分化，在不断又分又合的过程中，形成了我国现有的民族结构。③ 费孝通认为，潘光旦的这种"宏观的历史研究"视角对中国民族研究有重要的意义，过去将各民族单位孤立起来进行研究有很大的局限性，其缺点在于把应当包括在民族这个整体概念中的部分过分突出，甚至从整体中割裂了出来，把民族研究限于少数民族，"势必不容易看到这些少数民族在中华民族整体中的地位以及它们和汉族的关系"，而且，将少数民族分开来个别加以研究，使得"对各民族间的关系也不易掌握"④。把各个民族孤立起来研究也不能适应新形势的发展，因为"民族领域里当前主要的问题是怎样实现各民族事实上的平等"，事实上的平等和各民族共同繁荣必须通过发展经济、共同走向现代化的道路来实现，"在这共同的道路上，我们固然必须从各民族的特点出发，而且保持民族形式；但是共同的东西必然会日益增加，在这个意义上就是加深了中华民族内部的融合"。因此，今后我们"要进一步将微观的研究和宏观的研究配合起来，要从全国一盘棋的格局演变来看各个民族的过去和现在的情

---

① 费孝通. 简述我的民族研究经历和思考. 北京大学学报，1997（2）.
② 同①.
③ 潘光旦. 湘西北的"土家"与古代的巴人. 中国民族问题集刊，1955（4）.
④ 费孝通. 中华民族研究的新探索. 北京大学学报，1990（4）.

况"。从宏观方面就是要研究中华民族的形成过程这个课题,"中华民族是一个民族实体,因为他具有与世界上其他民族不同的特点,而且具有共同的民族意识","我们有责任对这个人们共同体的形成做出科学的论证"①。在这种研究立场的基础上,费孝通在自己及其所指导的大瑶山等民族调查中,很好地将宏观研究和微型调查结合了起来。在研究少数民族地区的发展问题时,费孝通挖掘历史上各民族长期沿河流或山脉迁徙的路线以及在此基础上形成的各民族相互依赖与交往融合的历史与文化资源,提出了"民族走廊"概念,并以此作为发展民族之间和地区之间经济合作的基础。

在这些自觉的理论思考与调查研究的基础上,费孝通提出了中华民族多元一体格局理论,高度概括了中华民族由"自在的民族实体"到"自觉的民族实体"和各民族间"你中有我,我中有你"的历史融合过程与现实。这一理论也表明,欧洲中心主义的民族国家定义并不适合中国的国情。

当然,费孝通并不认为他的中华民族多元一体理论已经完成,他希望这一理论是开放性的,今后仍需要一代代学人持续地进行研究和探索,"更自觉地为中华民族做出贡献"②,在促进中华民族的一体化和民族交往融合方面做更进一步的努力。在民族研究方面,我们要有高度的理论自觉意识,要始终以促进多民族国家民族团结、社会良性运行和协调发展为立场和宗旨。

三、费孝通的文化自觉与理论自觉的意义

费孝通晚年学术思想的一个重大变化,就是在思考中国经济社会发展的阶段性变化所提出的时代性问题和反思人类发展的困境与出路中更加重视对文化和心态的研究。

费孝通的学术生涯是"行行重行行"的一生。从20世纪30年代的大瑶山调查和江村、禄村等社区调查,到后来足迹遍及全国的城乡发展、民

---

① 费孝通. 潘光旦先生关于畲族历史问题的设想//费孝通全集:第11卷. 呼和浩特:内蒙古人民出版社,2009:287-291.
② 费孝通. 中华民族研究的新探索. 北京大学学报,1990(4).

族地区发展再到区域经济开发研究,他一直都在践行"志在富民"的理想。在八十岁以后的学术回顾与反思中,费孝通指出,自己以往研究的是如何充分利用农村的劳动力来解决中国的贫困问题,关注的是生态的层次,即物质资源的利用和分配,但现在"必须及时多想想小康之后我们的路应当怎样走下去"的问题,因为"小康之后人与自然的关系的变化不可避免地要引起人与人的关系的变化",人与人之间怎样相处的问题就会凸显,"心态研究必然会跟着生态研究提到我们的日程上来"。满足于研究社会的生态而忽略社会的心态,最大的缺点是"只见社区不见人",对人们的内心世界关注不够,这些研究在理论和方法上都已经赶不上蓬勃发展的形势了。衣食足而知荣辱,在解决了温饱和走向小康之后,就需要在关注社会发展的同时充分注意到人的变化,探索社会变迁中人与人相处能彼此安心、安全、遂生乐业,大家对自己的一生感到满足,对于别人也能乐于相处的新的心态秩序。① 在这种反思与认识的基础上,费孝通开始梳理、反思和吸收自己的导师(如派克、史禄国、马林诺斯基、布朗、潘光旦等)对人类精神文化和道义秩序方面的研究与论述,同时从中国的传统文化中挖掘相关的思想资源。

费孝通在对人类发展困境的反思中指出,由于科技的急速发展,人类"已经生活在一个你离不开我,我离不开你的小小寰宇之上了",但"由于文化的隔阂而引起的矛盾会威胁人们的共同生存","怎样能和平相处确实已成为一个必须重视的大问题",人类学者有责任在建立文化容忍的精神方面做出一些贡献②。随着信息传递工具的迅速改进,社会互动的频率越来越高,原有的可以互不相干的秩序已经过时,现在"必须建立的新秩序不仅需要一个能保证人类继续生存下去的公正的生态格局,而且还需要一个所有人类均能遂生乐业,发扬人生价值的心态秩序"③。世界民族和宗教冲突所反映的"不只是生态失调,而已暴露出严重的心态矛盾"。"人类当前正需要一个新时代的孔子"——"一个比孔子心怀更大更开阔的大手

---

① 费孝通. 略谈中国社会学//费孝通全集:第14卷. 呼和浩特:内蒙古人民出版社,2009:241-258.
② 费孝通. 人的研究在中国:个人的经历. 读书,1990(10).
③ 费孝通. 中国城乡发展的道路:我一生的研究课题. 中国社会科学,1993(1).

笔","新时代的孔子必须是不仅懂得本民族，同时又懂得其他民族、宗教的人。他要从高一层的心态关系去理解民族与民族、宗教与宗教和国与国之间的关系"，为世界上不同文化、不同历史、不同心态的人今后和平共处"找出一条共同生活下去的出路"[①]。在当今这个世界性的新战国时代，我们需要有文化自觉意识，即人们要对各自的文化有自知之明，明白它的来历、形成过程、所具有的特色和发展的趋向。只有当各种文化都注重自觉，才能在新时代、新环境中经过文化的自主选择和适应，与其他文化相互取长补短，共同建立一个共同认可的基本秩序和共处守则[②]。

在费孝通看来，现代世界人类困境与西方文化中"天人对立"的世界观和利己主义的文化价值观不无关系；而中国悠久的农业文明所孕育的丰厚文化传统和大量的社会历史实践，包含着深厚的关于人与自然和人与人之间如何和谐相处的思想。以"天人合一"的世界观和"中和位育"的社会观为核心的中国文化，总体来说反对分立而主张统一，主张人尽可能地适应自然而不是片面地改造自然，强调秩序与发展的统一。在中国文化里，个人生物体-集体-共识（包括语言、意义、反应），即人-社会-文化三者是重要的连续体，而不像在西方文化中是彼此分立的主体与客体[③]。此外，西方文化和人类学中有深刻的"文野之别"观念和对其他民族的偏见，将文化差别视为本质差别，给不同文化划出界限，强调文化冲突论，这为人类群体之间的相互理解设置了严重障碍，容易使人们在如何看待本土文化与异域文化之间关系的问题上出现失误，造成对人类共同生存的威胁性。相比而言，在中国的传统文化里尽管也有夷夏之别，但从孔子"有教无类"的主张来看，夷夏只是文化上有些差别，作为人的本质是一致的，并没有不能改变的本质上的区别。[④] 正是这种无偏见的文化观念，造就了中华民族多元一体的融合历史。因此，中国几千年的历史实践和经

---

① 费孝通. 孔林片思. 读书，1992（9）.
② 费孝通. 开创学术新风气//费孝通全集：第16卷. 呼和浩特：内蒙古人民出版社，2009：1-6. 费孝通. 反思·对话·文化自觉. 北京大学学报，1997（3）.
③ 费孝通. 文化论中人与自然关系的再认识//费孝通全集：第17卷. 呼和浩特：内蒙古人民出版社，2009：302-313. 费孝通. 对文化的历史性和社会性的思考//费孝通全集：第17卷. 呼和浩特：内蒙古人民出版社，2009：510-527.
④ 费孝通. 反思·对话·文化自觉. 北京大学学报，1997（3）.

验，能够对人类如何共处这一课题做出重要贡献。这些探索与思考，充分体现出费孝通对中国文化的高度自觉和自信。

作为社会学家，费孝通在对心态研究和文化自觉进行思考和对中国社会学进行深刻反思的基础上，提出和论证了"扩展社会学的传统界限"命题，进一步拓展了其心态论与文化自觉理论。他指出，社会学具有"科学"和"人文"的双重性格，社会学要充分发挥其人文性的一面，着力研究"人"和"自然"、"人"和"人"、"我"和"我"、"心"和"心"等至今还难以被直接研究的东西，这是真正理解中国社会的关键。中国丰厚的文化传统和大量社会历史实践包含的深厚社会思想和人文精神理念，是推动社会学发展的巨大潜力。着力于挖掘这些层面，也有利于社会学充分发挥其"位育"教育的功能，帮助社会成员更好地认识、理解自我和社会之间的关系，培养人道、理性、公允的生活态度和行为，这是建设一个优质的现代社会所必不可少的。①

费孝通的心态论和文化自觉理论，是对我国已进入经济体制深刻变革、社会结构深刻变动、利益格局深刻调整、思想观念深刻变化的改革发展关键期所做出的积极有效的理论反应，也是对当今世界诸多人类困境的积极思考与反应。他关于注重心态研究和文化自觉的理论，有着十分重要的现实和理论意义。

在现实层面，在利益分化引起思想观念冲突、价值观多样化、社会日益个体化的背景下，社会秩序和社会认同的重塑成为十分紧迫的问题；社会生活日益网络化、人与人互动频率加快等变迁趋势，也使得原有的社会秩序日益面临挑战。因此，通过文化建设扩大社会共识，增进"社会成员在观念和价值观方面的共同性，其意义绝不亚于社会在利益结构方面的共同性"②。当前中国的和谐社会建设和文化建设实践，亟待加强费孝通所倡导的心态研究和文化自觉。不过，需要注意的是，有人将费孝通的心态论理解为他在晚年转向了"心学"，这种理解是有偏差的。实际上，费孝通强调要重视"社会心态"研究是针对以往忽视这方面的研究而言的，并不是

---

① 费孝通. 试谈扩展社会学的传统界限. 北京大学学报，2003（5）.
② 郑杭生. 论社会建设与"软实力"的培育. 社会科学战线，2008（10）.

说不要重视"社会生态"的研究。就当今世界和中国的现实而言，通过"社会生态"研究促进发展、促进形成人们共享发展成果的利益共同体，仍然是社会学等社会科学的重要任务。在深入研究的基础上，推进以"社会资源和社会机会合理配置为核心"的社会建设，"建立公正的社会结构"[①]，不仅有助于促进利益共同体，也有助于提升价值共同性，促进社会认同。

在理论层面，费孝通的心态论与文化自觉理论为中国社会学乃至整个人文社会科学留下了一份丰厚的遗产，也引起了中国学术界持续而广泛的讨论，对提升中国学术的主体性和自信心起了重要的推动作用。正如郑杭生所言，费孝通提出的扩展社会学的传统界限有着重大意义，建立科学和人文统一的社会学，并真正达到人文性这一层次，是中国社会学成熟的必经之路[②]。费孝通晚年的主张为中国社会学开拓新视野、展开新境界指明了前进的方向，中国社会学应认真总结因人文精神而兴、借科学精神而实的历史经验，突破单纯经验化和技术化的狭隘倾向，摆脱由此而产生的表层化和边缘化困境[③]。费孝通晚年对于心态等精神层面文化研究的强调与倡导，也深刻反映出当代中国社会学在文化研究上的淡化与薄弱。在文化建设成为中国发展过程中的重要任务的时期，迫切需要重新认识和提升文化研究在中国社会学中的地位，因为"文化问题是社会问题，只有把文化问题放到社会关系中才能有更明确、更真实的理解和把握"[④]。

---

① 郑杭生. 论社会建设与"软实力"的培育. 社会科学战线，2008（10）.
② 郑杭生. 对中国社会学的巨大贡献：纪念费孝通先生从事学术研究70周年. 江苏社会科学，2006（1）.
③ 刘少杰. 扩展中国社会学新境界. 社会，2006（2）. 刘少杰. 中国社会学的价值追求与理论视野. 吉林大学社会科学学报，2006（6）.
④ 刘少杰. 重新认识文化研究在中国社会学中的地位：兼论孙本文对文化社会学研究的贡献与局限. 社会科学研究，2012（5）.

第二章 郑杭生的理论自觉与社会运行学派的发展

以郑杭生为代表的社会运行学派的发展历程表明,当前中国社会学要以更加明确的理论自觉,把握中国社会转型和社会建设的伟大实践以及当前资本主义新危机的有利机遇,积极发展马克思主义社会学,反思性地梳理中国社会学相关概念、理论与方法,注重社会建设和社会治理理论与政策研究,提升中国社会学在世界社会学格局中的地位和学术话语权。

一、"理论自觉"概念与命题的提出

2009年系中国社会学恢复重建30周年,郑杭生在对中国社会学发展历程进行深入总结与反思的基础上,提出和阐发了中国社会学"理论自觉"的概念和命题。他指出,中国社会学要有正确认识自己、正确认识别人、正确处理与欧美社会学关系的理论自觉,要自觉致力于创建世界眼光、中国气派兼具的中国社会学,而不是西方社会学某种理论的中国版。我们需要借鉴西方社会学,但应当主要根据中国社会发展和社会转型的实际,结合中国社会历史悠久的丰富的传统学术资源,进行原创性的理论建设,而不是在西方社会学理论的笼子里跳舞,使自己的理论研究或经验研究成为其注解。[①] 郑杭生指出,理论自觉是提高中国社会学理论地位的有

[①] 郑杭生.促进中国社会学的"理论自觉":我们需要什么样的中国社会学?.江苏社会科学,2009(5).

效途径，是提升中国社会学理论内涵的内在要求，也是形成社会学中国理论学派的巨大动力①。中国社会学要充分利用中国社会历史性变迁的巨大舞台和现实性宝贵资源，提炼和创造自己的概念、命题和理论，形成自己的学术话语，为世界社会学增添中国社会学学者自己的创造。理论自觉也是中国社会学把握现在、规划将来，更好地为当前和今后我国社会发展、社会建设、社会转型服务，为增进人民福祉服务，以及促进中国社会学健康发展的重要保证②。

中国社会学的理论自觉的实现途径，就是郑杭生一直倡导的"立足现实，开发传统，借鉴国外，创造特色"③。"立足现实"就是中国社会学要把现实的中国社会作为自己的立足点、出发点和归宿点；"开发传统"就是中国社会学要注意挖掘和吸取几千年历史中丰富的社会思想，以此来观察现实的中国社会，并对西方传入的社会学给予带有中国特色的解释；"借鉴国外"就是中国社会学界要注意借鉴国外社会学的一些理论和方法；"创造特色"就是中国社会学要在立足现实、开发传统和借鉴国外的基础上，进行自己的创造。这四个方面是统一的整体，不能相互分割，缺少其中任何一方面，都会影响中国社会学的健康发展和成熟。④

中国社会学"理论自觉"的概念与命题，具有重要的方法论意义。"理论自觉"作为一个新的概念性工具和理论视角，有助于对社会学理论或社会理论进行建设性的反思，有助于增强中国社会学的主体性、自信心和创造性。"理论自觉"的概念与命题引发了中国社会学界的强烈认同与共鸣，未来也将会对中国社会学在世界学术格局中由边陲转为中心、更好地服务和推进中国社会建设产生持续而重大的影响。

---

① 郑杭生. "理论自觉"简要历程和今后深化的几点思考：在"社会转型与中国社会学的理论自觉"学术研讨会上的主题发言//郑杭生，等. 社会转型与中国社会学的理论自觉. 北京：中国人民大学出版社，2011：1-3.

② 郑杭生. 促进中国社会学的"理论自觉"：我们需要什么样的中国社会学?. 江苏社会科学，2009（5）.

③ 这一思想郑杭生最早在《中国社会学百年轨迹》(《东南学术》1999年第5期）一文中提出，其中"开发传统"原来被表述为"弘扬传统"。

④ 郑杭生. 改革开放30年：日趋成熟的中国社会学：有关中国社会学发展全局的几个重大问题. 江苏社会科学，2008（3）.

二、理论自觉与社会运行学派的发展

郑杭生指出，自己提出中国社会学"理论自觉"的概念和命题，是受到了费孝通文化自觉的启发，是对"文化自觉"概念和理论的继承与发展①。当然，郑杭生的社会学理论自觉，不仅仅表现在他提出了"理论自觉"这一概念和命题。纵观其社会学学术历程就可以发现，郑杭生堪称当代中国社会学者理论自觉的典范。在理论自觉意识的引导下，郑杭生及其领导的学术团队先后形成了社会运行论、社会转型论、学科本土论、社会互构论和实践结构论等相对系统的中国特色社会学理论，并形成了当代中国社会学中较为成熟的学派——社会运行学派。有学者评论指出，社会运行学派是中国社会学重建以来由中国社会学家郑杭生等学者自觉提出来的最早的一个系统化的社会学理论体系，强调"从社会运行的角度研究社会"，并试图综合东西方社会思想和社会学理论资源来达成这一理论目标②。有学者分析指出，我们稍做检视，就完全有根据认为中国社会学的社会运行学派已经形成，它具备了作为学派的必备条件。社会运行学派是费孝通所期盼的"开创中国式的社会学"③历程中的硕果④。这一学派的许多社会学理论在中国社会学界已经广为人知，其影响也远远超出了社会学界，其核心概念如"社会运行""协调发展""良性运行""社会转型"等已经成为政界、舆论界乃至社会公众的流行语汇⑤。

郑杭生及其社会运行学派的社会学理论博大精深，笔者试从以下六个方面对郑杭生及其学术团队的理论自觉与社会运行学派的发展进行分析。

---

① 郑杭生. 促进中国社会学的"理论自觉"：我们需要什么样的中国社会学?. 江苏社会科学，2009（5）.
② 谢立中. 当前中国社会学理论建构的努力与不足. 河北学刊，2006（5）.
③ 费孝通. 文化的生与死. 上海：上海人民出版社，2009：213.
④ 董翔薇，董驹翔. 社会运行学派：理论自觉历程中成熟的中国社会学学派//郑杭生，等. 社会转型与中国社会学的理论自觉. 北京：中国人民大学出版社，2011.
⑤ 李迎生. 当代中国特色社会学理论的开拓者：郑杭生社会学探索历程. 社会科学战线，2007（1）.

(一) 郑杭生的理论自觉及其社会学转向

正如陆学艺在"郑杭生教授从教 50 周年学术研讨会"上的致辞中所言，郑杭生是一个识时务者，在经济社会大变迁、大发展的时代，他看清了社会学将来在中国社会发展中的作用，早在 1981 年就到英国留学去学社会学，在当时有这种觉悟的人并不多。在中国社会学恢复重建时，许多人是受组织安排，从哲学、经济学等学科转向社会学的，而郑杭生当时完全是自觉选择转向社会学的①。

郑杭生在 1980 年考取国家公派留学机会后，中国人民大学给他的主要任务是进修分析哲学，但在收到英国布里斯托大学向他发出以副研究员身份到该大学社会学系工作和进修的邀请后，他立刻投入社会学的学习与研究，开始参加当时由费孝通主持的社会学"月谈会"，并与人合作翻译了《现代资产阶级理论社会学批判》（1981 年）一书。1981 年 11 月，郑杭生到布里斯托大学进修社会学和分析哲学，从此走上中国社会学的研究之路。郑杭生在其哲学研究已取得显著成就时，毅然选择转向社会学的学习与研究，这一重要选择的主要动力就是他认为学术研究不仅仅是一份职业，更应当是一份胸怀现实观照、肩担社会使命的责任。他善于以个人的人生经历与命运反思社会的运行。他深刻认识到，社会运行问题关乎国家和社会的安危兴衰，也关乎每个社会成员生命历程，因此立志研究社会学，以期"对有中国特色的社会学理论有所贡献，对转型中的中国社会的认识有所深化"。这种富于社会学想象力的品质，使郑杭生能够敏锐地洞察历史与社会的潮流，把握历史机遇，为成就自己立学为民的人生理想、成就中国社会运行学派，进而贡献于中国社会学和中国社会建设实践奠定了重要基础。

(二) 理论自觉与对社会学对象问题的探索

在 20 世纪 80 年代恢复重建初期，中国社会学"正处在一种既热门又

---

① 陆学艺. 在郑杭生教授从教 50 周年学术研讨会上的致辞. (2012-03-02) [2017-08-01]. http://www.sociologyol.org/yanjiubankuai/tuijianyuedu/tuijianyueduliebiao/2012-03-02/13934.html.

充满争议、既有吸引力又没有令人信服的理论根据的状况之中"[①]。郑杭生在由哲学领域转入社会学领域之初，凭借其扎实的理论素养、高度的理论自觉意识和敏锐的社会学想象力，选择从社会学对象问题入手对中国社会学诸多元理论问题进行思考与探索，取得了突破性的学术成就，为改变中国社会学的上述困境做出了重要贡献，在当代中国社会学的发展史上具有里程碑式的意义。

社会运行学派的"社会学是关于社会良性运行和协调发展的条件和机制的综合性具体社会科学"这一主导思想，初步酝酿于郑杭生留学英国期间。他回顾说，在英国两年零一个月的时间中，他主要做了几件事：一是从对新中国成立以来不同时期社会运行状况的分析来思考中国应建立什么样的社会学；二是对我国历史上治乱兴衰的学术传统进行了初步开发；三是通过对从古典到现代的社会学文献的阅读和思考，对比从马克思开始的马克思主义社会学传统和从孔德开始的西方社会学传统的异同[②]。实际上，受严复"群学"思想的影响，郑杭生深入挖掘我国历史上关于治乱兴衰的思想传统，从古代一直梳理到当代人物如毛泽东和邓小平的社会思想，尤其结合"文化大革命"期间的乱衰状况，创造性地将社会运行分为良性、中性和恶性三种状态。郑杭生早期对中国传统社会思想的整理挖掘与巨大获益，形成了社会运行学派的一个主要特征，即十分重视和持续挖掘中国传统思想，这一点也是社会运行学派被誉为中国真正本土化的社会学理论与学派的重要原因。

回国后，郑杭生开始梳理如前所述的社会学思考和研究，并发表了《论马克思主义社会学的两种形态》（《光明日报》1985年7月29日）一文，提出"社会学是关于社会运行和社会发展的条件和机制，特别是关于社会良性运行和协调发展的条件和机制的综合性具体社会科学"，明确提出和论证了马克思主义社会学的两种形态的观点；接着又发表了《社会学对象问题新探》（《社会学研究》1986年第1期）一文，进一步明确提出

[①] 郑杭生. 社会学对象问题新探. 社会学研究，1986（1）.

[②] 郑杭生. 社会运行论及其在中国的表现：中国特色社会学理论探索的梳理和回顾之一. 广西民族学院学报（哲学社会科学版），2003（4）.

"社会学是关于社会良性运行和协调发展的条件和机制的综合性具体社会科学"的主张,从社会运行的类型、社会学对象问题的理论方面、社会学对象问题的实践方面、社会学对象问题的历史方面,对社会学对象问题做了全面深入的论证。

美国社会学家英克尔斯认为,对社会学下定义,有三种途径:一是历史的途径——"创始人说了什么",二是经验主义的途径——"当代社会学家在做什么",三是分析的途径——"理性的指示是什么"①。郑杭生正是通过对社会学对象问题历史的深入梳理,结合社会学传入中国后的实践,以及分析社会学与社会主义的应然关系,提出了科学的社会学定义,这一定义充分把握了社会学这门学科的性质,也符合中国社会主义实践需要,解决了长期以来学界关于这一问题的困惑,为中国社会学的发展奠定了坚实基础。

就如郑杭生所分析的,把社会学对象规定为社会良性运行和协调发展的条件和机制,在理论方面,有利于将社会学历史地形成的研究领域和范畴统一起来,有助于把握社会学与作为哲学科学的历史唯物主义、科学社会主义和其他社会科学的区别与联系,而长期以来在这方面认识上的误区,导致了以历史唯物论否定、代替社会学的错误;在实践方面,这种界定找到了社会学与社会主义实践之间的结合点,我们所建设的社会学,是要从社会的良性运行和协调发展这个角度为社会主义实践服务②。

郑杭生关于社会学研究"社会良性运行和协调发展的条件和机制",以及中国要发展建设维护型马克思主义社会学、社会学家要有"建设性反思批判精神"的社会学主张与立场,与韦伯和默顿等社会学理论家的立场,其共同之处是都体现出强烈的社会学理论自觉。托马斯的"情境定义"(definition of the situation)和默顿的"自我实现预言"(self-fulfilling prophecy)理论表明,社会现象的特殊机制在于"人们不只对情境的客观方面有反应,而且有时重要的是,人们也对情境所具有的意义有反

---

① 英克尔斯. 社会学是什么?:对这门学科和职业的介绍. 陈观胜,李培茱,译. 北京:中国社会科学出版社,1981.
② 郑杭生. 社会学对象问题新探. 社会学研究,1986(1).

应","一旦我们赋予情境某种意义,我们随后的行为及这一行为的某些结果将受所赋予的意义的决定",某些情境定义,如公众的预言、观念和期望,会变成情境的一部分,会影响到后续过程的发展①。毫无疑问,社会科学的研究结论本身也会对社会实践的发展产生反作用。韦伯作为"欧洲文明之子",也是富于理论自觉意识的,他对于新教伦理与资本主义之间关系的历史建构,无疑会通过自我实现预言机制,成为西方资本主义合理化的重要影响因素之一②。郑杭生也指出,理论与实践存在着互构关系,不仅实践问题会大量地转变为理论问题,而且理论问题也大量地进入到实践领域之中,通过不同观点的讨论、争辩和反思,给实践以适应时代变化的新的理念、新的思路和出路③。社会现象的这些特征,是要求社会科学有理论自觉的根本原因。

此外,将社会学定义为"综合性具体社会科学",是因为与单科性社会科学相比较,社会学的研究对象涉及整个社会系统,更具有综合性。正如胡绳所分析的,社会科学是分门别类进行研究的,尽管可以把社会现象划分成不同部分加以研究,可是实际上,各种现象都是互相交错、互相影响的。许多社会现象都是综合性问题,因此,社会学的用武之地就是要研究这些"带有综合性的社会问题"和"综合性的社会现象"④。

郑杭生关于社会学定义和社会学对象问题的思想,在其随后的专著《社会学对象问题新探》(1987年)、主编的教材《社会学概论新编》(1987年),以及他与李强等学者合著的《社会运行导论——有中国特色的社会学基本理论的一种探索》(1993年)中获得了全面系统的贯彻和论述,为社会运行学派的形成夯实了理论基础。

从郑杭生后来所概括与倡导的"立足现实,开发传统,借鉴国外,创造特色"这一中国社会学的发展方针和社会学理论自觉的实现途径来看,郑杭

---

① 默顿. 社会研究与社会政策. 林聚任,等译. 北京: 生活·读书·新知三联书店,2001:286-288.
② 奂平清. "关系社会学"研究反思. 科学社会主义,2010(1).
③ 郑杭生. 自序//郑杭生,杨敏. 社会互构论:世界眼光下的中国特色社会学理论的新探索:当代中国"个人与社会关系研究". 北京: 中国人民大学出版社,2010.
④ 胡绳. 谈谈社会学研究. 社会学研究,1986(3).

生在涉入社会学伊始，实际上就已具备了社会学理论自觉意识和品质。他关于社会学对象问题等方面的理论成果，"对在我国建设、发展社会学提出了积极的建设性看法"，"把社会学对象的研究，甚至把整个社会学的研究推向一个新高度"①。关于社会学对象问题的思想，成为社会运行学派的思想内核，社会运行学派后来的发展，都是紧紧围绕这些思想展开的。

(三) 社会运行学派的马克思主义社会学理论自觉

1. 理论自觉与马克思主义社会学两种形态的理论发现

长期以来，社会学与马克思主义之间的关系一直都是一个有争议的问题。在西方社会学史上，将马克思视作经典社会学家之一，"实际上是出于20世纪晚期社会学家的事后回顾"②，而且也只是将马克思主义社会学视为冲突论学派之一。一方面，在相当长的岁月里，马克思、恩格斯和他们的继承者的社会学思想或理论，仅仅被僵化地理解为哲学、政治经济学或科学社会主义的附带阐释，或认为历史唯物主义就是马克思主义社会学；另一方面，社会学也常常被归结为资产阶级的反马克思主义学说或伪科学③。这些错误认识，对社会主义国家和社会而言，无疑是限制社会学和马克思主义社会学发展的障碍。

社会学传入中国后，虽然自20世纪30年代以来取得了很大的成绩，产生了一定的影响，但中国社会学囿于对英美社会学理论的生搬硬套，囿于以慈善社会改良运动为前提的社会实验区调查的范畴，"在多数场合下，同五四运动以后的社会主义的社会经济理论并无联系"④。这种状况以及上述认识，是社会学在新中国一度被取消和批判的重要原因。1979年以后，中国社会学的恢复重建必须以马克思主义为指导，这在当时似乎已成共识。费孝通也提出了关于中国社会学建设的根本方针性的意见，就是要

---

① 董驹翔. 社会运行与社会学：评论郑杭生教授的理论. 齐齐哈尔师范学院学报，1989 (6).
② 希林，梅勒. 社会学何为?. 李康，译. 北京：北京大学出版社，2009：22.
③ 郑杭生. 当代中国理论社会学面临的创新任务：一种社会实践结构性巨变的视野. 社会科学战线，2007 (1).
④ 福武直. 中国社会学的复活和现状. 日中经济协会会报，1982 (7).

建成"以马列主义、毛泽东思想为指导,密切结合中国的实际,为社会主义建设服务的社会学"①。但是,社会学与马克思主义之间的关系等问题,在理论上仍未得到根本解决,二者仍处于"两张皮"的状态。

作为曾经系统接受过马克思主义哲学训练的理论者,研究志趣转向长期被视为"资产阶级学术"的社会学之后,郑杭生首先思考的难题就是如何诠释社会学与马克思主义是何关系、社会主义国家发展什么样的社会学的问题。在英国进修社会学期间,他在这方面的思考和研究取得的重要成果之一就是马克思主义社会学的两种形态(革命批判性形态和维护建设性形态)的理论发现。他认识到,从孔德开始的西方社会学,实质上是以维护资本主义制度为目的的,即使是其中的批判学派,根本上也是为了维护资本主义;而从马克思开始的马克思主义社会学,对资本主义社会表现为革命批判性形态,其根本任务是揭露作为整体的资本主义社会的恶性循环和畸形发展及其根源。但革命批判性形态只是马克思主义社会学的一种过渡性形态,在革命取得胜利、建立起社会主义制度后的维护建设性形态,则是马克思主义社会学更重要的形态,它以维护、改善社会主义社会为目标,以社会主义和共产主义社会良性运行和协调发展的条件和机制为对象。② 因此,马克思主义社会学发展过程中的革命批判性和维护建设性两种形态实际上又是统一的。由于西方社会学具有较长的维护和建设的历史和经验,因此我们可以有批判地加以选择和汲取,这也是马克思主义社会学开放性的要求。③

著名马克思主义理论家、史学家、时任中国社会科学院院长的胡绳在1986年中国社会学会常务理事会扩大会议上题为《谈谈社会学研究》的讲话中,除了对费孝通关于发展中国社会学的相关意见表示赞同外,还大量使用和吸收了郑杭生提出的相关社会学概念和观点。郑杭生关于社会学对象问题的主张,关于社会运行状态类型的划分及其对资本主义、社会主义社会运行实践的分析,尤其是关于马克思主义社会学的革命批判性和维

---

① 费孝通. 建立我国社会学的一些意见//费孝通全集:第9卷. 呼和浩特:内蒙古人民出版社,2009:293-302.
② 郑杭生. 论马克思主义社会学的两种形态. 光明日报,1985-07-29.
③ 郑杭生. 社会学对象问题新探. 社会学研究,1986(1).

护建设性两种形态的理论，以及关于如何看待和利用西方社会学等方面的观点，基本上都为胡绳所赞同和借鉴①。

郑杭生关于马克思主义社会学的维护建设性形态的理论，以及要建设以社会主义社会良性运行和协调发展的条件和机制为研究对象的马克思主义社会学的思想与理论，从理论上突破了社会学与马克思主义"两张皮"的状况，解决了社会主义国家在发展社会学和马克思主义社会学的认识和实践上的困境，为中国社会学地位的确立奠定了坚实的基础，对于马克思主义的中国化和时代化，也是一种很大的突破与贡献。郑杭生在其早期社会学学术历程中所取得的这些创造性理论成果及其获得的肯定和认同，充分表明他作为马克思主义社会学理论家的杰出品格，也充分体现出他在中国马克思主义社会学理论构建方面高度的理论自觉意识。

2. 马克思主义立场及对马克思主义社会学的持续探索

在继马克思主义社会学两种形态的理论发现之后，郑杭生及其学术团队一直以高度的理论自觉致力于马克思主义社会学和马克思主义指导下的中国特色社会学理论的建设，并取得了丰硕的成果。这些成果的取得，建立在对马克思主义基本立场、观点和方法的坚持和发展的基础上。马克思主义的实践原则、辩证思维方法和实事求是的立场，始终贯穿在郑杭生及其社会运行学派的社会学概念、思想、理论、分析框架和方法中，从而使其能够在当代中国社会复杂思潮中把握正确的方向，对诸多理论问题和复杂社会现象的分析能够做到实事求是和具体问题具体分析。

对于中国社会学中片面的实证主义和所谓"价值中立"立场，郑杭生坚持马克思主义实事求是的立场加以批判分析。对于那些"有学理根据"地把社会学与政治、与意识形态分离开来，甚至对立起来的理解，郑杭生批判认为，在社会主义面临低潮的背景下，摆脱一切价值、一切政治、一切意识形态，其实际结果往往是摆脱社会主义价值、社会主义政治、社会主义意识形态，往往是西方价值、西方政治、西方意识形态乘虚而入。因此，中国社会学必须结束那种认为社会学能够摆脱价值、

---

① 胡绳. 谈谈社会学研究. 社会学研究，1986（3）.

摆脱政治、摆脱意识形态的幼稚病，消除那种贬低社会主义价值、社会主义政治、社会主义意识形态的种种错误观点，坚持社会主义意识形态，以"增促社会进步，减缩社会代价"为理念，服务现实、服务社会。①

当前中国社会多种社会问题、不同社会思潮交织碰撞，尤其还受到否定性、极端性的后现代解构思潮影响，我国社会科学界有些学者着重破坏而拒绝维护、强调摧毁而失于创建，使得批判性精神褪变为一种抨击性的仪式，进而固化了非理性的思维方式，酿成了一种影响极深的消极的社会习性。对此，郑杭生提出，学者要坚持"建设性反思批判精神"，实事求是地肯定该肯定的东西，否定该否定的东西，并提出积极的建设性的改进意见和方案，以增促社会进步，减缩社会代价。要全面把握中国社会的正反两面，分清主次，正确引导社会心态和社会思潮，积极参与各层次的制度创新。②"建设性反思批判精神"可以说是对马克思主义社会学两种形态思想的进一步推进，马克思主义社会学对资本主义社会要坚持革命批判的立场，对社会主义社会要坚持建设维护和"建设性反思批判"的立场。

郑杭生及其社会运行学派除了通过梳理马克思主义经典来挖掘马克思主义社会学理论和方法，还根据世界和中国当代的社会变迁，与时俱进地发展马克思主义社会学理论。社会运行学派的社会运行论、社会转型论、学科本土论、社会互构论和实践结构论等"五论"，是在马克思主义指导下形成的社会学理论，也是从各个层面推进了马克思主义社会学理论发展的社会学理论。这充分说明，马克思主义社会学理论自觉是中国社会学取得发展的必由之路。

（四）理论自觉与社会运行学派"五论"的形成与发展

费孝通曾告诫我们说，当今中国人文社会科学研究的一个显著特

---

① 郑杭生. 改革开放 30 年：日趋成熟的中国社会学：有关中国社会学发展全局的几个重大问题. 江苏社会科学，2008（3）.
② 郑杭生. 论建设性反思批判精神. 华中师范大学学报（人文社会科学版），2008（1）.

征就是研究社会现象时借用西方的社会理论，但是我们必须明白的是西方社会理论是西方社会发展的产物，是西方社会科学家在自己的社会现实中，深入调查研究，并对其进行总结概括的结果，而且也需要根据变化的现实社会反复加以修正。中国的人文社会科学离开它自己的社会实践，就很可能会丧失它的生命力①。例如，韦伯的社会学研究，就如帕森斯分析的那样，主要是着眼于西方社会的总体制度结构，去解释"现代资本主义"②，为西方资本主义的合理化做理论辩护。

对于这一点，郑杭生始终有着清醒的认识和高度的理论自觉。他对中国社会学百年发展史的分析指出，中国社会学兴起于中华民族灾难危亡之际，成长于中国社会动荡不安之中，其学术发展和自身建设遭到了无法回避的各种冲击，来不及对一些重大社会问题做出理论概括，所以引用或借鉴国外现成的社会学理论与方法，经常成为中国社会学界研究中国社会问题的方便形式与快捷途径。但是，西方理论是概括西方社会实际、适应西方社会产生的，因此，我们对西方理论要有分析、识别的能力，不能将其神化为普世理论，防止陷入其陷阱。③ 他批判那种对欧美社会学照抄照搬、亦步亦趋还自以为站在学术前沿，而对本国社会学及其历史则看不起甚至持虚无主义立场的"边陲思维"，认为这会严重阻碍社会学中国化的健康发展④。他指出，如果我们缺乏理论自觉，就有可能陷入某种西方的"话语陷阱"而不能自拔，也就谈不上创造自己的理论、自己的概念、自己的术语了⑤。郑杭生深刻地认识到，中国社会学要研究中国社会转型的巨大变迁，要在积极回应社会巨变中实现发展，而且，"中国社会学必须植根于转型中的中国社会，才有可能具有中国特色。能否从自己特有的角度如实地反映和理论地再现这个转型过程的主要方面，是中国社会学是否

---

① 费孝通. 我们要对时代变化作出积极有效的反映. 社会，2000（7）.
② 帕森斯. 现代社会的结构与过程. 梁向阳，译. 北京：光明日报出版社，1998：81.
③ 郑杭生. 当代中国理论社会学面临的创新任务：一种社会实践结构性巨变的视野. 社会科学战线，2007（1）.
④ 郑杭生. 社会学中国化的几个问题. 学海，2000（6）.
⑤ 郑杭生. 自序//中国特色社会学理论的深化："实践结构论"的提出与"理论自觉"的轨迹：上卷. 北京：中国人民大学出版社，2009.

成熟的标志。中国社会学离开转型社会的实际，就会成为无本之木，无源之水"①。

以郑杭生为代表的社会运行学派，正是以高度的理论自觉，紧紧把握住时代的脉络和中国社会转型的重大机遇，建构了社会运行论、社会转型论、学科本土论、社会互构论和实践结构论等中国特色社会学理论体系。这些理论的提出和论证，都是运用世界的学术眼光、立足中国的社会现实、开发中国的传统学术资源、借鉴国外的社会学理论前沿，对自己进行反思、对别人加以审视，从而提炼自己特色的结果，都是理论自觉的轨迹点和支撑点②。

在社会运行学派的"五论"中，社会运行论是从社会运行的角度对当代中国社会巨大变化的概括，致力于发展以"社会良性运行和协调发展的条件和机制"为研究对象的中国社会学。社会转型论是从社会转型的角度概括中国社会的巨大变化，认为从传统社会向现代社会转型是中国的基本国情之一，中国社会转型的复杂性表现为，不仅经历着从前现代性到现代性的转变，而且经历着从旧式现代性到新型现代性的转变。学科本土论的提出背景是中国社会的巨大变化进一步呼唤着中国社会学的本土化，郑杭生强调中国社会学应走"建构本土特色"与"超越本土特色"的道路，要增强主体意识，弱化"边陲思维"，才能提高中国社会学在"社会学世界格局"中的地位和话语权③。社会互构论则是在前"三论"的基础上，对当代中国和全球社会转型中社会与自然、个人与社会的关系所经历的更为深刻的变化进行深入探讨和阐释的社会学理论，它用一种全新的概念范式、理论逻辑和研究方法思路来阐释这一时代主题④。在对个人与社会的关系这一社会学基本问题的分析上，社会互构论坚持马克思主义的辩证观

---

① 郑杭生. 转型中的中国社会和成长中的中国社会学//中国社会学年鉴 1979—1989. 北京：中国大百科全书出版社，1989.

② 郑杭生. 自序//中国特色社会学理论的深化："实践结构论"的提出与"理论自觉"的轨迹：上卷. 北京：中国人民大学出版社，2009.

③ 郑杭生. 当代中国理论社会学面临的创新任务：一种社会实践结构性巨变的视野. 社会科学战线，2007（1）.

④ 郑杭生. 中国社会的巨大变化与中国社会学的坚实进展：以社会运行论、社会转型论、学科本土论和社会互构论为例. 江苏社会科学，2004（5）.

点，认为个人是社会的终极单元，社会是个人的存在方式，个人和社会之间还有一系列的中间环节，如群体、阶级阶层、社区等，人类生活共同体的发展就是个人与社会关系的演变过程，这一过程既有对立冲突，也有协调整合。当代全球社会急剧变迁过程中的各种矛盾与问题也是相互对立冲突、相互依赖并存、相互形塑和构建的，而在这种复杂关系中，和平与发展、平等互惠、协商对话、强弱双赢是时代基调。社会互构论从根本上突破了在西方社会学传统理路下形成的二元对立以及形而上学的自我循环。郑杭生指出，社会互构论与理论自觉是彼此推动的，社会互构论是理论自觉的结果，社会互构论的发展过程则是社会运行学派理论自觉不断增强的过程。社会互构论是中国社会学理论自觉的标志性理论之一①。实践结构论则是继社会互构论之后，对当代世界和中国社会实践发生的结构性巨变（如社会生产信息化的影响，劳动与资本传统关系的变化导致的社会两极化趋势，财富分配与风险分配所带来的双重社会压力等）所做的理论分析与概括②。在理论自觉的指引下，实践结构论也正在逐步成型和系统化。

（五）以"顶天立地"的精神探索中国社会建设实践与理论

郑杭生一直强调社会学者要有"顶天立地"的精神，就是既要有学科发展的前沿意识，又要有深入实际的草根情怀，正是这种精神，使得郑杭生领导下的社会运行学派能够把握中国社会主义建设实践中最紧迫的和最具有战略意义的问题，通过深入调查研究，总结经验，深化认识，探索规律，努力从理论上做出科学的回答，从而也使得他的社会学理论始终能够立足实践而又高于实践，能够准确把握社会变迁的方向与命脉，及时发现社会变迁与发展过程中的新要素、新类型，并及时做出概括与总结。

进入21世纪以来，郑杭生及其学术团队更加关注社会建设、社区建设和社会治理实践。在对"中国经验"或"中国模式"的探索中，他发现"中国经验"是中国社会上下结合、共同探索、互动创新的结果，其中三

---

① 郑杭生. 自序//郑杭生，杨敏. 社会互构论：世界眼光下的中国特色社会学理论的新探索：当代中国"个人与社会关系研究". 北京：中国人民大学出版社，2010：9.
② 郑杭生，杨敏. 社会实践结构性巨变的若干新趋势：一种社会学分析的新视角. 社会科学，2006（10）.

个层次的相互推进十分明显：既有中央"自上而下"的推进，又有基层"自下而上"的推动，还有各个地方、各个部门连接上下的促进。这三个层次，通过理论创新、制度创新、价值重塑、共同创作、不断完善，融合成既具有独特气派、独特风格，又有某种普遍意义的"中国经验"。① 郑杭生认为，中国社会学更有义务对整个"中国经验"、对不同层次的"中国经验"进行调查研究，做出自己的符合实际的理论概括，以提升自己的理论品质，在这一方面完成理论自觉的使命，使自己的理论成为与中国社会发展、中华民族复兴息息相关，因而具有生命力的理论②。

郑杭生及其学术团队比较系统地实地调查和剖析各个基层、各个地方和部门在社会建设和社会管理中成功的案例，探讨其各自的特点，并加以横向比较，从而探索社会、社区良性运行和协调发展的条件和机制。注重研究成功案例，与默顿所主张的"在社会学家的世界实验室中"要注重那些"成功的实验"③ 有异曲同工之妙。

正是在实地调查中，郑杭生及其学术团队的社会学理论自觉意识也更加明确。对于学界一些学者不顾中国实际，盲目套用西方的概念与理论框架的做法，郑杭生结合中国社会建设实践，提出要坚持理论自觉，尤其要警惕西方理论及其话语中可能给我们带来消极导向和可能使我们陷入理论困境或现实陷阱的东西。对于有悖于中国社会建设和社会治理实践的理论，他做了深刻的批判，认为中国社会转型的实质，是中国特色社会主义这种新型社会主义的成长，而绝不是如狭义转型论分析的从社会主义转变为资本主义；"中国经验"或"中国模式"的实质是新型社会主义的不断成长壮大，是从初级发展到科学发展的进程，是自上而下和自下而上的共同探索④。对于一些学者以公民社会理论为分析框架提出的通过"劳资博弈"等机制建设"公民社会""能动社会"以达到社会重建的观点，郑杭生结合

---

① 郑杭生. 促进中国社会学的"理论自觉"：我们需要什么样的中国社会学?. 江苏社会科学, 2009 (5).
② 同①.
③ 默顿. 社会研究与社会政策. 林聚任, 等译. 北京：生活·读书·新知三联书店, 2001：305.
④ 郑杭生, 杨敏. 当代中国社会转型的实质：新型社会主义的成长：对新布达佩斯学派中国版的剖析. 中国社会科学（内部文稿），2007 (2).

中国社会（社区）建设实践做了深入分析与批判，认为"公民社会理论"这一被神话了的理论框架，不但不符合中国社会的实际，而且还会误导实践。这些批判，解决了在社会建设和社会治理中某些重大理论问题上的困惑，为我国社会建设和社会治理创新实践指明了正确方向。

（六）学派意识、理论自觉与社会运行学派形成的动力机制

郑杭生和他的学术团队之所以率先在当代中国社会学中形成较为成熟的社会学派，与其强烈的学派意识和理论自觉是密不可分的。郑杭生一向主张中国学术界要"多一点学派，少一点宗派"，认为学派之争是学术问题、学术观点的争论，用的是学术标准，而宗派之争，则用非学术标准，党同伐异。学派之争，与人为善，相互切磋，推进学术；宗派之争，与人为恶，相互攻击，阻碍学术。[①] 他指出，学派应该是从不同的方面抓住和体现时代的精神，这是学派的灵魂、学派的生命。他强调中国社会学要发展，必须有相互友好竞争的学派。他也积极呼吁各学科的学术组织要按费孝通所说的"开风气，育人才"，积极支持并为学科理论创新，尤其是学派的形成创造条件或提供必要的保障。他认为社会学的中国理论学派，是中国社会学的支撑点，这样的学派越多，表明中国社会学的力量越雄厚，水平越高超，越有生命力和创造力。而理论自觉则是形成社会学中国理论学派的巨大动力，因为只有理论自觉，才能推动学派核心理念的提炼，促进核心团队的凝聚，推进学派氛围的形成。真正的学派是理论自觉的高层次形式——理论自觉成为一个学术共同体的共识[②]。

郑杭生在以高度的理论自觉建构其中国特色社会学理论的主导观点、核心理念的同时，也十分注重以这些观点和理念影响自己的学术团队和培育学派。在社会运行学派奠基和形成初期，他的主要工作是让社会运行论得到中国人民大学社会学所和社会学系的学术团队的接受和认同，并将其

---

① 郑杭生. 导言//中国特色社会学理论的探索. 北京：中国人民大学出版社，2005.
② 郑杭生. 多一点学派，少一点宗派. 中国社会科学报，2010-09-09.

转化为学术团队的主导观点。社会运行学派的形成、成长主要奠基在郑杭生所奠定的主导观点、核心理念以及体现这些主导观点、核心理念的论著上,也奠基在其学术团队能够自觉地、创造性地贯彻、运用这些主导观点、核心理念上,学派又在实践检验基础上,进一步在理论上深化、拓展、推进这些主导观点和核心理念。郑杭生很早就明确提出自己所要打造的社会运行学派的主张,并以开放包容的学术态度欢迎和尊重各种评论和质疑,积极开展学术争论,在争论中澄清问题。他指出,如果一个学派经不起评论,就表明它还没有资格成为学派。肯定性的评论,推动学派发展,扩大学派影响;否定性的评论,则促使学派改进,消除自身缺陷。不能或者无力消除自身的缺陷,特别是根本的缺陷,该学派就会不可避免地衰落,就会有新的学派来取而代之。①

社会运行学派形成的另外一个重要的动力机制就是郑杭生十分重视对自己和其学术团队,以及中国社会学研究的反思性回顾、梳理与总结。他指出:"不论是梳理和回顾,还是新的探索,都是自己进一步研究的起点,同时也是想求得社会学界的指教。"② 总结过去有助于推动原有的理论更加系统、深入,更加具有可持续发展的基础,也有助于不断创新,拓展理论的新视域。

郑杭生也十分重视根据学派和理论发展的需要,结集出版自己的前期著作。以郑杭生去世前出版的四部《郑杭生社会学学术历程》为例,四百多万字、几百篇文章,都是他亲自谋篇布局,一篇篇分类、分卷的,每一卷都撰写序言和导言,精心挑选照片和题字,这样浩繁的工作,都是他在撰写新论文的同时进行的。花费如此大的精力编辑出版《郑杭生社会学学术历程》,其一个重要目的就是对形成"社会运行学派"或"协调发展学派"有所推动,有所促进③。《郑杭生社会学学术历程》各卷的出版,也确实意味着中国社会学界开始反思和自觉整合自身力量,重塑中国社会学

---

① 郑杭生. 前言//社会运行学派成长历程:郑杭生社会学思想述评文选. 北京:中国人民大学出版社,2012.
② 郑杭生. 马克思主义与社会学:纪念马克思逝世120周年和诞辰185周年而作. 理论学刊,2003(6).
③ 郑杭生. 自序//中国特色社会学理论的拓展. 北京:中国人民大学出版社,2005.

在社会科学中的学术地位,提升中国社会学的理论与现实影响力[1]。

此外,郑杭生十分鼓励团队成员发挥各自的特长为学派做出贡献。对于为社会运行学派做出过贡献的成员,无论贡献大小,他都在《郑杭生社会学学术历程》各卷的序言等相关文字中,严谨周到地详加说明,这也是形成社会运行学派良好学派氛围和团队凝聚力的重要因素之一。

三、理论自觉与中国社会学的发展瞻望

郑杭生及其领导的社会运行学派的发展历程表明,理论自觉是中国社会学提升理论地位的有效途径,是提升理论内涵的内在要求,也是形成学派的巨大动力。郑杭生对"理论自觉"概念和命题的明确阐述,表明他和社会运行学派的理论自觉意识更明确、更强烈、更主动、更坚实,也标志着中国社会学进入了强调理论自觉的新阶段。在理论自觉的新起点上,中国社会学也必将立足于提炼自己的概念、命题、理论来回应社会转型中出现的新问题、新现象和新趋势,增强社会学的自主性和创造力,开创中国社会学发展的新局面。

针对当前中国社会学发展所存在的问题和面临的机遇,这里从理论自觉的角度对社会运行学派乃至中国社会学的发展做以下三方面的瞻望。

(一)积极发展马克思主义社会学

社会运行学派的发展充分表明,马克思主义社会学理论自觉是形成中国特色社会学理论的根本途径。总体上来看,马克思主义社会学理论研究仍是当代中国社会学研究的一个薄弱环节,其原因不仅在于受到了"左"倾教条主义和实证主义等西方社会学流派的影响,而且也在于中国社会学的自我意识不足,未能把马克思主义社会学看作中国社会学的重要组成部分[2]。马克思主义社会学至今仍有勃勃生机的根本在于它蕴含着与实证社

---

[1] 胡荣. 本土化、体系化和基础化:郑杭生社会学研究的理论品格. 中共福建省委党校学报,2006(4).

[2] 刘少杰. 马克思主义社会学理论研究的历史与机遇. 江海学刊,2008(5).

会学和解释社会学不同的基本立场、理论构架、方法原则和价值取向，但是马克思主义社会学的丰富内容至今未能得到深入挖掘和系统总结，就连社会学的业内人士对马克思主义社会学的思想理论和方法原则也缺乏了解，反而有不少偏见和片面理解。现在需要系统、深入地总结和挖掘马克思主义社会学的丰富内容，消除对它的偏见和片面理解。[①]

当前中国社会转型和社会建设的伟大实践，为马克思主义社会学的发展提供了最好的机遇。同时，当前资本主义危机及其所带来的世界困境，也为马克思主义社会学理论的发展提供了空前有利的机遇。只有站在马克思主义的立场上，才能正确把握新时期资本主义危机的本质与内在逻辑；也只有站在马克思主义社会学的革命批判立场上，才能正确揭示资本主义社会矛盾、社会问题及其根源。从马克思主义社会学革命批判立场对资本主义及其当代困境进行深刻分析与揭示，是对社会主义进行建设维护的重要方面，这对遏制以美国为主的西方意识形态和话语霸权在全世界的盛行，提升中国特色社会主义道路（"中国模式"或"中国经验"）对于世界和人类的借鉴意义等方面有重要意义，也是当前中国社会学在世界社会学格局中由边陲转为中心、提升话语权的重要途径和任务。

（二）反思性梳理社会学的相关概念、理论和方法

西学东渐已近两个世纪，但是中国学术界仍是"西话"萦耳，本来仅在世界一隅的西方产生并得到印证的东西，却被有些人当成了全人类放之四海而皆准的真理，被当成价值上的"正确"、时空上的"先进"以及适用上的"普遍"，结果是将西方神话为"普遍的""必由之路"加以盲目崇拜[②]。社会科学中的这种思维，既成为我们思想的牢笼，也可能成为影响中国实践的不良因素。在当前中国社会学等相关学科中，这样的例子比比皆是。例如，一些社会学者将西方的社会资本理论演绎和狭隘化为"关系"资本的做法，就缺少反思性的理论自觉。以西方学者研究东欧国家的

---

① 郑杭生. 当代中国理论社会学面临的创新任务：一种社会实践结构性巨变的视野. 社会科学战线，2007（1）.

② 支振锋. "鬼话"、"童话"与"神话"：社会科学中的"西话". 战略与管理，2012（1-2）.

狭义转型论来分析中国的改革和社会转型，以西方公民社会理论为理想蓝图设计中国社会建设与治理之路，无疑是落入了西方理论的陷阱。

因此，当前中国社会学迫切需要以高度的理论自觉意识，全面、深入和系统地对我们所使用的概念术语、理论、原则和方法加以反思性梳理，对那些当前流行甚至逐步占据主流话语权，但与中国实际（包括历史文化传统和现实经济政治社会背景）不相符且不利于中国社会建设和治理实践的相关概念、理论与方法进行反思性清理，要立足于中国社会建设和治理实践的现实，借鉴国外但要跳出国外；对于以前形成的符合国情的概念与理论，也需要通过积极回应社会快速转型中出现的新问题、新现象和新趋势，进行必要的更新。

（三）注重中国社会建设和治理中的重大理论和政策问题研究

中国社会转型与社会建设的伟大实践，给中国社会学提供了空前的发展机遇，但中国社会学中某些僵化的立场、观念和方法，使得社会学往往对中国社会巨大的变迁及其对社会学的需求不敏感，也使得社会学自身处于边缘化和话语权缺失的境地，这种状况无疑不利于中国社会学，也不利于中国社会的发展。

中国社会学要有投身中国社会建设和治理实践的理论自觉，关注其中的重大理论和现实问题，当前尤其要重视对相关社会制度、社会政策的理论研究。西方社会科学十分重视对制度设计的研究，对于这一点，有分析认为，西方工业社会倾向于强调在大多数交易情境下，个人应当根据自我的利益做出理性的决定，西方文化的这种特色可以解释为什么"西方的社会科学界针对公平法则做了许多精致的研究"[①]。当然，一个国家或社会的社会科学是否重视对制度与政策设置的研究，主要取决于社会变迁和对制度的需求程度，而不仅仅是文化使然。另外，在社会变迁过程中对制度与政策建设需求的把握，也需要社会科学工作者有高度的理论自觉意识和社会责任感。

---

① 黄光国.论华人的关系主义：理论的建构与方法论的考量//儒家关系主义：文化反思与典范重建.北京：北京大学出版社，2006：82-106.

当前快速转型的中国社会正面临着社会建设和治理挑战，迫切需要在制度和政策方面有所创新，因为社会良性运行和协调发展，要靠各项具体的社会制度和政策来落实和实现。我们在走向更加公正、更加安全、更加和谐、更加健康和更加开放的社会的进程中，有无数具体社会问题要面对。要解决这些问题，需要根据我国的现实，研究改善民生的具体社会政策，调解各方面的利益。[①] 过去由于社会学理论家们对社会制度社会政策的研究重视不够，从事具体社会政策研究的学者又往往缺乏一定的理论高度，使得我们的制度和政策建设表面繁荣，但往往效果不明显，要么制度政策得不到贯彻执行，要么反而造成制度障碍，甚至带来反面效果，其根本原因在于制度与政策建设缺乏理论研究的支持，制度设计也不合理。实际上，社会政策最能集中体现社会学的基本理论问题——个人与社会关系的问题，社会学在社会制度、社会政策研究上有着重要的优势。以高度的理论自觉，秉持增促社会进步、减缩社会代价的深层理念，深入研究相关社会建设和民生社会政策与制度中的理论与实践问题，是中国社会学当前的主要使命和任务。

---

① 郑杭生. 社会政策与深层理念：在中国社会发展政策高层论坛 2004 开幕式上的发言//中国特色社会学理论的深化："实践结构论"的提出与"理论自觉"的轨迹：下卷. 北京：中国人民大学出版社，2009.

第三章　郑杭生的马克思主义社会学理论自觉

郑杭生的社会学理论自觉，不仅仅表现在他提出了"理论自觉"这一概念与命题，纵观其社会学学术历程就可以发现，郑杭生无疑是当代中国社会学者理论自觉的典范。正是在"立足现实，开发传统，借鉴国外，创造特色"这种理论自觉的基础上，郑杭生和他的学术团队已开创了社会运行论、社会转型论、学科本土论、社会互构论、实践结构论等具有中国特色的社会学理论体系，形成了较为成熟的中国社会学的"社会运行学派"，社会运行学派也是费孝通先生所期盼的"开创中国式的社会学"历程中的硕果[1]。

郑杭生在其社会学学术历程中，一直注重和致力于马克思主义社会学理论的建设。对于这种努力和贡献，有人简单地将其理解为是在为社会学正名和争取发展空间。实际上，所谓"为社会学正名"的思维，仍是一种将社会学与马克思主义对立起来的思维。由于中国社会学发展史上极左思想的影响，以及西方社会学对中国社会学的深刻影响，这种对立也确实一直不同程度地存在着，因此，郑杭生通过澄清某些认识误区来为社会学正名。但其目标远不限于此，以高度的理论自觉意识发展中国的马克思主义社会学理论，贯穿其整个社会学学术历程。郑杭生无疑是当代中国马克思主义社会学理论的一面旗帜，他所领导的社会运行学派及其相关理论，实

---

[1] 董翔薇，董驹翔. 社会运行学派：理论自觉历程中成熟的中国社会学学派//郑杭生，等. 社会转型与中国社会学的理论自觉. 北京：中国人民大学出版社，2011.

际上也是中国马克思主义社会学的重要成果。本章试对郑杭生的马克思主义社会学理论自觉及其贡献做一些梳理与分析。

一、理论自觉与马克思主义社会学两种形态理论的提出

社会学与马克思主义的关系问题，长期以来都是一个有争议的问题。马克思把以孔德为代表的社会学视为"资产阶级学术"，并以其为对立面来发展马克思主义。马克思批判指出，"孔德在政治方面是帝国制度（个人独裁）的代言人；在政治经济学方面是资本家统治的代言人；在人类活动的所有范围内，甚至在科学范围内是等级制度的代言人"[1]，"我作为一个有党派的人，是同孔德主义势不两立的，而作为一个学者，我对它的评价也很低"[2]。因此不难理解，马克思和恩格斯为什么拒绝采用孔德创造的"社会学"这一名词；也不难理解，西方非马克思主义社会学的其他流派为什么在很长时期内把马克思主义当作自己攻击的主要目标[3]。马克思对社会学创始人孔德及其思想的这种尖锐批判，再加上马克思、恩格斯在其思想体系中很少提"社会学"，使人们认为马克思主义与社会学是势不两立的，或者认为由于马克思主义理论体系的批判性和革命性，以缓解社会矛盾、促进社会协调发展为基本属性的社会学难以在逻辑上认同马克思主义。

如前所述，在社会学的历史上，将马克思视作经典社会学家之一，"实际上是出于20世纪晚期社会学家的事后回顾"[4]，而且，也只是将马克思主义社会学视为冲突论的鼻祖或阶级斗争的社会学学派。而在社会主义国家，这种认识无疑是限制社会学发展的重要障碍，马克思主义社会学的发展也因此而受阻。为社会学正名或争取社会学的合法性则成为社会学和社会学家的任务之一。社会学在新中国一度备受批判，甚至被长期取

---

[1] 马克思. 《法兰西内战》草稿//马克思, 恩格斯. 马克思恩格斯文集：第3卷. 北京：人民出版社, 2009：206.
[2] 马克思. 马克思致爱德华·斯宾塞·比利斯//马克思, 恩格斯. 马克思恩格斯文集：第10卷. 北京：人民出版社, 2009：357-359.
[3] 郑杭生. 社会学对象问题新探. 社会学研究, 1986 (1).
[4] 希林, 梅勒. 社会学何为?. 李康, 译. 北京：北京大学出版社, 2009：22.

消，把马克思主义与社会学对立起来的认识无疑是很重要的原因。即使在中国社会学恢复重建时期，对这一问题的认识仍然是困惑重重。

郑杭生在哲学方面已取得显著成就[①]，却以强烈的现实关怀和高度的理论自觉，毅然选择转向社会学的学习与研究，并于1981年11月到英国布里斯托大学进修社会学和分析哲学。作为一名社会主义国家的马克思主义理论学者，在改革开放之初到英国这个资本主义国家去学习长期被视为"资产阶级学术"的社会学，这种巨大的反差，促使郑杭生更加深刻地思考社会学与马克思主义，以及与中国实际之间的关系。在英国进修社会学期间，郑杭生阅读和思考的一个重点就是检讨西方社会学的长处和短处，梳理和分析从马克思开始的马克思主义社会学传统和从孔德开始的西方社会学传统的异同，由此也取得了关于马克思主义社会学的两种形态的理论发现，在1985年发表的《论马克思主义社会学的两种形态》和1986年发表的《社会学对象问题新探》两篇论文中，郑杭生对这一发现做了明确阐述，并提出了"社会学是关于社会良性运行和协调发展的条件和机制的综合性具体社会科学"的主张。

实际上，马克思对孔德及其社会学的批判揭示了西方社会学的资产阶级本质，并不意味着马克思主义没有社会学思想或反对社会学。正如列宁所分析的，达尔文发现了生物进化规律，第一次把生物学放在科学的基础上，而马克思发现了人类社会的发展规律，探明了经济社会形态的发展"是自然历史过程，从而第一次把社会学放在科学的基础之上"[②]。列宁因此也明确赋予马克思主义社会学以"**科学的社会学**"[③] 名称，提出唯物辩证法是"社会学中的科学方法"[④]。在上一章我们已经提到，郑杭生曾指出，从孔德开始的西方社会学，实质上是以维护资本主义制度为目的的，虽然其中也有批判社会学的流派，但归根到底是为了维护资本主义。而从

[①] 关于郑杭生在转入社会学之前在马克思主义哲学方面取得的成就，参见：李强. 郑杭生//中国人民大学人物传：第3卷. 北京：中国人民大学出版社，1995：333-337.

[②] 列宁. 什么是"人民之友"以及他们如何攻击社会民主党人?//列宁选集：第1卷. 3版. 北京：人民出版社，1995：10.

[③] 同[②]8.

[④] 同[②]32.

马克思开始的马克思主义社会学，对资本主义社会表现为革命批判性形态，其根本任务是揭露作为整体的资本主义社会的恶性循环和畸形发展及其根源。革命批判性形态只是马克思主义社会学的一种过渡性的、预备性的形态，在革命取得胜利、建立起社会主义制度后的维护建设性形态，则是马克思主义社会学更重要的形态，它以维护、改善社会主义社会为目标，以社会主义和共产主义社会良性运行和协调发展的条件和机制为对象。① 从这种意义上来说，马克思主义社会学虽然表现为革命批判性和维护建设性两种不同的形态，但两种形态是统一的。西方社会学与马克思主义社会学维护的对象是根本对立的，但是"维护"这一点却是相似的，西方社会学具有较长的维护的历史和经验，其中有不少东西值得我们参考和批判地汲取。因此，对待西方社会学既要坚持党性原则，又不能采取虚无主义态度，要有批判地汲取适合我国国情的精华。这是马克思主义社会学开放性的要求，因为它和整个马克思主义一样，是无法离开人类文明大道发展的②。这些正确运用马克思主义辩证法的深刻分析，不但揭示了马克思主义社会学的形态及其与西方社会学的关系，也揭示了马克思主义社会学的开放性和发展性，这种论证所取得的认识，对于中国社会学的重建和地位的确立起了重要的推动作用，对于理解和建设马克思主义社会学也具有关键性的意义。

中国社会学的恢复重建，必须以马克思主义为指导，这在当时似乎已成共识。日本著名社会学家福武直当时极具眼光地指出，"在中国社会主义经济努力实现现代化之时，社会学恢复后就要解决许多社会问题"，但"毫无疑问，中国的社会学的理论基础是马克思主义"③。费孝通作为中国社会学坎坷命运的亲历者和恢复重建的主要领导者，提出了中国社会学建设的根本方针性的意见，就是要建成"以马列主义、毛泽东思想为指导，密切结合中国的实际，为社会主义建设服务的社会学"④。但是，在恢复

---

① 郑杭生. 论马克思主义社会学的两种形态. 光明日报，1985-07-29.
② 郑杭生. 社会学对象问题新探. 社会学研究，1986（1）.
③ 福武直. 中国社会学的复活和现状. 日中经济协会会报，1982（7）.
④ 费孝通. 建立我国社会学的一些意见//费孝通全集：第9卷. 呼和浩特：内蒙古人民出版社，2009：293-302.

重建初期，中国社会学仍然"正处在一种既热门又充满争议、既有吸引力又没有令人信服的理论根据的状况之中"①。在社会学对象问题、社会学与马克思主义之间的关系问题等重大问题方面，尚没有令人信服的理论根据。郑杭生关于"社会学是关于社会良性运行和协调发展的条件和机制的综合性具体社会科学""马克思主义社会学的两种形态"等令人耳目一新的论断和创造性成果，为当时中国社会学地位的确立奠定了坚实的基础，也为中国特色社会学理论后来的发展确立了正确的方向。

关于这一点，可以以当时胡绳对郑杭生这些观点的高度肯定为例证。郑杭生于1986年发表在《社会学研究》创刊号上的《社会学对象问题新探》一文，受到胡绳的好评，认为郑杭生解决了社会学多年没有解决的问题。我们知道，在1957—1958年间，胡绳写了数篇关于批判资产阶级社会学（及相关社会科学）的发言和论文，洋洋数万言②。胡绳对社会学的批判，虽然与当时取消和批判社会学的政治背景密切相关，但许多批判确实是建立在对西方资产阶级社会学和社会学传入中国以来中国社会学学者的研究进行深入分析的基础上，许多批判言之有物、分析细致、逻辑严密、说理透彻。其中写于1957年的《西方资产阶级社会学输入中国的意义》一文，胡绳还将其选入1998年由人民出版社出版的《胡绳全书》（第二卷）中。在1986年4月26日中国社会学会常务理事会扩大会议上，胡绳同志在题为《谈谈社会学研究》的讲话中指出，"从西方传入中国的社会学，总的说来，是在保持原有社会制度的前提下，研究如何解决社会问题，如何稳定社会秩序"，许多社会学者认为无须进行社会革命，就能解决各种社会问题，这种观点"主要是受他们所受的教育和他们的社会地位的限制"。当时以革命为己任的马克思主义者，当然是不能承认这样的社会学的。③ 正如日本社会学家福武直指出的，中国社会学自1930年以来

---

① 郑杭生. 社会学对象问题新探. 社会学研究，1986（1）.
② 胡绳. 决不允许资产阶级社会科学复辟：在全国人民代表大会上的发言//枣下论丛. 北京：人民出版社，1978：201-209. 胡绳. 争取无产阶级世界观的彻底胜利：在中国社会科学院召开的座谈会上的发言//枣下论丛. 北京：人民出版社，1978：210-224. 胡绳. 西方资产阶级社会学输入中国的意义//枣下论丛. 北京：人民出版社，1978：243-260. 胡绳. 关于资产阶级社会学的札记//枣下论丛. 北京：人民出版社，1978：261-306.
③ 胡绳. 谈谈社会学研究. 社会学研究，1986（3）.

取得了很大的成绩和影响，但仅"限于对英美系统的社会学理论的生搬硬套，不能超出基督教系统的大学以慈善的社会改良运动为前提的社会实验区调查的范畴","在多数场合下，同五四运动以后的社会主义的社会经济理论并无联系"①。胡绳同志在此次讲话中，大量吸收和使用了郑杭生社会运行论的相关概念和观点。胡绳指出，总体来说，旧的社会制度存在着许多它自身无法解决的矛盾，因而社会生活的各方面不可能得到良性的运转，甚至只能陷入恶性循环。而社会主义制度的建立，就使得我们社会生活的各个方面有可能良性地运转。"资产阶级社会学的目的，当然是研究怎样在资本主义制度下使社会良性运转，使社会各方面能够协调发展。这种社会学的研究成果，可以说包含着资产阶级的统治经验。在革命时期，我们没有吸取这些经验的必要，这是有理由的。现在我们是研究如何在社会主义制度下使整个社会良性运转，使社会生活各个方面——政治生活、经济生活、文化生活，民族关系、城乡关系、家庭关系等等都能协调发展。在社会主义制度下也会发生不协调的现象，如果搞得不好，甚至会恶性运转。在这个意义上，我们与资产阶级社会学的研究目的确有某些等同点。……资本主义社会在不发生严重危机、爆发革命的时候，大体上还是能够顺利运转的，不然这个社会就不能存在。资本主义社会协调运转的这些经验，当然不能照搬，但是其中总有可以供我们参考的东西。……当然资本主义社会中有些问题从来没有也永远不可能得到解决，这是资本主义社会制度的本质所决定的。但这也从反面向我们提供了经验，这种反面经验我们也是可以利用的。"②

对于郑杭生的马克思主义社会学两种形态等思想，胡绳之所以高度评价说解决了社会学多年没有解决的问题，是因为在社会学恢复重建初期，虽然承认社会学要以马克思主义为指导，但实际上在理论上二者仍处于"两张皮"状态。郑杭生关于马克思主义社会学的维护建设性形态，以及建设以研究社会主义社会良性运行和协调发展的条件和机制为研究对象的马克思主义社会学的思想与理论，从理论方面突破了在认识和实践上社

---

① 福武直. 中国社会学及其复活. 国外社会科学，1980（6）.
② 胡绳. 谈谈社会学研究. 社会学研究，1986（3）.

会学与马克思主义"两张皮"的状况，进而在理论和实践上为中国社会学地位的确立奠定了坚实的基础。对于仅仅将马克思主义社会学视为冲突学派的西方社会学史来说，郑杭生关于"马克思主义社会学两种形态"的理论发现，无疑也是一个重大创造，更为重要的是它从理论上解决了关于在社会主义国家发展马克思主义社会学的认识上的误区和实践上的困境。实际上，这一思想也影响到社会学之外的学科，如一些政治学学者也由此认识到马克思主义政治学革命性和建设性这两种不同形态。这对于马克思主义的中国化和时代化而言，无疑也是很大的突破与贡献。郑杭生在其社会学学术历程早期所取得的这些创造性理论成果及其受到的极高的认同，充分表明了他作为马克思主义社会学理论家的杰出品格，也充分体现出他在中国马克思主义社会学理论构建方面高度的理论自觉意识。

二、郑杭生的马克思主义社会学理论自觉及贡献

（一）对于社会学对象问题与中国马克思主义社会学的方向的探索

郑杭生对于社会学与马克思主义关系的思考和马克思主义社会学两种形态的理论发现，为其对于社会学对象问题的探索奠定了科学的基础。他提出的"社会学是关于社会良性运行和协调发展的条件和机制的综合性具体社会科学"这一令人耳目一新的定义，正是立足于对新中国成立以来不同时期社会运行状况的概括和总结，借鉴和吸取了从马克思开始的马克思主义社会学传统和从孔德开始的西方社会学传统，也继承和开发了我国历史上丰富的关于治乱兴衰的学术传统思想，并结合了社会学在传入中国后的实践，以及对社会学与马克思主义、社会学与社会主义的关系等问题的反思性考察。

这一定义充分把握了社会学这门学科的性质，也符合中国社会主义实践需要，解决了许多长期以来的困惑与混乱，为中国社会学的发展奠定了坚实基础，也确立了正确的方向。因为就如郑杭生所分析的，把社会学对象规定为社会良性运行和协调发展的条件和机制，在理论方面，有利于将社会学历史地形成的研究领域和范畴统一起来，有助于把握社会学与作为哲学科学的历史唯物主义、科学社会主义和其他社会科学的区别与联系，

而长期以来在这方面认识上的误区，导致了新中国成立后在学科设置上以历史唯物论否定、代替社会学的错误；在实践方面，郑杭生对社会学对象的界定找到了社会学与社会主义实践之间的结合点——我们所建设的社会学，要从社会的良性运行和协调发展这个角度为社会主义实践服务①。

（二）对马克思主义社会学立场与方法的坚持

马克思主义为社会学提供了科学的世界观和方法论，以历史唯物主义和辩证唯物主义的立场、观点和方法观察和分析社会现象，使社会学真正建立在科学的基础上。郑杭生对马克思主义社会学理论的探索及其所做出的重要贡献，正是基于他坚持马克思主义的基本立场、观点和方法。对马克思主义的实践原则、辩证思维方法、理论视野的开放性与发展性等，他都坚持并灵活运用；对马克思的批判立场，他又以发展的眼光，通过对革命批判与建设维护之间关系的辩证分析予以发展，并创造性地提出了"建设性反思批判"的概念与方法。

郑杭生一直主张，要坚持和发展马克思主义，必须分清它的根本观点与具体论断。对于涉及世界观和方法论层次的基本原理，如作为辩证唯物论精髓的实事求是和作为唯物辩证法活的灵魂的具体问题具体分析等根本观点，要坚持和丰富；对于马克思主义经典作家在特定时间、地点、条件下，针对特定对象、事物、现象、过程做出的具体论断，要根据社会实践的变化校正和前进。要反对马克思主义"过时无用论"和"教条论"两个极端的态度。在社会转型加速期，以马克思主义的根本观点为指导，自觉研究新情况、新问题，吸取国外研究中合理的东西为我所用，不断得出与客观实际相符的具体论断，并以与时俱进的具体论断不断丰富马克思主义的根本观点，才是真正坚持和发展马克思主义。②

郑杭生受过系统的马克思主义哲学和西方现代哲学训练，熟练掌握马克思主义辩证法的精髓，他的许多社会学概念、思想、分析框架和方法

---

① 郑杭生. 社会学对象问题新探. 社会学研究，1986（1）.
② 郑杭生. 马克思主义与社会学：纪念马克思逝世 120 周年和诞辰 185 周年而作. 理论学刊，2003（6）.

论，都贯穿着辩证法思维。例如，在对社会学对象问题的分析中，他指出，将社会良性运行和协调发展的条件和机制作为社会学的研究对象，在理论上有利于将社会学历史地形成的各研究领域和范畴统一起来，因为所有这些领域，"从正面讲，都是从社会的各个侧面、各个环节及其相互联结上探求社会良性运行和协调发展的条件和机制。从反面讲，则是探求有效地消除妨碍社会良性运行和协调发展的方法和途径"①。

郑杭生的马克思主义立场和对马克思主义唯物辩证法的灵活运用，使得他在当代中国社会复杂思潮中能够把握正确的方向，使得他的社会学理论既能够避免"左"，又能避免右，在关于科学性与价值性、经验性与理论性、传统性与现代性、本土性与国际性、建设性与批判性、阶级与阶层、社会进步与社会代价、社会协调和社会失衡等诸多理论问题和复杂社会现象上，他都能够做到实事求是和具体问题具体分析。而对于这种不"左"不右的立场和治学态度，有人误解为是"价值中立"。实际上，他对"价值中立"一贯持辩证态度，认为"价值中立"作为一种来源于实证主义的科学观，是一个在总体上包含根本缺陷但又有局部合理性的西方社会科学方法论原则。其总体上的根本缺陷是指它把科学与价值截然割裂，排斥一切价值的客观主义、实证主义倾向，这使它在认识功能和价值功能统一的社会科学中成为不可能实际遵循的东西，也使它陷入了不可摆脱的自我矛盾；局部合理性是指它包含强调客观性和科学性的合理因素，但这种合理性是以推向极端的形式存在的。

当代中国社会快速转型带来的前所未有的巨大变化，表现出两重性和极端复杂性：社会优化与社会弊病并生、社会进步与社会代价共存、社会协调与社会失衡同在、充满希望与饱含痛苦相伴。在这种状况下，利益的分化和思想观念的多样化，使得人们往往在认识上发生偏差，或者只看到希望、优化、进步、协调而盲目乐观，或者只看到痛苦、弊病、代价、失衡而盲目悲观，甚至否定一切。② 对于学界，尤其是社会学界一些人对社

---

① 郑杭生. 社会学对象问题新探. 社会学研究，1986（1）.
② 郑杭生. 改革开放30年：日趋成熟的中国社会学：有关中国社会学发展全局的几个重大问题. 江苏社会科学，2008（3）.

会现象、社会问题一味做片面批判，把中国说得一无是处的做法，郑杭生及时地提出对社会现象的分析研究要有"建设性反思批判精神"，即要通过反思批判这样一种理性思维活动，实事求是地肯定该肯定的东西，否定该否定的东西，并根据这种分析提出积极的建设性的改进意见和方案，以增促社会进步，减缩社会代价。要用建设性反思批判精神全面把握中国社会的正反两面，分清主次，正确引导社会心态和社会思潮，积极参与各层次的制度创新，标本兼治。而且，建设性反思批判精神，对缺乏人生经验和社会经验的青年学子的成长和成就事业尤其具有重要意义，对于推进中国社会学健康发展也具有重要意义。① 建设性反思批判精神可以说是郑杭生对马克思主义社会学两种形态思想的进一步推进。

对于学界一些学者不顾中国实际盲目套用西方理论的概念与理论框架的做法，郑杭生提出要有高度的理论自觉，在借鉴西方理论与经验时，必须以我为主，坚持我们自己的历史与现实，注意区分相同与不同、精华与糟粕、适用与不适用，在我国社会建设和治理方面，尤其要警惕西方理论及其话语中的消极导向，和有可能让我们陷入理论困境或现实陷阱的东西。对于新布达佩斯学派的狭义转型论、公民社会理论等不符合中国社会建设和治理实践的理论，郑杭生也做了深刻批判。他指出，中国社会转型的实质，是中国特色社会主义这种新型社会主义的成长，而绝不是如狭义转型论分析的从社会主义转变为资本主义，"中国经验"或"中国模式"的实质内容是新型社会主义的不断成长壮大，其实际轨迹是从初级发展到科学发展的进程，其推进形式是自上而下和自下而上共同探索。这种新型的社会主义，是一种利用资本主义一切可以利用的东西，逐步取得对资本主义的相对优势，最后战胜资本主义的社会主义；又是一种在自己的实践中不断追求社会和谐、不断探索社会正义、不断进行制度创新、不断致力于把公平正义贯彻到社会结构和社会制度各个方面的社会主义。② 对于一

---

① 郑杭生.论建设性反思批判精神.华中师范大学学报（人文社会科学版），2008（1）.
② 郑杭生.社会转型论遭遇"中国经验"尴尬.人民论坛，2008（4）.郑杭生，杨敏.新布达佩斯学派狭义转型论的重大理论缺陷.红旗文稿，2008（3）.郑杭生.社会学视野下的"中国经验".光明日报，2009-12-03（10）.郑杭生.坚持和发展共同理想的几个问题：从社会学视角看新型社会主义.中共中央党校学报，2007（2）.

些学者以公民社会理论为分析框架所提出的通过"劳资博弈"等机制建设"公民社会""能动社会"以达到社会重建的观点,郑杭生结合中国社会(社区)建设实践做了深入的分析与批评,认为公民社会理论的逻辑在理论层面是二元对立的思维,这一被神话了的理论框架,在实践层面并不被西方完全实行,更不符合中国社会的实际。这些批判,解决了在社会建设和治理重大理论问题上的困惑,为我国社会建设和治理创新实践指明了正确方向。在批判的过程中,郑杭生推进了新型现代性、新型社会主义等中国马克思主义社会学的相关理论。我们从中也可以深刻地体会到,对马克思主义社会学立场和理论的坚持与发展,是中国社会学的根本方向,也是提升中国社会学在国际学术界话语权的重要途径。

(三) 对马克思主义社会学理论的持续探索

继马克思主义社会学两种形态的理论发现,以及社会学是"关于社会良性运行和协调发展的条件和机制的综合性具体社会科学"的社会学主导观念确立之后,郑杭生一直致力于对马克思主义社会学理论的探索与建构,撰写了大量关于马克思主义社会学的论文,如《马克思主义社会学》《邓小平与当代中国社会学》《邓小平理论与中国社会学的繁荣与发展》《中国共产党与中国社会学》《马克思主义与社会》《深入研究马克思主义社会学史》《关于指导思想和共同理想的几点思考——从社会学视角分析社会主义核心价值体系》《改革开放30年:日趋成熟的中国社会学——有关中国社会学发展全局的几个重大问题》等,对马克思主义社会学理论和方法的发展做出了重要贡献。

郑杭生对马克思主义社会学理论的持续探索,一方面是通过对马克思主义经典的梳理来挖掘马克思主义社会学的理论与方法,另一方面是根据世界和中国在当代的社会变迁,与时俱进地发展马克思主义社会学理论。

1991年,他为《中国大百科全书·社会学》撰写词条"马克思主义社会学",在马克思主义社会学两种形态理论的基础上,进一步明确马克思主义社会学既具有阶级性,又具有开放性,只有采取实事求是、具体分析的态度看待西方社会学,实事求是地利用其中合理的东西,马克思主义社会学才能真正占领有关的理论阵地，真正高于西方社会学[1]。郑杭生指出，对马克思主义社会学史的梳理应体现马克思主义社会学的两种形态，一部相对完整的马克思主义社会学史，应包括经典马克思主义社会学、俄国马克思主义社会学、西方马克思主义社会学和中国马克思主义社会学等四个不可或缺的部分[2]。郑杭生对毛泽东思想、邓小平理论、"三个代表"重要思想和科学发展观的相关社会学分析，是中国马克思主义社会学理论的重要方面。郑杭生担任首席专家的中央马克思主义理论研究和建设工程重点教材《社会学概论》，在马克思主义社会学与西方社会学之间的关系，马克思主义社会学的基本立场、理论及其特点，中国化马克思主义中的社会学思想等诸多方面都取得了重要的理论成果，充分体现了马克思主义中国化的最新成就，体现了中国特色社会主义实践的最新进展，体现了社会学学科发展的前沿和中国特色[3]。

郑杭生对马克思主义社会学更重要的贡献在于他坚持马克思主义的立场，与时俱进地发展马克思主义社会学理论。他指出，在具体实践中坚持和发展马克思主义的关键是要搞清楚善于破坏旧世界与善于建设新世界的关系，在社会学学科中坚持和发展马克思主义的关键是要搞清楚社会学的两种形态，进行有中国特色的社会学的理论创新[4]。郑杭生强调马克思主义社会学要坚持建设维护性的立场，致力于研究和推进社会主义社会的良性运行和协调发展。他还深入分析了在社会主义阶段，执政党需要实现从"革命为民"到"执政为民"、从把阶级阶层作为甄别机制到作为激励机制、从"斗争哲学"到"社会和谐"的转变。郑杭生也自觉推动这方面认识的转变，例如，他在担任《中国大百科全书·社会学》"社会学理论"部分的主编时，就主张将按照生产资料来划分的"阶级"概念纳入以"社会资源和社会机会"来区分的"阶层"概念中，以改变过去将阶层作

---

[1] 中国大百科全书·社会学. 北京：中国大百科全书出版社，1991：183-185.
[2] 郑杭生. 深入研究马克思主义社会学史. 马克思主义与现实，2006（3）.
[3] 《社会学概论》编写组. 社会学概论. 北京：人民出版社，高等教育出版社，2011. 郑杭生，洪大用. 特色鲜明内容精练：《社会学概论》简析. 中国人民大学学报，2011（6）.
[4] 郑杭生. 马克思主义与社会学：纪念马克思逝世120周年和诞辰185周年而作. 理论学刊，2003（6）.

为阶级的下属概念的理解①。这实际上是一种根据中国过去将阶级斗争扩大化的社会主义实践与教训，自觉地淡化阶级意识的努力。

郑杭生对马克思主义社会学理论的贡献，更主要体现于下文所分析的在马克思主义指导下、立足于中国社会快速转型的现实所创建的中国特色社会学理论体系上。

（四）对中国特色社会学理论的探索与取得的成就

正如费孝通深刻分析的，当今中国人文社会科学研究的一个显著特征，就是在研究社会现象时往往会借用西方的社会理论，但我们必须反思的是：我们是否把握了这些理论产生的历史背景，我们是否明白了这些理论与中国实际到底有多少差距，以及我们是否恰当地运用了这些理论。因为西方社会理论是西方社会发展的产物，是西方社会科学家在自己的社会现实中，深入调查研究，并对其进行总结概括的结果，而且也需要随变化着的现实社会反复加以修正。中国的人文社会科学离开自己的社会实践，就很可能会丧失它的生命力。② 帕森斯对韦伯的分析也指出了这一点，韦伯的社会学研究工作主要是着眼于西方社会的总体制度结构，去解释"现代资本主义"③。

对这一点，郑杭生早就有十分清醒的认识和高度的理论自觉。他认识到，研究中国社会的转型过程，回答转型过程中面临的种种课题，不仅是中国社会学义不容辞的任务，而且是它安身立命的根基。对中国社会的转型认识得越深入、越全面，中国社会学的成长也就越扎实、越迅速，而成长了的社会学又转过来推动转型过程比较顺利、比较健康地运行。而且，"中国社会学必须植根于转型中的中国社会，才有可能具有中国特色。能否从自己特有的角度如实地反映和理论地再现这个转型过程的主要方面，是中国社会学是否成熟的标志。中国社会学离开转型社会的实际，就会成

---

① 郑杭生. 马克思主义与社会学：纪念马克思逝世120周年和诞辰185周年而作. 理论学刊，2003（6）.
② 费孝通. 我们要对时代变化作出积极有效的反映. 社会，2000（7）.
③ 帕森斯. 现代社会的结构与过程. 梁向阳，译. 北京：光明日报出版社，1998：81-107.

为无本之木，无源之水"①。

郑杭生正是坚持自己在进入社会学学科之初立下的"对有中国特色的社会学理论有所贡献，对转型中的中国社会的认识有所深化"的学术目标，立足于中国社会巨大变迁的实践来发展马克思主义社会学和马克思主义指导下的社会学。纵观其社会学学术历程，我们可以发现，他始终站在马克思主义的立场上，坚持以"立足现实，开发传统，借鉴国外，创造特色"的途径构建中国社会学理论，他和他的学术团队形成了社会运行论、社会转型论、学科本土论、社会互构论和实践结构论等中国特色社会学理论体系。

这些中国特色社会学理论，既坚持了马克思主义的基本立场，又从各个层面对马克思主义社会学有重要的推动。例如，在对个人与社会的关系这一社会学基本问题的分析上，社会互构论坚持马克思主义辩证观点，突破了西方社会学的二元对立思维，认为个人是社会的终极单元，社会是个人的存在方式，个人和社会中间还有一系列的中间环节，如群体、阶级阶层、社区等，人类生活共同体的发展就是个人与社会关系的演变过程，这一过程既有对立冲突，也有协调整合。在此基础上，社会互构论在对当代全球社会急剧变迁中的各种矛盾与问题相互对立冲突，也相互依赖并存、相互形塑和构建的复杂关系的分析中，阐发了"新型现代性"，指出和平与发展、平等互惠、协商对话、强弱双赢是时代的基调。实践结构论对新自由主义和资本主义体系所导致的劳动与资本关系的恶化、有形劳动地位急剧下降，以及由此所推动的世界范围内的社会两极化趋势所做的深入分析，深刻体现了马克思主义社会学的批判立场。这也充分说明马克思主义社会学在分析当前资本主义社会矛盾和危机及其给世界带来的困境上仍有强大的解释力，也明确了"资本主义作为一种具体的社会事实，其价值上和道义上的不合理性，从而阐发了人类解放的目标"，"在对待历史的长波趋势与具体的社会冲突、现实感受与理想主义、激进的批判与浪漫的想象等等关系上，马克思主义社会学本身提供了如何避免理路和方法的一维

---

① 郑杭生.转型中的中国社会和成长中的中国社会学//中国社会学年鉴 1979—1989. 北京：中国大百科全书出版社，1989：20-25.

性、单向性的研究典范"①。

正是由于坚持马克思主义立场,既有学科发展的前沿意识,又有深入实际的草根情怀和"顶天立地"的精神,郑杭生能够把握中国社会主义建设实践中最紧迫的和最具有战略意义的问题,通过深入调查研究,总结经验,深化认识,探索规律,努力从理论上做出科学的回答,从而也使得他的社会学理论始终能够立足于实践而又高于实践,能够准确把握社会变迁的方向与命脉,及时发现社会变迁与发展过程中的新要素、新类型,并及时做出概括与总结。

进入 21 世纪以来,郑杭生及其学术团队更加关注社会建设、社区建设和社会治理实践,通过剖析各基层、地方和部门在社会建设和治理中成功的案例,探讨其各自的特点,并加以横向比较,从而探索社会、社区良性运行和协调发展的条件和机制。如同默顿所指出的,"在社会学家的世界实验室中,跟在物理学家和化学家的更封闭的实验室中一样,具有决定意义的是成功的实验,而不是在这之前的一百零一次失败。从一次成功中所学到的东西要比从多次失败中学到的要多"②。郑杭生所倡导的"建设性反思批判精神"与注重研究成功案例在方法论上是一致的。

三、马克思主义社会学理论自觉与中国社会学话语权的提升

马克思主义社会学理论研究是当代中国社会学研究的一个薄弱环节,其原因不仅在于受到了"左"倾教条主义和实证主义等西方社会学流派的影响,而且在于中国社会学的自我意识不足,未能把马克思主义社会学看作中国社会学的重要组成部分③。马克思主义社会学的丰富内容不仅至今未能得到深入挖掘和系统总结,反而形成了不少偏见和片面理解。现在应该较为系统、较为深入地总结和挖掘马克思主义社会学的丰富内容,消除

---

① 郑杭生,杨敏. 社会实践结构性巨变对理论创新的积极作用:一种社会学分析的新视角. 中国人民大学学报,2006 (6).
② 默顿. 社会研究与社会政策. 林聚任,等译. 北京:生活·读书·新知三联书店,2001:305.
③ 刘少杰. 马克思主义社会学理论研究的历史与机遇. 江海学刊,2008 (5).

对它的偏见和片面理解①。

从转向社会学开始，郑杭生就以高度的理论自觉致力于马克思主义社会学和马克思主义指导下的中国特色社会学理论的建设，他和他的学术团队已形成了社会运行论等相对系统的社会学理论体系，建构了真正有中国特色、中国风格、中国气派的社会学理论，对我国改革开放和社会建设过程中的重大理论与实践问题做出了创造性的回答，在学界产生了深远的影响。这充分说明，马克思主义社会学理论自觉是中国社会取得发展的必由之路。郑杭生对"理论自觉"概念和命题的明确阐述，表明其理论自觉的意识明确、强烈、主动、坚实，也标志着中国社会学进入了强调理论自觉的新阶段。

中国社会转型和社会建设的伟大实践，为马克思主义社会学的发展提供了最好的机遇，需要我们立足于这一实践过程，提炼自己的概念、命题、理论来回应社会转型中出现的新问题、新现象，增强社会学的自主性和创造力，开创中国社会学发展的新局面。

此外，当前资本主义危机和世界发展面临的困境也为马克思主义社会学理论的发展提供了空前有利的机遇。就如贝克所分析的，传统的西方社会学理论，"无论是结构主义者、互动论者、系统论者还是批判学派，都不足以解释现在的世界局势"②。而马克思主义社会学蕴含着同实证社会学和解释社会学不同的基本立场、理论构架、方法原则和价值取向，这些正是马克思主义社会学至今仍有勃勃生机的根据所在。

在习惯了资本主义之后，西方学者很少去正视和反思资本主义及其对于西方社会和政治的巨大影响。而当前以美国为首的发达资本主义国家遭遇多重危机，标志着资本主义制度正在遭遇历史性的反思与重构。这也为中国学术走向世界、发出声音提供了世界性的历史机遇。③ 马克思主义关于资本主义危机的"生产资料的资本家占有制度—两极分化—购买力不足—有效需求不足—生产过剩—经济危机"的理论逻辑，仍然适用于今天

---

① 郑杭生. 深入研究马克思主义社会学史. 马克思主义与现实，2006（3）.
② 张小溪，等. 社会学的"世界主义时刻"：访德国慕尼黑大学社会学家乌尔里希·贝克. 中国社会科学报，2011-08-11（6）.
③ 张哲. 美社会科学史学会反思资本主义. 中国社会科学报，2012-1-11（A1）.

的资本主义危机，只是表面上看当下金融危机的导火线似乎是"需求过度"而不是"有效需求不足"，但实际上"需求过度"也是由于在资本主义生产关系的框架下防治生产过剩危机的唯一办法是刺激消费，如各种形式的透支消费和福利政策，都是刺激消费及暂时缓解两极分化和阶级矛盾的治标之计，而透支消费、福利政策等因素与形式民主的政治选举制度相结合，成为助推金融危机和主权债务危机的重要因素。这样一来，资本主义当前危机的"马克思的逻辑"就表现为"资本主义制度的内生矛盾—有效需求不足—生产过剩—透支消费—违约率上升—经济危机"。只是在全球化的背景下，生产过剩不再直接表现为资本主义国家本国实体经济的产能严重过剩，而是集中表现为发展中国家实体经济的产能严重过剩，而在发达国家，这种"产能过剩"已经异化为虚拟经济的过度繁荣。①

因此，只有站在马克思主义的立场上，才能正确把握新时期资本主义危机的本质与内在逻辑；只有站在马克思主义社会学的革命批判立场上，才能正确揭示资本主义社会矛盾、社会问题及其根源。这种对资本主义制度进行马克思主义社会学革命批判的分析，同时也正是对社会主义进行建设维护的重要方面，这对遏制以美国为首的西方意识形态和话语霸权在全世界大行其道，对提升中国特色社会主义道路对世界和人类的借鉴意义等方面都有重要意义，这也是当前中国社会学在世界社会学格局中由边陲转为中心、提升话语权的重要途径和任务之一。

---

① 赵磊. 当代资本主义危机与中国的改革发展. 国外理论动态，2011（12）.

第二编
理论自觉与城乡社会学研究

第四章　费孝通城乡发展思想的演变及其对新型城镇化的意义

探索中国城乡发展道路，是费孝通一生的研究课题之一。对费孝通的城乡发展思想，学界有许多梳理与分析，其中也有一些批评。如有批评者认为，费孝通的乡村工业化与小城镇理论及其实践，是导致中国农村生态恶化、城市化滞后的重要原因之一；也有评论者认为，费孝通的城乡研究是一个"相对静止而单一的由乡镇工业联结的城乡关系范式"，"没有将更宏阔的政治视角纳入考虑范围"[①]；还有分析者认为，当代中国城市化道路一直处于"费孝通陷阱"，即一直试图走乡镇企业和小城镇发展道路，严控大都市和试图就地发展中小城镇[②]。与上述批评相反，有些学者认为，由于我们自20世纪90年代以来忽视了费孝通的"小城镇模式"，因此陷入了"大城市病"；而要治疗"大城市病"，就应回到费孝通提出的"离土不离乡"的小城镇模式[③]。这些学者借用费孝通的提法，认为乡镇工业和小城镇依然是中国城市化的"人口蓄水池"[④]，"小城镇依然是大问题"[⑤]，甚至认为今天的中国仍然如费孝通当年指出的一样，发展的方向在农村，"三农"问题的出路归根到底还是在于加快小城镇建设[⑥]。

---

① 冯川. 费孝通城乡关系理论再审视. 中国图书评论，2010（7）.
② 童大焕. 中国城市的死与生：走出费孝通陷阱. 北京：东方出版社，2014：1-20.
③ 关信平. 回到费孝通："小城镇理论"vs"被城市化". 社会观察，2010（11）.
④ 沈关宝. 小城镇是城市化的"人口蓄水池". 光明日报，2013-12-08（6）.
⑤ 李培林. 小城镇依然是大问题. 甘肃社会科学，2013（3）.
⑥ 文军. 重新认识费孝通的小城镇理论. 社会观察，2010（11）. 宋林飞. "三农"问题出路在小城镇建设. 光明日报，2013-12-08（6）.

上述两类观点，并没有全面把握费孝通的城乡发展思想，都不同程度地脱离了费孝通城乡发展理论的时代背景，只是断章取义地将费孝通的城乡发展思想模式化为"乡土中国""小城镇""离土不离乡"，无视了费孝通始终是在根据中国经济社会发展的时空条件和变迁的阶段性特点不断反思、修正和丰富其对城乡发展的认识与主张的事实。上述观点无疑会造成认识上的混乱和实践中的误导。因此，系统梳理费孝通的城乡发展思想及其演变历程，对澄清中国城乡发展道路的认识误区，纠正实践偏差，都有着十分重要的意义。

一、费孝通城乡发展思想的演变

在探索中国城乡发展道路的问题上，费孝通有着高度的理论自觉。这种理论自觉，一方面表现在他强调研究中国问题不能照搬西方社会理论和概念，强调我们要经常检查自己所做的研究能否贴切地反映中国的现实社会①；另一方面表现在他没有将自己的城乡发展主张模式化或固定化，而是基于对中国经济社会发展现实的调查和对变迁新趋势的敏锐把握，不断修正和丰富其认识②。费孝通关于城乡发展道路的主张，经历了乡村工业、乡镇企业和小城镇、区域经济开发和多元城市化道路的演变过程。

（一）乡村工业化思想及其社会背景

中国的工业化应该走城市大工业的道路还是从乡村工业化入手？这是20世纪20—40年代社会科学界争论的核心问题之一。吴景超和费孝通分别代表了两派观点。吴景超根据世界现代化的历程，主张中国要"发展都市以救济农村"，通过工业化和城市化吸纳农村剩余人口③。费孝通则以实地研究为基础，主张工业下乡，发展乡村工业，以实现乡土重建。

相比较而言，费孝通的乡村工业化主张，不仅符合当时中国的实际，且有着深厚的人文关怀精神。首先，乡村工业化主张符合中国农工相辅的

---

① 费孝通. 我们要对时代变化作出积极有效的反映. 社会，2000（7）.
② 免平清. 费孝通学术历程的理论自觉及其意义. 天津社会科学，2013（6）.
③ 吴景超. 第四种国家的出路. 北京：商务印书馆，2010：16-18.

经济传统和现实国情。费孝通认为，在人多地少条件下形成的工农相辅的中国经济传统中，乡村手工业作为"在农闲的基础上用来解决生计困难的工业"①，现在仍是中国大多数农民所赖以为生的职业。如果将工业都集中到都市，那么短期内不可能改变中国小农经济的状况，还可能会对广大农民的民生造成伤害。

其次，乡村工业化道路可解决中国半殖民地条件下城市吸纳农村人口极为有限的困境。费孝通认为，通过发展都市新工业吸收农村人口、实现现代化的道路在中国面临挑战。因为中国的都市是洋货的"经纪站"而不是自主的生产基地，其中，旧式城市是靠收租的地主群体为主的消费性城市，而新兴都市如上海等，其生产性工商业受外国资本主义经济势力的阻遏，难以发达，因此都市及其工业对农村人口的吸纳十分有限。而且，城市在吸纳农村人口时是以个人而不是以家庭为单位的，其结果是农村家庭的完整性被破坏，不像在传统农工混合的社区形式下，家庭这种基本团体保持完整。② 因此，在都市化不容易实现的条件下，将可以分散在乡间的工业尽量分散，是"可以使农民大众得到工业化利益的方案"③，也有助于乡村安定。

最后，乡村工业化方案有利于避免大机器工业下人的异化和社会秩序问题。费孝通的乡村工业化主张是以对现代机器工业文明的反思为基础的。他指出，在现代机器生产活动中，生产本身成为目的，人和机器之间是奴隶和主人的关系，人与人的关系变得失调。机器"集合了许多痛痒不相关的人在一起工作"，"在他们之间只有工作活动上的联系，而没有道义上的关切"，这样，"机器文明把社区生活的完整性销毁了"。而在乡村手工业中，人是主，工具是客，主客之间充满"伙伴精神"，人对生产过程有一种"表演的态度"，具有"手艺精神"，关乎手工业者的个人成就感与

---

① 费孝通.《易村手工业》序：中国乡村工业//费孝通全集：第2卷. 呼和浩特：内蒙古人民出版社，2009：337-355.
② 费孝通. 城乡联系的又一面//费孝通全集：第6卷. 呼和浩特：内蒙古人民出版社，2009：278-286.
③ 费孝通. 关于"城""乡"问题//费孝通全集：第6卷. 呼和浩特：内蒙古人民出版社，2009：195-199.

荣辱感，所以手工业经济活动不但不摧残人性，反而迁就和成全了人性。而且，手工业可以"配合于家庭、邻里等关系之中，它又配合于其他的生产活动之中"，因而"加强社会联系的力量"[①]，也成全了社会。

（二）对乡镇企业和小城镇道路的探索及其时代背景

新中国成立后，国家实施重工业优先战略和以粮为纲的农村经济政策，农业社只能搞农业，工商业受到严格限制。费孝通在1957年重访江村时，发现虽然农业有了发展，但农民生活并不比以前好过。因此他重新强调要恢复和发展农村工业[②]。对农村工商业的限制使得以往作为农副产品集散中心的小城镇失去了经济基础，小城镇也萎缩了，许多小城镇人口数量下降，走向衰落[③]。改革开放后，他提倡农村多种经营，扶助乡镇工业，允许多体制经营。在苏南等人地矛盾突出的地区，积极发展乡镇工业，以乡镇工业为基础的小城镇迅速发展起来。中央也提出了要加强小城镇建设的政策。费孝通紧紧把握这一趋势，开始了对乡镇企业和小城镇实践的实地调查与理论探索，提出了具有开创性意义的小城镇理论。他认为，乡镇工业发展的内在因素是人多地少，农村劳力过剩，乡镇工业因此得到了农民的支持。乡镇工业可以使农民效仿过去的家庭手工业模式，家庭成员分工合作、工农相辅，实现"以工补农""以工养农"。以乡镇企业为基础的小城镇，处于乡村和城市之间，在城乡之间起着人口"蓄水库"的作用。依托小城镇来实现工业化，农民可以离土不离乡，从而走出中国特色的工业化和现代化之路。[④] 费孝通的小城镇调查研究受到当时中央领导人的高度重视，产生了广泛的社会影响，推动了中国农村工业化、城镇化的发展。小城镇理论探索也对中国社会学的恢复重建与发展起了重要的

---

① 费孝通. 人性和机器：中国手工业的前途//费孝通全集：第4卷. 呼和浩特：内蒙古人民出版社，2009：53-56.

② 费孝通. 重访江村//费孝通全集：第8卷. 呼和浩特：内蒙古人民出版社，2009：48-74.

③ 费孝通. 小城镇 大问题//费孝通全集：第10卷. 呼和浩特：内蒙古人民出版社，2009：192-233.

④ 费孝通. 小城镇的发展在中国的社会意义//费孝通全集：第10卷. 呼和浩特：内蒙古人民出版社，2009：381-385.

推动作用。

认为费孝通的乡村工业化和小城镇理论及实践导致中国乡村生态环境恶化、城市化滞后的批评，实际上是有问题的。一方面，乡村工业化与小城镇符合改革开放伊始很长时期内我国的国情。正如费孝通所指出的，中国从"乡土中国"逐步向现代化都市发展，受历史、人口等因素的制约，不得不先从农村工业和小城镇开始，逐步实现城市化。以小城镇作为防止人口超前过度集中的"蓄水池"，可以最大限度地减弱高速现代化和都市化对社会的冲击和震荡。因此国家采取"限制大城市，适当发展中等城市和大力发展小城镇"的城镇化政策，是符合当时历史条件的选择。[1]另一方面，费孝通并没有将小城镇视为中国城市化的主导模式，而是强调要根据地区实际，因地制宜，多种模式，不能"一刀切"。对于以吴江为例的小城镇调查，他告诫自己的研究团队"不能满足于一孔之见，更不应以点概面"，"我们在开始时必须十分警惕，绝不要忘记我们只是在解剖一只麻雀，而一只麻雀是不能代表所有麻雀的"[2]。他在对小城镇研究的回顾与反思中也指出，苏南乡镇企业和小城镇的发展既有其内发性，也有其外部条件，即在国家限制城乡人口流动、城市工业不能适应市场需求的背景下，苏南正是充分利用了邻近现代工商业大城市和现代城市工厂里当过工人的技术人才的帮助等有利条件才兴办社队工业，走上了工业化和城镇化的道路[3]。依托小城镇发展乡镇企业，实现工业化的道路，可以说是特定历史条件下的选择，使得中国的工业化和现代化在一定意义上表现出"中国特色"。

（三）从小城镇主张向多元城市化思想的转变

从 20 世纪 90 年代开始，费孝通在一系列考察中发现，随着中国深入

---

[1] 费孝通. 上海作为国际大都市的回顾与前瞻//费孝通全集：第 17 卷. 呼和浩特：内蒙古人民出版社，2009：314-325.

[2] 费孝通. 小城镇 大问题//费孝通全集：第 10 卷. 呼和浩特：内蒙古人民出版社，2009：194-195.

[3] 费孝通. 中国乡镇发展的道路//费孝通全集：第 14 卷. 呼和浩特：内蒙古人民出版社，2009：116-118.

参与全球化经济进程，乡镇企业和小城镇已经很难应对信息化等各方面的挑战。他开始对之前的主张自觉地进行反思与修正。

费孝通指出，把工厂办到乡村和小城镇，农民可以"离土不离乡"。"离土不离乡"这一概念也是他根据当时的经济发展情况提出来的，其实可以看作小农经济消亡过程中的一种过渡状态。随着经济发展情况的变化，农民是"乡""土"都可能离的。① 他又提出"区域发展"这一更大的问题，认为"不仅要把全国的经济发展看成一盘棋，而且应联系着全球性经济发展的大趋势来思考"②。全球化尤其是信息产业的发展、产业组织的跨国化，都对小城镇的发展提出了严峻挑战③。乡镇企业和城镇化建设必须顺应潮流，经历蜕变与飞跃④。他以上海浦东新区开发为研究起点，从长江三角洲、珠江三角洲、黄河三角洲等区域开发的层面，为中国宏观区域经济社会的发展出谋划策。在关注内地和边区的发展中，他还提出了一系列关于多民族经济协作区的计划和建议。

在对小城镇道路加以反思的基础上，费孝通明确提出多元城市化设想。他指出，中国人口众多、地域广阔，如何妥善安置众多人口，使其安居乐业，是一个大问题。中国的城市化，还是要走"大、中、小城市和村镇同时并举"的道路，"我们需要搞几个特大都市，更多的大城市和中等城市以及大量的小城市和小城镇来容纳更多的人口"，形成"以沿海的上海、香港、京、津和内地的重庆等为重点发展 500 万到 1 000 万人的大都会""以 200 万到 500 万人规模的大中城市为主体""以星罗棋布的几万个几千人到几万人上下的小城镇和几十万人上下的小城市为依托"的"全国多层次、一盘棋的合理布局"⑤。他还指出，自己以前的《小城镇 大问

---

① 费孝通. 小城镇研究十年反思//费孝通全集：第 15 卷. 呼和浩特：内蒙古人民出版社，2009：30.

② 费孝通. 农村、小城镇、区域发展：我的社区研究历程的再回顾. 北京大学学报，1995（2）.

③ 费孝通. "三级两跳"中的文化思考：在 2000 年"经济全球化与中华文化走向"国际学术研讨会上的讲话. 读书，2001（4）.

④ 费孝通. 发展如蜕变：说城镇与区域经济//费孝通全集：第 17 卷. 呼和浩特：内蒙古人民出版社，2009：394-414.

⑤ 费孝通. 我看到的中国农村工业化和城市化道路. 浙江社会科学，1998（4）.

题》只能反映早期的情况和看法,现在有些方面已经过时了。就小城镇本身看,有些已发展成为不同规模的城市,而且它们相互依存,逐步形成了一个地域意义上的经济区域。小城镇在城乡一体化中扮演着重要角色,区域经济的发展,要有小城镇作为基础,但小城镇的发展,要靠中小城市,乃至大城市。只有各级城市都发展了,才能巩固小城镇的发展。我们的研究从小城镇开始,只不过提出了一个问题,必须紧跟事实,把这一课题向世界经济一体化的方向去研究和发展。①

费孝通对城乡发展思想的自觉反思与修正,也体现在他晚年对吴景超主张的重新评价上。他承认吴景超"是有点东西的"②。吴景超的"东西",其核心无疑是"发展都市以救济乡村"的思想。在费孝通看来,以前由于诸多条件的限制,吴景超的都市化方案及出路是不容易实现的,所以要以乡村工业化作为过渡方案。而在进入 21 世纪以后,中国经济社会发展已进入新的发展阶段,是该实行吴景超的都市化主张的时候了。

费孝通城乡社会学思想的演变,也与其研究视角的转变有关。他在晚年认识到长期局限于乡土经验而不能放眼世界的弊病,认识到中国农村要进一步发展,离不开城市的支持和推动,于是开始"想尽办法了解城市"。费孝通城乡发展研究的具体路线和框架是"江村—小城镇—中小城市—以大中城市为中心的经济区域"③,这一研究线索"伴随中国社会走了一条城市化的道路"④。

二、在什么意义上说"小城镇依然是大问题"

在当前中国城市化快速发展阶段,由于城市发展不平衡等情况,大城市普遍出现人口拥挤、交通堵塞、空气污染、房价高升等"城市病"。一

---

① 费孝通. 在"纪念费孝通教授《小城镇 大问题》发表 20 周年座谈会"上的讲话//费孝通全集:第 17 卷. 呼和浩特:内蒙古人民出版社,2009:504-506.
② 吕文浩. 应是鸿蒙借君手:吴景超和他的《第四种国家的出路》//吴景超. 第四种国家的出路. 北京:商务印书馆,2010:271-281.
③ 费孝通. 我的思路框架//费孝通全集:第 17 卷. 呼和浩特:内蒙古人民出版社,2009:528-531.
④ 费孝通. 对上海社区建设的一点思考//费孝通全集:第 17 卷. 呼和浩特:内蒙古人民出版社,2009:291-301.

些学者认为，出现这种状况的主要原因是我们从20世纪90年代以来忽视了费孝通的"小城镇模式"这一"中国特色的城市化发展道路"，在实践中偏向追求大城市扩张，结果在城市化道路上走了弯路，不但患上了"大城市病"，也导致农村的衰落。要治疗"大城市病"，走出"城市化的陷阱"，需要回到费孝通当年提出的"离土不离乡"的"小城镇模式"，让小城镇成为城市化的一个重要渠道。促进小城镇发展依然是一项大政策，小城镇依然是大问题。

实际上，所谓"小城镇依然是大问题"的话语及其分析逻辑，仍是在"蓄水池"的功能和意义上理解费孝通在20世纪80年代的小城镇主张，与费孝通晚年对其主张的反思和对多元城市化道路的探索相悖，也与当前中国城乡发展的趋势不相符合。以小城镇作为中国乡村人口城市化主要载体的主张与政策，已经很难适应时代发展。因此，对于在什么意义上说"小城镇依然是大问题"，需要做具体和深入的分析，否则只会使中国城乡发展问题变得似是而非。在"蓄水池"意义上理解小城镇，本质上是防止和限制乡村人口向大城市迁移落户的"小城镇主义"。正如有学者指出的，"离土不离乡"式的改革和"小城镇主义"只允许农民进入小城镇而不是进入大中城市①。这种思维逻辑及其相应的政策主张，是导致今天中国城乡发展面临诸多困境的原因之一。

城镇化随工业化发展、非农产业在城镇集聚、农村人口向城镇集中的自然历史过程，是人类社会发展的客观趋势，也是国家现代化的重要指标。近几十年来，中国的工业化和城市化都在快速发展，持续地"拉动"着乡村劳动力到城市就业，农村人口的生存和发展空间也因工业化和城市化的发展而得以扩展。但长期以来工业化、城镇化道路的一个重要特征是城市以个体劳动力而不是以其家庭为单位吸纳农村人口。由于生产力的发展，农村有大量剩余人口等待转移，城市也需要大量劳动力，且城市实际上已具有足够的吸纳能力，只是由于体制性排斥和社会保护的不足，农民工及其家庭难以在城市安居乐业。当前有两亿多被统计为城镇人口的农民

---

① 秦晖."离土不离乡"：中国现代化的独特模式？：也谈"乡土中国重建"问题. 东方杂志，1994（1）.

工及其随迁家属,"未能在教育、就业、医疗、养老、保障性住房等方面享受城镇居民的基本公共服务"①。

许多学者以人口众多等国情强调城市化的"中国特色"。如有分析者称"中国人口众多,不可能都工作和生活在城市,即使中国的城市化率达到70%,也还有四五亿人生活在农村";还有人认为,中国人均耕地面积有限,即使把100个人的耕地集中起来给1个人种,也只有100多亩地,这与世界上一些发达国家相比根本算不上什么"规模经营",但如果这么做了,"要解决好另外99个人的就业和吃饭问题却不是一件容易的事情"②。实际上,中国早就不是所有农民都靠土地吃饭了。将问题放在假设而不是实际的基础上,无疑是使得"三农"等问题的研究与政策出现偏差的根本原因。一味强调把农村或小城镇当作中国现代化的"稳定器"与"蓄水池"的观点及实践,其结果是亿万农村人口在城乡之间持续摇摆流动,庞大的农村人口面对农村相对有限的资源,普遍向城市流动以寻求机会成为必然选择,城市对农村人口以素质为导向的选择性吸纳,导致现代农业和农村发展主体严重匮乏和不确定,还导致农村留守人口、家庭残缺和社区衰败等社会问题,农村精英人才的大规模外流成为农村社会治理问题的根源。这种状况,实际上也是作为沟通城乡的桥梁和纽带的小城镇在许多地区发展不起来的根本原因。小城镇在中国的城镇体系中本质上是属于乡村层面的,其发展与繁荣也以乡村的发展为基础。例如,有研究表明,在华北许多农村地区,大量农村剩余劳动力在向城市和现代产业部门转移遇阻的情况下,以专职或兼业商贩的身份在集市等传统经济部门寻求生计。商贩利用便利的现代公路交通在乡村各级集市中巡回销售小商品,使得传统的乡村集市更加盛行与"繁荣",也使得坐商、店铺和小城镇发展得更为缓慢,乡村社会处于"内卷化"状态。③

---

① 国家新型城镇化规划(2014—2020年).(2016-05-05)[2018-03-15]. http://ghs.ndrc.gov.cn/zttp/xxczhjs/ghzc/201605/t20160505_800839.html.
② 中共中央组织部. 农村基层干部读本. 北京:党建读物出版社,1999:64.
③ 奂平清. 华北乡村社会转型的困境与城市化道路:以河北定州为例. 中共中央党校学报,2008(3). 奂平清. 施坚雅乡村市场发展模型与华北乡村社会转型的困境:以河北定州为例. 社会主义研究,2008(4).

此外，有些学者的这种"小城镇思维"，也使得社会学容易被视为城市化的"反对者"。社会学也因此仅成为对城市发展中的社会问题进行研究的学科，但是，如果不介入城市发展规划环节，社会学的焦点问题——社会、文化与人的因素就难以在城市发展规划中得到充分考量。

当前中国的"城市病"和城乡发展中的困境，就根本原因来说，也并不像"小城镇依然是大问题"话语所分析的那样，是城市本身的问题，而是与城市化模式和体制有关。例如，最近十多年来，我国土地城镇化快于人口城镇化，城镇空间分布和规模结构不合理，与资源环境承载能力不匹配，城市管理服务水平不高①。在城市管理体制上，有经济发展潜力、对劳动力有巨大吸引力的大城市，却在相关体制上排斥人口的城市化，从而形成城市以户籍等为基础的多元区隔的社会结构。在高度行政化的城市体制下，资源过度集中在少数中心城市，城市化发展不平衡。有发展潜力的地方，受行政区划体制的制约，其城市化水平往往远远滞后于工业发展水平。

三、费孝通的城乡发展思想对新型城镇化的意义

费孝通的城乡发展思想及其人文关怀，对当前新型城镇化战略与实践有着重要意义。在城市化进程加速的情况下，我国面临的问题不是简单地选择走乡村工业化道路、小城镇道路还是大城市道路，而是要在多元城市化体系建设中，在各层次的城市（镇）规划与建设中体现出人文关怀，即要围绕国民是否安居乐业来规划、建设和发展城镇体系和城乡体系。

其一，费孝通的多元城市化主张是走出城乡发展困境的根本出路。费孝通晚年关于中国要走多元城市化发展道路的思想，对破解当前我国城乡发展困境尤其是"三农"问题有十分重要的理论和政策意义。在工业化、城市化、信息化快速发展，经济社会结构已经发生重大转变的背景下，城乡二元体制仍是农村、农业和农民发展的关键制约因素，也是城市化发展的障碍。中共十八届三中全会明确指出，"城乡二元结构是制约城乡发展

---

① 国家新型城镇化规划（2014—2020 年）.（2016-05-05）[2018-03-15]. http://ghs.ndrc.gov.cn/zttp/xxczhjs/ghzc/201605/t20160505_800839.html.

一体化的主要障碍",并提出要"让广大农民平等参与现代化进程、共同分享现代化成果"。这既揭示了我国城乡发展困境的根本症结,也指明了化解困境的根本路径。让广大农民平等参与和分享现代化成果的一个重要方面,无疑是要减少和消除工业化和城市化对农民的排斥,让农民分享这一成果。此外,我国城市经济社会发展长期严重依赖有较高素质的农村年轻劳动力的城镇化模式,会随着全国城乡人口低生育率和老龄化问题的凸显而变得难以为继[①]。因此,必须贯彻以人为本的新型城镇化战略,走费孝通所说的大中小城市和村镇并举的多元城镇化道路。一方面,切实改变以往那种单纯以拉动经济增长为目的的各种"造城运动",把产业发展和解决就业作为城镇化的基础,根据资源和生态环境承载能力以及经济社会结构转型和人口流动的实际状况,优化城镇空间布局和城镇规模结构,合理布局人口,形成生产、生活、生态空间的合理结构。另一方面,做好以人为本的新型城镇化的核心工作——人的城市化,通过户籍政策改革等社会体制变革,主动有序推动农业转移人口的市民化,使他们平等分享城市基本公共服务。

其二,因地制宜发展绿色、可持续的乡村工业和中小城市、城镇的产业园区,在提高人民生活水平的同时,保持宜居的环境。由于我国的区域性差距,许多地方还处于工业化的初级阶段,仍需要乡村工业化。因此,费孝通的早期乡村工业化思想在当前仍有其合理的一面。正如费孝通所分析的,目前中国仍处在"三级两跳"并存阶段,具有"前现代的问题还没有解决,现代问题和后现代的问题却已拥上来"的复杂性特征。从城乡关系角度看,目前中国有两个问题,"一个是工业到农村里面去,成为乡镇企业。一个是农民出来到工厂里面去,成为城市工人"[②]。随着沿海发达地区经济发展方式的转变和产业结构的调整,许多劳动密集型企业将逐步往内陆地区转移,中西部的中小城市、小城镇会有更多的工业化机会与条件。但是,中西部在承接产业转移的过程中,一定要吸取旧式乡村工业化

[①] 郭志刚. 我国人口城镇化现状的剖析:基于 2010 年人口普查数据. 社会学研究, 2014 (1).

[②] 费孝通, 方李莉. 工业文明进程中的思考. 民族艺术, 2000 (2).

道路的教训，要实行新型工业化战略，发展科技含量高、经济效益好、资源消耗低、环境污染少、人力资源优势得到充分发挥的工业。要高度重视乡村生态环境问题，避免走旧工业化过程中先污染后治理的老路，保持宜居的环境，增强城乡可持续发展能力。在中小城市和小城镇产业园区建设中，要以人为本而不是以产业为本，要注重社区规划和建设，根据实际需要规划和建设好居民小区、学校、医院、商场等基础设施配套，真正使产业工人及其家庭安居乐业。

其三，加强城乡社区建设，促进社会和谐。在快速城镇化过程中，基于血缘和地缘关系的乡村社会纽带必然会松动，乡村社区等社会共同体会受到冲击，城市会形成陌生人社会。因此，在城镇化过程中，加强城乡社区建设是社会关系和人民生活幸福的关键。费孝通早期的城乡发展研究是从社区研究入手的，其乡村工业化和小城镇道路主张，实际上也是乡村社区保护方案。到20世纪90年代末期，在农村人口大量向城市流动的背景下，他又开始从城市视角审视中国城乡发展问题，尤其关注和思考城市社区建设问题。他指出，社区是人们在地缘关系基础上结成的互助合作的共同体，在市场经济推进、城市社会结构和管理体制变化等情况下，城市基层社区管理遭遇的问题不都是经济和行政层面的，也有人类学意义上的，即人类自身的问题。社区建设要着力创建一种城市社区自我服务系统，建设一个基于中国文化传统的守望相助、尊老爱幼、知礼立德的现代文明社会，让社区居民共同营造一个和睦成风、安居乐业、其乐融融的生活环境。[1] 他指出，中国还没有完成城市化，城市发展面临着外来农民的市民化以及他们和原市民共同走向现代化的问题，今天的社区建设可以看作一个城市化过程的继续，既是城市发展的继续，也是市民现代化的继续[2]。对于中国城镇化过程中出现的庞大农民工群体，要使他们市民化并逐步融入城市社会，除了要建立公共产品的均等化供给体制和现代社会保障制

---

[1] 费孝通. 关于当前城市社区建设的一些思考//费孝通全集：第17卷. 呼和浩特：内蒙古人民出版社，2009：115-120. 费孝通. 关于当前城市社区建设的再思考//费孝通全集：第17卷. 呼和浩特：内蒙古人民出版社，2009：121-128.

[2] 费孝通. 对上海社区建设的一点思考//费孝通全集：第17卷. 呼和浩特：内蒙古人民出版社，2009：291-301.

度，通过社区建设提高城市建设的人文关怀，也是十分重要的任务。

其四，加强心态与文化建设研究，促进城乡人民安居乐业。费孝通晚年学术思想的另一个重大变化，就是根据中国社会发展实际和对人类发展困境的反思，更注重心态和文化问题研究。他反思自己以前的研究偏重对社会结构的分析、注重人对资源的利用和分配以解决贫困问题，其最大的缺点是"只见社区不见人"，满足于研究"社会的生态"，而忽略了"社会的心态"。在解决了温饱、走向小康的发展过程中，需要从生态领域的研究上升到心态领域的研究，要在关注经济社会发展的同时，充分注意到人的变化。① 在快速变迁的全球化社会中，如何使人人都能安其所、遂其生，不仅是共存的生态秩序问题，也是心态秩序问题②。在当前社会利益分化、价值观多样化的条件下，通过制度改革和社会建设促进发展成果共享，推动利益共同体或"共生秩序"建设，以及通过文化建设扩大社会共识，促进价值共同性或"共荣秩序"，是我们面临的时代问题③。

---

① 费孝通. 略谈中国社会学//费孝通全集：第 14 卷. 呼和浩特：内蒙古人民出版社，2009：241-258.
② 费孝通. 中国城乡发展的道路：我一生的研究课题. 中国社会科学，1993 (1).
③ 费孝通. 孔林片思. 读书，1992 (9). 费孝通. 补课札记//费孝通全集：第 17 卷. 呼和浩特：内蒙古人民出版社，2009：106. 郑杭生. 论社会建设与"软实力"的培育. 社会科学战线，2008 (10).

第五章　陆学艺"三农"问题研究的社会学理论自觉

陆学艺作为著名社会学家，对中国社会学的发展和城乡发展、社会建设做出了重要贡献。他对中国"三农"问题所做的长期而深入的研究及其所提出的思想与主张，对我国农业现代化、农民的发展和农村社会现代化有着十分深远的意义。

本章在梳理与分析陆学艺对中国农村经济社会体制改革与农业发展、农民问题、农村现代化和农村社会建设等方面研究的基础上，总结和探讨了其学术生涯中主张和坚持研究社会转型过程中的重大现实问题、将具体调查与宏观经济社会结构变迁相结合、根据中国经济社会发展阶段适时提出调整"三农"政策的社会学理论自觉意识及其深刻内涵。陆学艺的这种理论自觉意识及其探索，对于中国城乡社会发展和社会学学科的建设与发展，无疑具有重要的指导和启示意义。

一、关于农村经济社会体制改革与农业发展的研究

陆学艺在上中学时就对农村问题萌发了兴趣，在大学期间曾到北京大兴农村参加社会实践，并和同学自费到农村进行调查。在"文革"期间，他被下放到河南"五七"干校从事了两年半的农业生产劳动。这些早期的经历既使他了解了农村的实际情况，认识到了农民生活的艰难，也培育了他研究农村发展问题的兴趣和责任感。[1]

---

[1] 吴怀连. 中国农村社会学实践的理论与实践. 武汉：武汉大学出版社，1998：229-232.

陆学艺对农村的研究始于对农村经济体制改革的关注。1978年，在中央讨论和研究农村工作之际，在中国社会科学院哲学所工作的陆学艺写了4万多字的《关于加速发展我国农业的若干政策问题的建议》一文，节选后以《关于加速农业发展的若干政策问题》为题发表于《国内动态清样》，并被《内部参考》转载，受到了相关领导的重视。在这篇文章中，他指出，当时的农业发展存在生产效率低、政策落实程度差的问题，主要原因是农民的生产积极性没有被调动起来。要促进农业发展，必须充分调动农民的生产积极性，把农村丰富的劳动力资源利用起来。这一点可以通过调整工农业产品价格剪刀差、增加农业投资、扩大农业再生产能力、调整征购政策、发展社队企业等方式来实现。① 从那时他就深刻认识到农民在农村和农业发展中的主体地位。正是从这篇文章开始，他从哲学研究转向农村、农业、农民问题研究，这篇文章的主要观点也成为他后来农村社会学研究的基本出发点。

1979年6月，陆学艺随中国社科院调研团队到安徽肥西县对当地的包产到户试点情况开展调查。在调研过程中，他了解到了农民群众对包产到户的真实看法，认识到了包产到户对提高农民生产积极性、促进农业发展的重大意义。但在当时，包产到户仍是一个敏感的政治问题，从中央到地方，对于要不要实行包产到户都存在争论。在这种背景下，出于一个学者的求真精神和对社会发展的深切关怀，陆学艺写出了《包产到户问题应该重新研究》一文，提出应该以实事求是的态度和原则去认识和看待包产到户现象，而不是一味地"扣帽子"。在这篇文章中，针对当时的争论，他对包产到户的性质进行了界定，认为"包产到户并不是有些人说的分田单干，也不是搞资本主义……包产到组和包产到户是生产责任制的不同的组织形式，它并没有改变生产队的集体所有制"。实行包产到户，本质上属于按劳分配。② 这篇文章由《未定稿》增刊刊发后，引起了中央相关领导人和一些提倡包产到户的省、市、区领导人的重视，成为学术界公开支持包产到户的先声。

---

① 陆学艺. 关于加速农业发展的若干政策建议//陆学艺文集. 上海：上海辞书出版社，2005：1—9.

② 陆学艺. 包产到户问题应该重新研究//陆学艺文集. 上海：上海辞书出版社，2005：10—16.

1980年，陆学艺在甘肃农村调研的基础上，写出了《包产到户的由来和今后的发展——关于甘肃包产到户问题的考察报告》一文，对包产到户产生的必然性和实施效果、发展前景做了深入分析，对于化解当时对包产到户、包干到户的质疑起了非常重要的作用。他指出，农民强烈要求实行包产到户，是生产力要求调整生产关系的表现。实行包产到户，部分调整了农村的生产关系，从而使农民的生产积极性被调动起来，同时也会促进农业生产大幅度增长，使农民群众富裕起来。另外，生产关系的改变也会导致农村经济社会结构的变化，农民之间会出现贫富差距和职业上的分化。① 在当时，包产到户虽然仍是政治和政策敏感问题，但对农民来说并不是什么新的东西。包产到户是在坚持集体所有制的条件下，生产队实行统一计划、统一分配、定产到田、责任到户。早在1956年，在四川江津、广西环江、广东中山等地就试验过包产到户的经营方式，但由于它近似于单干小农，出于政治原因，被压了下去，"大跃进"后有所恢复，随即又被叫停②。1979年安徽凤阳实行的大包干到组，与包产到户最大的不同在于免去了生产队这一级的统一经营、统一核算组织，虽然"表面上只是对包产到户进行了简化，实质上则是一种制度上的创新"③，当时在农民间流传的话形象地说明了其特点："大包干，大包干，直来直去不拐弯，保证国家的，留足集体的，剩下的都是俺们自己的。"1980年10月，中央召开省、市、自治区第一书记座谈会，经过争论，会议原则上承认了包产到户和包干到户现象。包产到户、包干到户也开始在全国迅速推广，到1983年底，全国试行包干到户的生产队占比97.8%，试行包产到户的占比1.7%，以包干到户为主的家庭联产承包责任制已完全建立起来④。

1983年到1986年间，陆学艺带领中国社科院研究小组到山东陵县搞县级政治体制改革，并兼任县委副书记。在三年里，他跑遍了陵县的农

---

① 陆学艺. 包产到户的由来和今后的发展：关于甘肃包产到户问题的考察报告//陆学艺文集. 上海：上海辞书出版社，2005：17-47.
② 杜润生. 杜润生自述：中国农村体制变革重大决策纪实. 北京：人民出版社，2005：85-94.
③ 陆学艺. 农村第一步改革的回顾与展望. 社会科学战线，2009 (1).
④ 陆学艺. 20年农村改革的伟大实践. 中共福建省委党校学报，1999 (2).

村，做了大量的调查研究工作，掌握了大量农村经济社会发展的第一手资料。1985年，陆学艺被任命为中国社会科学院农村发展研究所副所长，从此研究农业、农村问题更加"名正言顺"。1986年，他根据在山东陵县的蹲点调查资料，写出了《农业面临比较严峻的形势》一文。他指出，1985年我国农业减产并不像有些人说的是自然灾害导致的，而是由一系列轻农思想引发的，自上而下对农业的轻视，使得农业发展的物质基础没有得到加强，农民生产积极性受影响。他指出，耕地在减少、自然生态恶化、农业基础设施落后、实施责任制后没有制定相适应的农业现代化政策、农民买难卖难的现象有增无减等多种因素综合影响，导致了我国农业发展形势依然严峻。[①] 这篇文章在当时引起了强烈反响。正如他自己后来所回忆的那样，"不深入农村基层，不到社会实践第一线，对农村发展的脉搏没有切肤的感受，是写不出这些文章的"[②]。

1987年，陆学艺受命担任中国社会科学院社会学研究所副所长，此后，他在致力于中国社会学人才队伍培养和学科建设的同时，根据他之前的农村调查研究和对农村发展形势的认识，撰写了一系列系统、全面总结中国农村经济体制改革的文章。例如，他将农村前十年的改革分为三个阶段：第一个阶段是1978年冬到1980年9月，在这一时期包产到户的合法性问题由争论状态转向逐渐在中央和地方得到认同；第二个阶段是1980年9月到1984年底，以包产到户、包干到户为主要形式的家庭联产承包责任制在全国农村普遍实行，农业处于发展的黄金时期；第三个阶段是1985年到1988年，农业发展在1984年达到巅峰后开始出现衰退和徘徊，农村需要第二步深入改革[③]。在农业发展方面，他把新中国成立40年来的农业发展分为六个阶段，农业发展呈现出三起三落的特征。第一个阶段（1949—1958年）为农业蓬勃发展的阶段。土地改革、农业优惠政策大大提高了农民的生产积极性，农业发展迅速，农民生活水平明显改善。第二阶段（1959—1961年）是农业衰败倒退阶段。"大跃进"、大办人民公社，

---

① 陆学艺. 农业面临比较严峻的形势. 农业经济丛刊，1986（5）.
② 吴怀连. 中国农村社会学实践的理论与实践. 武汉：武汉大学出版社，1998：252.
③ 陆学艺. 我国农村改革与发展的成就及当前面临的几个问题//陆学艺文集. 上海：上海辞书出版社，2005：102-129.

使得农村的生产生活秩序被打乱,农业生产受到较大影响。第三阶段(1962—1966年)是农业恢复阶段。在中央"调整、巩固、充实、提高"八字方针的指导下,采取了一系列促进农业恢复和发展的政策措施,农业生产又恢复到1957年的水平。第四阶段(1967—1977年)为农业长期停滞徘徊阶段。第五阶段(1978—1984年)为农业发展的黄金时期。第六阶段(1985—1989年)为农业再度出现徘徊的阶段。① 这些划分,揭示了新中国农业发展和农村改革的基本过程与影响因素,对于农村研究和农村实际工作都有很强的指导意义。

20世纪90年代末期,对于改革开放二十年来农村经济体制改革及其成就,陆学艺总结认为,农村改革转换了农村经济体制,粮食和各种农产品大幅度增产,加上乡镇企业的发展,农民收入大幅度增长,农民生活水平普遍提高,农村改革也为全国改革、发展与稳定做出了重要贡献。但同时,中国农村发展的形势依然严峻:农村剩余劳动力的出路问题、农民增收困难的问题、经济发展不平衡的问题需要进一步解决。而要解决这些问题,必须从全局出发,通过加快城镇化建设、完善农村市场经济体制、深化农村经济体制改革来实现。②

进入新世纪后,陆学艺对农民负担重、"农民真苦,农村真穷"的状况及原因做了深入分析,认为其主要根源是长期以来的二元社会结构体制在束缚着农村生产力的发展,束缚着农民致富,束缚着农村劳动力向非农转移③。因此必须打破城乡分治、一国两策的体制困境④。他指出,城乡二元社会体制和土地制度的改革,是农业发展、农民出路和农村发展的根本。计划经济时代遗留下来的土地集体所有制存在产权不清等问题,农民的土地权益无法得到保障,既不利于社会稳定,又影响农民的积极性。他主张将现有的农村土地制度改为"国有"制和"永佃"制,

---

① 陆学艺. 40年来农业发展的基本经验和教训//"三农论":当代中国农业、农村、农民研究. 北京:社会科学文献出版社,2002:102-119.
② 陆学艺. 中国农村改革的成就和中国农村改革的深入//"三农论":当代中国农业、农村、农民研究. 北京:社会科学文献出版社,2002:204-213.
③ 陆学艺. "农民真苦,农村真穷"?. 读书,2001(1).
④ 陆学艺. 走出"城乡分治,一国两策"的困境. 读书,2000(5).

一方面实行土地国家所有,另一方面土地承包一旦确定下来便生不增、死不减。这样产权明晰下来,农民在维护自身土地权益的过程中便有了制度保障。①

陆学艺关于农村经济社会体制改革的研究,其相关观点、论断与主张都是根据我国农村经济社会发展的实际提炼出来的。在改革开放初期,他充分认识到了家庭联产承包责任制的重大意义,并为之鼓与呼;到20世纪80年代中后期,他又对当时的农业形势做出深刻判断,提出农业发展不能仅仅依靠家庭联产承包责任制的单刀突进,应当警惕农业发展徘徊甚至倒退的影响因素;到新世纪,农村发展到了一个全新的阶段,他又明确提出农村土地集体所有的制度已不能适应农村发展的需要,社会主义新农村建设必须进行土地制度改革和城乡二元社会体制改革。这种观点和主张的转变,既体现了中国经济社会变迁与发展的阶段性特征,也体现了陆学艺敏锐把握这种变迁与发展的趋势,适时提出、修正和丰富自己的思想与主张的理论自觉意识。

二、关于农民问题的探索

陆学艺对于"三农"问题的探索,始终立足于对农村实践的深入调查研究,这种"立地"精神使得他的研究富于现实针对性。正如他后来所说的:"我对农村、农业、农民问题有点认识,有一点发言权,可以说主要是从陵县3年蹲点调查中得来的。"② 1987年陆学艺转到中国社科院社会学所工作后,在经常深入农村调研的同时,也更加注重从宏观社会结构变迁的社会学视角分析城乡发展的全局性问题和具体的"三农"问题,从而使得他的研究更具有"顶天"的学术与理论自觉精神。

对于20世纪80年代中期以后农业发展出现徘徊的现象,陆学艺根据改革开放过程中农村和农民的变化分析其原因,认为农业生产出现徘徊的根源不在农业本身,而在农民身上。农民已经不再是原来的公社社员,而

---

① 陆学艺. 社会主义新农村建设需要改革现行土地制度. 东南学术,2007 (3).
② 陆学艺. 中国国情丛书:百县市经济社会调查:陵县卷. 北京:中国大百科全书出版社,1993:661.

是具备土地使用权的独立生产者，农民的商品经济观念大大增强，农民之间的职业分化和阶层分化也开始出现。如果不根据这些变化而变化，而是仍用原来的指导思想去与农民打交道，必然会出现新的不适应。应该"按价值规律办事，按价值原则和农民打交道"①。总的来说，保护农民利益、保护农民的生产积极性是农业发展的根本出路②。

陆学艺从20世纪80年代起就开始关注"三农"问题，只是当时还没有这个提法。20世纪90年代以后，农村、农业、农民问题开始以"'三农'问题"这样一个概念进入人们的视野，"既对农业、农村和农民问题进行独立研究，又把三者结合起来综合分析的'三农'理论逐渐成为政界和学界的共识"③。陆学艺认为，1996年以后，就保证农业供给而言，中国的农业问题基本上解决了，但是农民和农村问题并没有解决。农民问题主要体现在三个方面：一是农民人口众多，农民的生活水平和城里人相差很大；二是农民内部出现了分化，而且分化呈现加剧趋势；三是农民维权能力很弱，在改革过程中土地等权益无法得到保障。而农村问题则表现在乡镇机构庞大、债务沉重，干群关系紧张，城乡分割、一国两策等方面④。

关于农民问题的分析，是陆学艺"三农"研究的重中之重。在他看来，农业问题也好，农村问题也好，归根结底都是农民问题，因为农业是农民从事的产业，农村是农民聚居的社区，解决"三农"问题应该把解决农民问题放在第一位⑤。

农村经济体制的改革、农民生产经营的自主性和经营方式的多样化，使得农村家庭资源和收入的差异拉大，这必然导致农民之间的分化⑥。因

---

① 陆学艺. 我国农村当前面临的几个问题. 改革，1989（2）.
② 陆学艺. 农业要警惕再走扭秧歌的老路//"三农论"：当代中国农业、农村、农民研究. 北京：社会科学文献出版社，2002：44-60.
③ 陆学艺. "三农"问题的由来和发展前景//"三农"新论：当前中国农业、农村、农民问题研究. 北京：社会科学文献出版社，2005：50-78.
④ 同③.
⑤ 陆学艺. "三农"问题的核心是农民问题. 社会科学研究，2006（1）.
⑥ 陆学艺. 重新认识农民//"三农论"：当代中国农业、农村、农民研究. 北京：社会科学文献出版社，2002：377-381.

此农民的分化问题成为陆学艺农村社会学研究的重点问题之一。对于农民分化的具体状况，陆学艺基于他对农村实际状况的经验性把握，认为农民阶级已分化为农业劳动者阶层、农民工阶层、雇工阶层、农民知识分子阶层、个体劳动者和个体工商户阶层、私营企业主阶层、乡镇企业管理者阶层、农村管理者阶层八个阶层①。后来，他所带领的课题组对大寨、刘庄、华西村等13个村庄进行了实证研究，以职业、生产资料使用方式和对所使用的生产资料的权力为标准对农民的分层状况进行了分析，将农民划分为十个阶层：农村干部阶层、集体企业管理者阶层、私营企业主阶层、个体劳动者阶层、智力型职业者阶层、乡镇企业职工阶层、农业劳动者阶层、雇工阶层、外聘工人阶层和无职业者阶层。农民分化的基本特征表现为个人成为进入和退出阶层的基本单位，同时家庭对个人阶层身份的变迁仍然存在重要影响，农民的阶层身份表现出多样性特征，而且阶层意识普遍较弱；在经济发展水平不同的地区，分化的结构也不一样；在农村内部，各阶层之间的利益冲突和矛盾开始出现。② 陆学艺关于农民分化分层的早期研究，也为其后来产生重要影响的《当代中国社会阶层研究报告》奠定了坚实的基础。

农民分化是农村经济体制改革和经济社会发展过程中的客观现象，也是基本趋势，对农民分层结构的研究对于农村研究和农村工作都有重要的指导意义。农民分化后出现的一些新的问题，如收入差距扩大、经济增长与社会发展不协调、不同农民阶层间存在利益冲突等成为"三农"问题的新特点。③

在农民群体中，有一个特殊的人群——农民工群体。他们既是农民，又是工人；他们对农村发展和城市建设做出了重大贡献，但却在城乡二元体制下奔波于农村和城市之间。陆学艺对农民工群体表现出了极大的关怀。他认为农民工现象及其带来的一系列社会问题，是中国特色的"三

---

① 陆学艺. 重新认识农民问题：十年来中国农民的变化. 社会学研究，1989（6）.
② 陆学艺，张厚义，张其仔. 转型时期农民阶层的分化：对大寨、刘庄、华西等13个村庄的实证研究. 中国社会科学，1992（4）.
③ 陆学艺. 现阶段农民分化问题研究//"三农论"：当代中国农业、农村、农民研究. 北京：社会科学文献出版社，2002：392-411.

农"问题的集中体现。"三农"问题的核心是农民问题,而农民问题的核心是身份问题。农民工问题是新"三农"问题的重点和难点。① 农民工是中国在特殊历史时期(过渡时期)的一个特殊的社会群体(过渡群体),是农村剩余劳动力在向城市转移的过程中受城乡二元体制等因素制约而形成的群体②。农民工为社会发展做出了巨大贡献,本来应该随着社会发展逐渐转变为城市工人,但是现行的体制却人为地为这一转变制造了无法跨越的障碍。农民工机制的存在使得农民在经济、社会、文化和政治等方面享受不到应有的待遇,是城乡分割下一国两策的结果。

陆学艺认为,要解决农民问题,唯一的出路是继续深化改革,把计划经济体制下形成的至今还在束缚农村生产力发展的人口、土地、就业、社会保障等机制,按社会主义市场经济体制的要求加以改革,为农民创造一个合理、公平的制度环境,只有这样才能逐步使大部分农民实现转型,才能使农民富裕起来,才能把农民问题解决好③。

三、关于农村发展与农村社会建设的研究

对于"三农"问题中的农村发展问题,陆学艺注重从社会变迁的角度来考察。他指出,中国正处在由农业社会向工业社会转变、由乡村社会向城市社会转变、由封闭半封闭社会向开放社会转变、由单一社会向多样化社会转化、由人治社会向法治社会转变的社会转型和体制转轨过程中。结构性矛盾和体制性矛盾多且复杂,社会问题多发是这一转型阶段的基本特征。④

陆学艺认识到,在社会转型的大背景下,农村劳动力的转移将是社会发展的基本趋势。要促进农村发展,需要从两个方面下功夫:一是推进城市化,让城市吸纳从农村流出来的人口;二是在农村就地发展工商业和服

---

① 陆学艺. 一论农民工//"三农"续论:当代中国农业、农村、农民问题研究. 重庆:重庆出版社,2013:215-229.
② 陆学艺. 农民工问题要从根本上治理. 特区理论与实践,2003(7).
③ 陆学艺. "三农"问题的核心是农民问题. 社会科学研究,2006(1).
④ 陆学艺. 农村改革、农业发展的新思路:反弹琵琶和加快城市化发展. 农业经济问题,1993(7).

务业来转移劳动力①。

在发展乡镇企业和小城镇方面，陆学艺与费孝通的主张是相似的，他们都经历了从积极主张到反思和修正的阶段②。20世纪90年代初期，乡镇企业的迅速发展确实为转移农村剩余劳动力、促进农村产业结构转变做出了重要贡献。陆学艺通过考察发达地区农村发展的基本过程，认为我国农村现代化需要经历四个阶段：第一步是实现家庭联产承包责任制，第二步是发展乡镇企业，第三步是建设小城镇，第四步是实现城乡一体化和区域现代化③。其中，乡镇企业的发展处于承前启后的地位，它既可以巩固和扩大农村经济体制改革的成果，又可以为小城镇建设提供产业基础。不过，20世纪90年代后期，受国际国内经济形势变化和乡镇企业自身发展规律的限制，乡镇企业发展趋缓，经济社会效应也在下降，一部分企业破产，吸纳农村剩余劳动力的能力减弱④。陆学艺从这种实际情况出发，对自己先前提出的农村现代化四阶段说进行了反思，认为自己当时的设想是在东部发展成功的基础上总结出来的，没有周全考虑中西部以后的情况。他已经认识到乡镇企业发展不可能在中西部全面展开，上述设想也就失去了基础。他指出，在农民工进城成为农村劳动力转移主渠道的情况下，"三农"问题的本质是城乡分割，要解决中国的"三农"问题就要反弹琵琶，走出"城乡分治，一国两策"的困境，深化户籍制度改革，彻底解决农民工问题，实现城乡统筹发展⑤。农村发展遇到障碍，根本原因在于农

---

① 陆学艺. 关于加速农业发展的若干政策建议//陆学艺文集. 上海：上海辞书出版社，2005：1-9.

② 费孝通在他后来的调查研究和反思中认识到，发展乡镇企业是在特定历史条件下做出的选择，就城乡关系而言，他在小城镇研究中提出的"离土不离乡"概念，是根据当时的经济发展情况提出来的，"离土不离乡"可以看作小农经济消亡过程中的一种过渡状态，随着经济发展的变化，农民是"乡""土"都可能离的。在20世纪90年代末，他根据全球经济发展的大趋势和中国经济社会结构深刻转型的实际，进一步反思与修正自己的小城镇理论，认为中国农村要进一步发展，离不开城市的支持和推动。费孝通. 小城镇研究十年反思//费孝通全集：第15卷. 呼和浩特：内蒙古人民出版社，2009：24-34.

③ 陆学艺. 当前的农村形势与农村持续发展的前景. 云南社会科学，1994（6）.

④ 陆学艺. 积极发展乡镇企业，搞好小城镇建设//"三农论"：当代中国农业、农村、农民研究. 北京：社会科学文献出版社，2002：156-178.

⑤ 陆学艺. 农村改革、农业发展的新思路：反弹琵琶和加快城市化发展. 农业经济问题，1993（7）.

村第二步改革未能进一步冲破计划经济体制和城乡二元社会结构的束缚①。

陆学艺指出，乡镇企业、小城镇、农民工制度都是在户籍制度和城乡二元体制下的权宜之计，虽然一时取得了很大的成绩，但付出了很大的代价，产生了很多问题，留下了很多严重的后遗症，实践证明，这并不是成功的，因为这不符合经济社会发展规律②。例如，一般认为"离土不离乡，进厂不进城"的乡村工业化模式是中国农民的伟大创造，但事实上，农民自己兴办乡镇企业是在二元社会结构条件下不得已而为之的一种做法，农民为此付出了很大的代价，国家和社会付出了很大的代价，环境和资源也付出了很大的代价。完全靠"离土不离乡"、长期搞亦工亦农不利于专业化，不利于工人队伍素质的提高。实践表明，用计划经济体制下形成的城乡二元结构和户籍制度把农民限制在农村，农民富不起来，农村也难以实现现代化。城乡二元结构体制束缚着农村生产力的发展，束缚着农民致富，束缚着农村劳动力向非农转移。因此，要跳出农村、农业的领域，进行战略性的社会结构调整，让相当多的农民转变为居民，转变为第二、第三产业的职工，改变目前我国"工业化国家＋农民社会"的现状。③

2005年，我国提出了建设社会主义新农村这一促进农村发展的重要举措。陆学艺强调，新农村建设既是经济建设，也是政治建设、社会建设和文化建设，涉及已经分化了的农村各阶层的切身利益。因此，一定要通过调查研究，掌握新农村建设的发展趋势，适时适地地制定好各种政策，协调好各阶层的利益关系，尤其要协调、处理好各级干部同农民的关系。而且，建设社会主义新农村一定要让农民做主，只有农民自主、自愿地参加，社会主义新农村建设才能扎实稳步地进行。他还认为，改革思路可以有很多，但无论怎样改，都应该使之既能够保护农民的合法权益，又能够

---

① 陆学艺. 走出"城乡分治，一国两策"的困境. 读书，2000（5）.
② 陆学艺. 前言：破除城乡二元结构体制是解决"三农"问题的根本途径//"三农"续论：当代中国农业、农村、农民问题研究. 重庆：重庆出版社，2013：1-9.
③ 陆学艺. 走出"城乡分治，一国两策"的困境. 读书，2000（5）. 陆学艺. "农民真苦，农村真穷"?. 读书，2001（1）.

充分调动农民的积极性、主动性。只有这样，社会主义新农村建设才会有希望实现。①

对于党和国家加强社会建设的战略，陆学艺积极开展了深入而系统的研究。他指出，社会建设之所以如此受重视，根本原因在于我国社会建设滞后于经济发展②。陆学艺关于社会建设的研究和他的"三农"研究一样，强调从实际问题出发来讨论社会建设的具体内容，他的社会建设理论和社会结构理论与其"三农"思想紧密结合，自成理论体系③。社会建设的基本目标就是要建设"社会现代化"，实现社会和谐进步④。从农村发展的角度来看，则是在农民高度流动、各种社会问题突出的条件下建设农村社会现代化。当然这也是实现中国社会现代化的一大难点。

陆学艺认为，现阶段"三农"问题的根源在于计划经济体制下形成的"城乡分治，一国两策"的二元社会结构体制，这种体制对城市居民和农民实行不同政策，其长期实行的结果是抑制了广大农民的生产积极性，束缚了农村生产力的发展。我国现代化事业面临的许多矛盾和困难，都与这种二元社会结构有关。⑤ 因此，破除城乡二元结构的观点在陆学艺的"三农"思想体系中处于核心地位⑥。他认为中国农村发展问题的根本解决途径在于打破城乡分割的二元对立格局，实现城乡一体化和区域现代化。城乡一体化的基本内容应该包括城乡分割的格局不复存在，城乡生活方式和价值观念不再有重大差距，传统意义上的农民走向终结，城市人口在总人口中占绝大多数。区域现代化则指"在一个较大地区内形成一个以某个特大城市为中心、以若干中小城市为中介、与众多小城镇和农村组成的网络或体系，在这个体系中各个组成部分在经济、社会，以及资源、文化等方

---

① 陆学艺. 社会主义新农村建设需要改革现行土地制度. 东南学术，2007（3）.
② 陆学艺. 当代中国社会建设. 北京：社会科学文献出版社，2013：3-21.
③ 景天魁. "植根于中国土壤之中"的学术路线：怀念与学习陆学艺//继往开来：陆学艺先生纪念文集. 北京：社会科学文献出版社，2014：30-43.
④ 陆学艺. 加强社会建设，实现社会现代化. 现代管理，2013（1）.
⑤ 陆学艺. 中国农村社会结构的过去、现在和未来//"三农论"：当代中国农业、农村、农民研究. 北京：社会科学文献出版社，2002：326-373.
⑥ 郭书田. 一部重要的"三农"文化遗产：评陆学艺著《"三农"续论——当代中国农业、农村、农民问题研究》//继往开来：陆学艺先生纪念文集. 北京：社会科学文献出版社，2014：95-99.

面相互依赖、相互补充、相互促进，不存在人为的障碍，城乡交流日益密切，逐步走向融合，混为一体"①。在当前的经济社会结构条件下，要实现城乡一体化，必须由中央推进，全国各地统一进行户籍制度改革、土地制度改革和财政体制改革②。因为这三个方面是城乡二元结构体制的基本框架、基本制度。只有从根本上破除了城乡二元结构体制，"农业才有望实现中国特色的农业现代化，农村才有望实现城乡一体化的美丽和谐乡村，农民才有望成为现代农业的经营者，成为现代社会主义国家的公民"③。

四、"三农"问题研究中社会学理论自觉的深远意义

"三农"问题是中国学术界的热点研究主题，研究成果也极其丰富。但总体而言，这一领域的研究存在"问题取向"的研究和经验研究的过密化问题④。在农村研究中，事实经验是重要的，是研究基础，但是每个研究者的个人经验都是有局限的，因此必须超越经验，寻求具有一定普遍价值的理论分析框架⑤。就陆学艺的农村社会学研究来看，他十分重视"三农"问题并开展了深入的农村实地调查研究，但并未陷于"三农主义"，而是注重从经济社会结构变迁与转型的社会学宏观和综合视角对具体问题进行深入而系统的考察。在"三农"问题上，他既注重研究农业、农民和农村三个领域各自的问题，以及"三农"问题在不同地区的具体体现，又注重分析"三农"问题的内在关系，并将"三农"问题放在社会大转型的框架下分析以寻求根本解决之道。这种"顶天立地"的治学精神，使得他的学术研究既接地气又不乏理论深度，这也是他能够把握时代变迁趋势并能正确回答时代重大现实与理论问题的根本原因。

陆学艺继承和发扬经世致用、志在富民的中国学术传统，用毕生精力致力于探索中国农民和国家的富强与发展。他立足于对农村现实问题的深

---

① 陆学艺. 中国农村现代化道路. 教学与研究，1995（5）.
② 陆学艺. 城乡一体化的社会结构分析和实现路径. 南京农业大学学报（社会科学版），2011（2）.
③ 陆学艺. 前言：破除城乡二元结构体制是解决"三农"问题的根本途径//"三农"续论：当代中国农业、农村、农民问题研究. 重庆：重庆出版社，2013：1-9.
④ 陆益龙. 超越直觉经验：农村社会学理论创新之路. 天津社会科学，2010（3）.
⑤ 徐勇. 农村研究中我的两次学术飞跃. 中国社会科学报，2010-08-19（15）.

入调查研究和总结概括，提出相应的思想与对策主张，同时又根据经济社会变迁和发展的阶段性特征适时地反思、修正和丰富自己的认识与主张，以使理论更符合社会现实，并推动社会实践的发展，充分体现出社会学者高度的理论自觉意识。

陆学艺极力主张社会学者要注重研究中国社会转型过程中的重大现实与理论问题并亲自践行，正是这一点，使得他的观点和主张在社会学界之外也能产生广泛的影响力，使得他能够有资本与在中国经济社会发展政策中占据主导地位的经济学界对话，从社会学视角对经济学家讲"三农"问题和社会建设问题。这对提升社会学的学科地位和扩大其学科影响力具有不言而喻的重要意义。

第六章 小农经济依然是中国"三农"问题的出路吗?

小农经济是中国历史上在人多地少的条件下形成的农业经营模式。人多地少的条件决定了小农经营有其历史的合理性,在今天仍有其社会基础。但是,在工业化、城市化巨大发展的条件下,家庭联产承包责任制的小农经营面临巨大困境。在经济社会结构已经和正在发生重大转变的背景下,那种关于未来中国农业和农民问题的出路仍在于小农经济的认识与主张,与中国城乡社会变迁的实际不符,也难以从根本上破解当前的"三农"困境,对当前和今后的"三农"政策与实践也有误导作用。"三农"问题的根本出路在于推动以城乡二元结构体制转变与农村土地制度完善相结合的制度体制改革与建设。其中,推动以农业转移人口市民化为核心的新型城镇化和以土地流转、入股等途径发展多种形式的适度规模经营,促进农民专业化,应是当前城乡发展政策与实践工作的主要任务。

一、关于中国小农经济的争论

(一)关于小农经济的历史与现实合理性的论辩

中国传统农业的基本特征是以粮为主的单一小农经济结构,以家庭小生产为主要经营形式,即使是大地主田产,绝大多数也采取分散租佃的小农方式。有分析认为,单一小农经济结构形成及长期不变的历史原因主要有两方面:一是在多山少地、交通阻隔的自然条件下,人口增长促使农牧混合经济转变为单一农业经济，并进一步从大土地经营（井田制）瓦解为小土地经营（地主制）；二是土地战争产生的经济政策强化了以粮为主的单一农业经济①。中国人多地少的基本国情决定了能够吸纳较多劳动力的小农经营模式长期存在。如黄宗智认为，中国农业"过密化"的动力来源于日益增长的人口压力。自明清以来蓬勃发展的农村的商品化，也是由过多人口对土地的压力推动的，在农业收入不足和家庭劳动力有余的情况下，以密集的劳动（如妇女、儿童和老人的劳动）投入商品化生产，其特征是有增长无发展，即"过密型商业化"。这种商业化不仅难以导致小农经济解体，反而使小农经济得到强化和延续。②费孝通从社会因素的层面分析认为，人多地少的矛盾不一定成为"分碎农场的力量"，但中国传统亲属结构中兄弟平等继承土地等家庭财产制度，使得"人口压力压碎了农场"。几千年来，中国正是在人多地少的情况下和传统土地制度下，通过男耕女织、农工相辅的小农生产方式，使得农村经济实现了某种平衡。③

关于小农经济的优点与缺点，学界有很多争论。近代以来对小农经济的批判占主导地位，认为"小农经济结构"是"贫穷落后愚昧的根源"的观点一直存在。例如，在关于"中国封建社会长期停滞"的讨论中，论战各方都认为中国社会发展滞后，小农经济难辞其咎④。有分析认为，单一小农经济结构是我国两千年来动乱贫穷、闭关自守的病根⑤。从生产力发展的角度而言，小农制的弊病在于限制了农业技术的改良，在土地有限的小农场上，不但用不上机器，连耕牛都不能充分利用，技术不能改良，"农民要凭赤手赤足在田里劳作，农业拖住了大量人口，农民的生活程度也终是在饥饿线上挣扎"⑥。也有学者对小农经济是中国经济文化落后的病根的观点提出质疑，认为春秋末至战国时期在黄河中下游地区发生的由

---

① 陈平. 单一小农经济结构是我国两千年来动乱贫穷、闭关自守的病根. 学习与探索，1979（4）.
② 黄宗智. 长江三角洲小农家庭与乡村发展. 北京：中华书局，2000.
③ 费孝通. 内地农村//费孝通文集：第4卷. 北京：群言出版社，1999：200-201.
④ 王家范. 中国历史通论. 上海：华东师范大学出版社，2000：167.
⑤ 同①.
⑥ 同③208.

原始农业向精细耕作农业的转变,以及新生小农的形成,是黄河流域经济大开发、民族大融合和实现大一统的物质基础。精耕细作农业也使中国农民形成了一些重要特点,如具有极强的家庭观念、极强的吃苦耐劳和勤俭节约精神、极强的经验理性精神。① 有学者认为,小农经济是社会生产力水平较低的条件下最佳的农业生产结构,有其历史的合理性。小农经济结构简单,使得其具有顽强的再生机制和内含的再生产潜力,即使没有纵向(国家和地方行政资助)和横向(与其他劳动者的联合)的支持,小农经营也能够利用内部的能量进行内含扩大再生产,通过增加家庭劳动力、延长劳动时间、充分发挥劳动经验与个人技术精耕细作,努力争取单产的提高。小农经济的这一特征也使中国社会在频繁的政治动荡中保持了历史的持续性和连贯性。② 中国经济落后和阻碍经济变革的不是"小农经济的保守",而是传统的"农为国本"意识和"重农抑商"政策,在这种意识和政策的制约下,农业发展的成果无法扩散、转化、辐射到其他经济领域,使得国家的整个经济结构变得非常僵硬,难以变革。过重的赋税徭役负担使得农民生活境遇每况愈下,小农经济的积累极端困难,阻塞了经济变革的渠道。③

从家庭联产承包责任制推动中国农业发展的成功实践看,中国农业生产力的提高不是在规模经营的基础上实现的,而是在分散经营的基础上实现的,许多人因此认为这是一个经济理论上的悖论。理论界也提出小农理性论、小农经济效率改进论、小农社会化分工论等论点,讨论小农经济的优势④。西方一些左翼学者也认为,与用贫民窟和失业来解决农业问题的资本主义逻辑不同,中国特色社会主义小农经济的优势就是在没有"剥夺"农民土地的情况下渐进地完成工业化。此外,在小农经济模式与体系下,劳动分工不明显,所以人的素质得到综合发展,知识和经验的完整性得以保存,劳动力在健康、教育和自我管理能力上的优越性,是中国对外

---

① 孙达人,王家范,孙如琦,等. 中国农民史论纲. 史学理论研究,1993 (1).
② 王家范. 中国历史通论. 上海:华东师范大学出版社,2000:167-176.
③ 同②176-182.
④ 张新光. 马恩关于小农制历史命运的科学论断过时了吗?:对19世纪末20世纪初以来有关讨论的回顾. 重庆工商大学学报,2008 (4).

资具有吸引力的主要原因，也维持了中国长时间的经济高速增长。①

在家庭联产承包责任制实施初期，就有关于农户个体经营还是集体经营的争论。坚持包产到户小规模农业经营的意见认为，中国土地资源稀缺而劳动力富余，所以用资本代替劳动、搞大规模机械化在中国不划算，不符合效率原则；集体经营不利于激励农民积极性；小规模家庭农场有利于适应环境，因地制宜；大规模种植会使品种单一化和退化，影响有机肥使用，造成环境污染。而主张搞集体化规模经营模式的，主要是那些农民有非农工作机会和收入的发达地区。农民非农收入远远高于种田的收入，对种田不积极，出现粗放经营的趋势。基层干部面对这种情况，感到还不如把土地收回来，包给大户或实行统一经营，农场面积扩大，集体经营劳力不够，便改用机械化，靠乡镇企业的资金以工辅农。②

在生产力水平有了很大提高、工业化和城镇化快速推进的趋势下，家庭联产承包责任制下的小规模家庭经营的低效率和低收益日益成为农业和农村发展的主要制约因素。面对土地分散细碎、低收益的困境，农民在实践中自发进行了多种形式的制度创新，如通过经营权的流转使耕地向种粮大户集中、组织农业合作社、开展"公司+农户"模式等，以实现适度规模经营和提高农业经营效益。党和政府也根据实际情况，容许乃至推动土地流转以发展各种形式的规模经营。

（二）近年来关于农业经营规模和形式的争论

面对中国新的城乡发展形势和农业农村发展面临的挑战，近年来学界关于农业经营形式与规模的争论十分热烈。其中农业经营主体和土地经营规模是争论焦点：在经营主体方面，小农家庭、农业大户、农民合作组织、集体、农业企业，以何者为经营主体，观点不一；在土地经营规模上，有的主张发展规模化现代农业，有的主张以小规模家庭农场为主，也有的主张发展适度规模经营。在传统的理解与争论中，"小农"概念强调

---

① 范春燕. 近年来西方左翼学者关于中国特色社会主义的争论及其启示. 国外理论动态，2011（7）.

② 杜润生. 杜润生自述：中国农村体制变革重大决策纪实. 北京：人民出版社，2005：159-161.

自给自足性，而现代小农生产实际上可以达到很高的商品化程度，因此这里的"小农"主要是指小规模的家庭农场。

1. 规模化现代农场优势论

有学者根据经典马克思主义关于资本主义生产方式下小农经济必然趋于衰亡的科学论断，以及邓小平关于农业发展"第二个飞跃"的理论，并结合家庭联产承包责任制的效应已经释放殆尽、土地平分机制已成为中国现代农业发展的体制障碍等条件，认为农民与土地分离的速度和规模将在很大程度上决定着中国农业现代化乃至整个现代化实现的程度与水平。因此，中国需要以生产—加工—销售的"纵向一体化"和农场规模不断扩大的"横向一体化"的方式改造以家庭承包经营为主体的小农经济。① 有学者通过比较分析，认为在市场化、工业化、城镇化和国际化进程中，促进农地经营权向种田大户集中、建立农民专业合作组织的政策只具有局部性和短期性作用，不具有摆脱小农缺陷和建立起现代农业的总体性和长期性作用。而以企业为母体的租赁式公司农场和以农地股份制为基础的公司农场将成为中国未来农业微观组织的重要形态。公司农场能够以低交易费用快速有效地扩大农场规模，在国内产业竞争和国际农业竞争中比其他农业组织更具优势。因此，政府应当引导条件适宜地区自愿发展公司农场，营造和规范包括法律制度在内的适合公司农场发展的配套环境。②

2. 小农经济优势论

坚持小规模家庭农业经营模式的学者认为，由于中国农业人口众多，即使城市化达到较高水平，也还会有众多人口在农业部门就业。而且，农业生产不同于工业生产，难以像工厂车间那样实现监督，集体经营也难以解决有效激励问题。因此，小农经营仍将是中国农业的主导模式。有学者认为，长期存在的中国城乡二元结构的保护性特质和以代际分工为基础的半工半耕的农民家庭劳动力再生产模式，使得农业经济以留守农村的少部分中青年"中坚农民"和老年农民为主体，也使得农村成为中国现代化的

---

① 张新光. 马恩关于小农制历史命运的科学论断过时了吗?：对19世纪末20世纪初以来有关讨论的回顾. 重庆工商大学学报, 2008 (4). 张新光. 马克思主义小农经济理论及其现实意义. 河北学刊, 2011 (1).

② 何秀荣. 公司农场：中国农业微观组织的未来选择?. 中国农村经济, 2009 (11).

"稳定器"和"蓄水池"。在中国仍然有六亿多农村人口和两亿多农业劳动力的国情下，农业必须同时完成保证粮食安全、为数以亿计的农民提供农业就业与农业收入，以及为中国现代化提供农村"稳定器"这三大基本任务。因此，农业现代化必须是以小农经营为主的现代化。① 有学者通过对土地流转和规模经营实践的观察发现，由于劳动力成本的制约，一些规模农业经营实际上是高投入低产出的，由此也得出城乡二元结构和剩余劳动力能够规避农业风险的观点，认为农村过剩劳动力的存在，有利于满足农忙的需要，也提高了农业抗风险能力。农村留守人员一般年龄较大，缺少外出就业技能，不具有非农就业的可转移性。这些低成本的劳动力有效地降低了农业生产的成本，是中国农业的一个优势，但推进土地流转导致了农村劳动力价格上升，进而导致农业生产成本急剧上升，农业发展陷入了困境。由于劳动力成本是规模农业的结构性限制因素，因此，从现阶段的国家粮食安全和农业效益的角度看，土地的家庭经营仍然发挥着重要的功能。② 有学者认为，土地规模经济只是一个有特定依据的西方理论逻辑，因为西方发达国家得以顺利实现工业化、城市化和农业规模化、产业化的前提是殖民主义和帝国主义，通过市场交易形成规模经营的农业现代化在历史上不具有真实的经验依据。中国按人口平均分配、按户占有产权的农村土地制度，向农民提供了维持生存的基本保障，同时也在客观上成为中国渡过历次经济困境的基础。③ 有分析指出，规模经济不只是经济概念，还是社会概念，小规模农业对社会公正、环境生态可持续、社会保障和社会稳定等维度具有正面意义④。有学者认为，中国农业正处于大规模非农就业、人口自然增长减慢、食物消费结构和农业生产结

---

① 贺雪峰. 为什么要维持小农生产结构. 贵州社会科学, 2009（9）. 贺雪峰. 论中坚农民. 南京农业大学学报（社会科学版）, 2015（4）. 贺雪峰. 为谁的农业现代化. 开放时代, 2015（5）. 贺雪峰, 印子. "小农经济"与农业现代化的路径选择：兼评农业现代化激进主义. 政治经济学评论, 2015（2）.

② 郭亮. 土地家庭经营仍发挥重要功能. 中国社会科学报, 2011-08-23（12）.

③ 温铁军. 新农村建设的重点与土地私有化的理论逻辑：缓解三农问题的道路之辩. 绿叶, 2008（11）. 温铁军. 农业现代化的误区. 财经界, 2014（11）.

④ 许惠娇, 叶敬忠. 农业的"规模"之争与"适度"之困. 南京农业大学学报, 2017（5）.

构转型的三大历史性变迁的交汇之中,发展市场化的种植兼养殖的小规模家庭农场是中国农业的出路,农业隐性失业和低收入问题也将因此得以缓解①。主张小农经济的学者也承认小规模的缺陷,承认需要通过发展合作组织帮助小规模农场获取规模经营,但强调资本和部门化的资本下乡使得专业合作社容易造成"大农吃小农"的结果,因此农民合作组织的发展应以广大小农为主体,合作收益应由小农共享②。有学者认为,通过农业合作组织的制度创新,小规模家庭农场也可以享受现代农业技术创新带来的生产率增长效应,提升农业竞争力,同时又可以有效摆脱资本对农业和农民的控制和剥削③。

3. 适度规模经营论

农场土地规模太小就不能吸引农民务农,农业发展会陷入困境,针对农场规模过小过碎的问题,至少需要将规模扩大到农民务农收入底线之上的经营规模。但农场土地规模也并非越大越好,当土地规模超过技术和管理水平及其他各种生产要素与之配合的适当比例时,必然会造成经营不善、效率损失和土地资源浪费。在中国土地资源稀缺的情况下,农场规模过大也不利于社会公平。因此,农地适度规模经营成为一种较为普遍的认识。20世纪90年代以来,国内学者就土地适度规模经营的相关问题进行了大量研究④。党和国家也将发展农业适度规模经营作为基本政策。如2008年党的十七届三中全会通过的《中共中央关于推进农村改革发展若干重大问题的决定》提出要"加强土地承包经营权流转管理和服务,建立健全土地承包经营权流转市场,按照依法自愿有偿原则,允许农民以转包、出租、互换、转让、股份合作等形式流转土地承包经营权,发展多种形式的适度规模经营"。党的十九大报告也强调要"发展多种形式适度规模经营"。关于农场多大规模为"适度",需要根据经营主体、地区资源状

---

① 黄宗智,彭玉生. 三大历史性变迁的交汇与中国小规模农业的前景. 中国社会科学,2007(4).
② 仝志辉,温铁军. 资本和部门下乡与小农户经济的组织化道路:兼对专业合作社道路提出质疑. 开放时代,2009(4).
③ 周端明,蔡敏. 资本逻辑、技术创新与农业微观经营方式的变迁:家庭农场是最适合农业的经营方式吗?. 教学与研究,2014(2).
④ 许庆,尹荣梁. 中国农地适度规模经营问题研究综述. 中国土地科学,2010(4).

况、经营环境、生产力水平、农作物类型等方面的不同加以确定。经营规模的确定必须以提高劳动生产率和土地生产率为目的，使农业经营者能获得与经营其他行业相当的利润，才能稳定农业经营者务农的积极性，也才能增加农产品生产总量。2014年中共中央办公厅、国务院办公厅印发的《关于引导农村土地经营权有序流转 发展农业适度规模经营的意见》，对如何把握家庭农场适度规模经营中的"适度"提供了指导性意见，提出要"合理确定土地经营规模"，"各地要依据自然经济条件、农村劳动力转移情况、农业机械化水平等因素，研究确定本地区土地规模经营的适宜标准。防止脱离实际、违背农民意愿，片面追求超大规模经营的倾向。现阶段，对土地经营规模相当于当地户均承包地面积10至15倍、务农收入相当于当地第二、第三产业务工收入的，应当给予重点扶持。创新规模经营方式，在引导土地资源适度集聚的同时，通过农民的合作与联合、开展社会化服务等多种形式，提升农业规模化经营水平"。

在不同经济发展水平和环境等条件下，土地制度和经营规模及模式对农业绩效会有重要影响。所实行的土地制度和经营方式，必须与经济社会发展水平和结构相适应。要应对当前中国农业面临的危机，必须根据经济社会转型的实际推动由平均分配的农户小规模经营向适度规模经营转变，以提高农业生产率。

在关于农业经营规模等问题的争论中，有一些感觉良好但模糊不清、经不起推敲甚至错误的看法，有些似是而非的见解和观点不但影响公众认识，也在某种程度上影响着相关"三农"政策的制定[①]。在为小农辩护的观点中，就不乏似是而非的见解。小农经营方式在土地生产率上确实比规模经营具有相对优势，但随着农业生产技术的发展与应用、劳动力向非农产业转移、土地生产力和劳动力投入的界限被打破，小农经营的优势必然会日益弱化。在家庭联产承包责任制下，长期以来是以大量低成本剩余劳动力投入的"内卷化"或"过密化"机制维持着较高的土地生产率，农村和农业在一定程度上起了剩余劳动力"蓄水池"的作用。但是，在中国经济结构已经发生巨大转型的条件下，农业之外的生产领域提供了越来越

---

① 何秀荣. 关于我国农业经营规模的思考. 农业经济问题，2016（9）.

多的就业机会和远比农业部门高的收入，农民理性选择不再对农业进行"过密化"的劳动投入，而是选择兼业务农或外出务工，甚至不惜抛荒土地。在这种背景与趋势下，那种持"小农立场"的话语，看似站在道义的立场上为农民代言，实际上是一种缺乏理论自觉的话语。

二、小规模家庭农场仍将是中国农业的出路吗？

在"三农"问题与城市化之间的关系等问题上，一种较为流行的观点认为，由于中国人口基数庞大，即使城市化达到较高的程度，农业仍将以小规模、相对劳动密集的经营为主。有学者分析认为，中国农业自改革开放以来经历了一场"隐性革命"，即由非农部门的发展以及收入上升导致的人民食品需求转型，由此导致农业结构的转化①。中国农业正面临的历史性契机是中国人口的食物消费结构正在从以粮食为主转变为与西方相似的粮和肉、鱼并重。这样，种植业内部也要发生结构性的转变，即需要从"以粮为纲"转向粮、肉、菜兼重的种-养结构。由于蔬菜、水果的种植以及肉、蛋、奶的养殖生产在土地利用上比粮食种植业需要更高程度的单位面积劳动投入，因此这一转变可以吸收足够多的农村剩余劳动力就业。种-养兼重的农业结构的农场适度规模，在华北是10亩到15亩，在江南是7亩到10亩，这种转变将会吸纳相当于原来2到3倍的劳动力，农村的隐性失业人口即剩余劳动力约相当于务农劳动力总量的1/3到一半，这样，新型农业结构基本上能够实现农村劳动力的供求平衡；此外，由于蔬菜、水果及肉、蛋、奶的价格要高于粮食，因此，农业结构的转变也将带来农业经济效益的增长，从而促使务农报酬的增加，消解农业内卷化的压力。中国极长时期以来人口对土地的压力问题将由此得以解决。所以，中国农业的出路"不必等待未来的更高程度的城市化，更不在于美国式的大农场，而是在于具有中国特色的、既是高劳动密集型的也是相对高收入的小家庭农场"②。黄宗智等学者通过对中国近期和中期的农业（包

---

① 黄宗智. 中国的隐性农业革命//中国乡村研究：第八辑. 福州：福建教育出版社，2010：1-10.
② 黄宗智. 中国农业面临的历史性契机. 读书，2006（10）.

括农、林、牧、渔业）前景的系统分析，认为中国农业正处于快速增长的城镇化和大规模非农就业、人口自然增长减慢、食物消费结构和农业生产结构转型这三大历史性变迁的交汇之中，这样的交汇将同时导致农业从业人员的减少和农业劳动需求的增加。在这样的历史性契机下，中国农业应以市场化的兼种植-养殖的小规模家庭农场为主，迈向绿色农业。国家必须抓住眼前的契机，适当投资农业和扶持农业，这样既可缓解农业隐性失业问题和低收入问题，也可为城镇工业建立广阔的国内市场，借以促进整个国民经济的连锁发展。① 有研究者对华北某村庄自20世纪90年代中期以来社会经济变迁的研究似乎也支持小农农业的前景，该研究发现在市场经济的影响下，该村的农业从粮棉种植转型为温室大棚蔬菜生产，有了更高的市场收益，并吸纳了更多的劳动力。这样，小农家庭经营更加巩固，农户小资产所有者身份也得到加强。伴随着农业结构的转型，村庄也发生了深刻变化：村庄政治由以行政性事务为主转变为以向农户提供经济性服务为主，农户联合成立了一系列合作性经济组织，以稳定销售、协调生产、扩展产业链、实现"纵向一体化"，在某种程度上弥补了小农经营难以应对市场经济环境的弱点。②

随着经济发展和人们生活水平的提高，人们的食物消费结构会发生改变，根据这种需求变化调整农业经营结构，农业部门的产值将会提高，农民收入也将有一定的增长空间。但是，认为中国农业结构转型将能进一步促进劳动密集型农业的发展，将扩大农业的就业容量，农业的收入低和劳动力过剩的问题就能在很大程度上得到缓解或解决，并据此将小农经济继续作为农业和农民问题的出路的解释逻辑、认识与主张，尚有诸多方面有待商榷。

第一，无论农业生产结构如何转变与调整，随着经济社会的发展，农业总产值在国内生产总值中的比重都将是持续下降的，农业部门从业人数也必然呈不断下降趋势。

---

① 黄宗智，彭玉生. 三大历史性变迁的交汇与中国小规模农业的前景. 中国社会科学，2007（4）.
② 高原. 市场经济中的小农农业和村庄：微观实践与理论意义. 开放时代，2011（12）.

农业总产值在国内生产总值中的比重持续下降,这是由农产品消费低弹性和消费主义时代非农产品的无限扩张的趋势所决定的。根据库兹涅茨的分析,农业总产值比重持续下降,是由于农产品的消费弹性低,同时也由于发达国家中农业部门的优势丧失。农产品的消费弹性之所以很低,在很大程度上是因为随着现代经济的增长、技术进步和生产生活方式的变化,非农部门的产品对消费者产生了较强的强制供给和引诱。[1]

改革开放以来,我国的产业结构发生了很大的变化,第一产业占国内生产总值的比重已由1978年的28.2%下降到2009年的约10%。2016年我国第一、第二、第三产业总产值的比例为8.56∶39.81∶51.63[2]。从发达国家的情况看,随着经济发展和社会结构转型,第一产业的劳动力在全社会劳动力中所占的比重是逐渐减少的,除了那些地广人稀、主要依靠高效农业出口的国家外,许多发达国家的第一产业从业人员比重一般都在10%以下,而第三产业从业人员比重在60%以上。相比较而言,我国从事第一产业的劳动力比重一直偏高,第三产业从业人员比重增长缓慢[3]。2007年,第三产业从业人员比重,美国是78%,英国是76%,日本是66.7%,韩国是66.6%,南非是64.9%,俄罗斯是61.8%,中国只有32.4%[4]。农业总产值占国内生产总值比重已不足10%,但第一产业从业人员在总劳动力中的比重仍高达40%,这是我国城乡居民收入差距较大的根本原因。

农产品消费弹性低,使得价格变动对其供需的影响是有限度的,所以,城乡居民的恩格尔系数(食品支出总额占个人消费支出总额的比重)是随着经济社会发展和国家富裕程度的提高而持续下降的。由于我国城市化滞后,城市人口比重较低,更限制了食物消费弹性,市场需求增长空间有限,相对较小的城市人口食物需求,再加上较低的农产品价

---

[1] 库兹涅茨. 现代经济增长. 北京:北京经济学院出版社,1989:102-103.
[2] 国家统计局. 中华人民共和国2016年国民经济和社会发展统计公报. (2017-02-28)[2017-03-21]. http://www.stats.gov.cn/tjsj/zxfb/201702/t20170228_1467424.html.
[3] 中国统计年鉴2010. 北京:中国统计出版社,2010:120.
[4] 同[3]1024.

格政策,使得庞大的农业就业群体的收入很难增加,这是农业增产不增收的深层根源①。在农业总产值在国内生产总值中所占比重持续下降的条件下,如果不是减少而是继续增加农业劳动力的密度,结果只能是农业从业人口持续地处于相对贫困状态。农业生产部门产值比重和从业人员相对收入的下降,必然会推动劳动人口向第二、第三产业部门流动。因此,即使深度开发农业部门,其所能够容纳和吸引的劳动力也是有限的。

第二,关于新型农业结构中蔬菜、水果及肉、蛋、奶价格要高于粮食,因此务农报酬会增加的分析,可能在有限的区域市场内有效,但忽略了全球经济一体化背景下的国际市场竞争因素,也忽略了国内农业区域及市场发展程度的差异。

就农业发展的市场环境来说,中国的小农面临着前所未有的来自国内外成熟市场的竞争压力和市场进入壁垒。中国人消费结构的变化,对中国养殖农业的发展来说是一个契机,但无疑也是发达国家借助全球化与国际市场参与竞争的契机,何况发达国家早就先于中国发生了农业内部结构的转型,而且其规模化、高技术的经营模式使得其农产品的市场竞争优势等方面远远大于中国。与发达国家相比,我国农业的国际市场竞争力、技术竞争力和劳动生产率等方面都处于明显的劣势。如从农业劳动生产率来看,中国只有美国的 1.2%。②

在产品竞争方面,国产农产品也无法抵挡进口农产品的挤压和替代,粮棉油"洋货入市、国货入库"已成普遍现象。尽管中国的粮棉油产品的亩净收入大大高于美国、欧盟和南美生产者,但还是竞争不过国外产品,根本原因在于小规模的净收入总量太少。③ 农业竞争力弱是我国农业现代化面临的核心问题,而造成我国农业竞争力弱的主要原因之一是农产品生产的劳动成本比较高,而劳动成本高缘于农业经济的纵向专业化水平低,

---

① 牛凤瑞,潘家华,刘治彦. 中国城市发展 30 年. 北京:社会科学文献出版社,2009:15.

② 刘秀琴,黄耀斌,蔡嘉森,等. 中国农业竞争力国际比较. 华中农业大学学报(社会科学版),2014 (5).

③ 何秀荣. 关于我国农业经营规模的思考. 农业经济问题,2016 (9).

农户经营规模过小[①]。小规模农户收入低下也是农业技术利用率低、农业竞争力弱的重要原因。尽管农业结构由以种粮为主向非粮化的蔬菜、花卉、水果和养殖业转变后不会像粮食作物那样面临较严重的农场规模太小的问题，但也会受土地分散细小因素的制约。而且，非粮食作物和养殖业主要依靠的是技术集约或资本集约，而不仅仅是劳动力密集，因此，缺乏技术和资本的广大小农在农业生产结构调整中并不具备优势。

除了国际市场因素，农业结构由以粮为主向以肉、蛋、奶、蔬菜等为主的结构调整过程，也受区域差异和发展差距等因素的影响。农产品消费弹性低的特点使得在农业结构先行转型地区的农民能占得先机，其他地区农民获益的机会就会缩减。例如，山东寿光蔬菜的生产能力越高，占全国市场的份额越大，其他地区农民种菜获益的机会就越少。再如，在农村扶贫和发展计划中，促进农民提高生计发展能力和向养殖转型的许多做法，在当地可能是特色，但放到更大的地区或全国时，可能并不是特色，竞争力未必会大，获益的空间未必会高。

第三，无论农业结构如何调整，分散的小农都难以承受自然灾害风险和市场风险。

通过转变农业经营结构，农民可以有较高的市场收益，但是风险也更高，劳动密集的养殖型小规模家庭农场依然难以抵御市场风险和其他灾害。从近几十年的情况看，由于众多小农分散经营，再加上食物消费弹性低的制约，无论是种植还是养殖，农民增产不增收、谷（菜、肉）贱伤农的情况都层出不穷，因此形成了农产品贱也伤农、贵也伤农的恶性循环。各地以保障市民利益为目的的"菜篮子工程"的相关引导性种养殖政策，往往使得农民因价格下跌而利益受损；在涉农加工企业之间的恶性竞争，如各大奶业企业之间的"价格战"等不良竞争中，受害最严重的往往是小农。分散的小规模养殖农户也因资本和技术等因素的限制，在瘟疫灾害防治方面面临困境。所以，养殖型小规模家庭农场也因难以抵御灾害和市场风险而难以对劳动力产生更大的吸引力。

---

① 党国英. 有竞争力的农业是经济长期稳定发展的基础. 光明日报，2014-01-15(15).

在笔者调查的河北定州，小农家庭应对市场风险的办法是"什么都种点儿，瞎种，这个收不了那个收点儿，先种自个儿吃的，粮食够用了，再琢磨搞点儿经济作物"①。"什么都种点儿"的农业种植结构，缺点是费劳力、效率低、专业化程度低、市场竞争力低。因此，中国农业面临历史性发展契机的关键不在于大力发展种-养结合的小规模农场，而在于通过农场规模的增加提高农业生产率和竞争力。黄宗智也认识到了小农经济与市场风险之间的矛盾，所以也提出需要适度扩大农场规模和改变农业经营模式，但认为在政府积极推动和扶持的"公司＋农户"模式中，农户往往只是共担市场风险而难以共享利润，因此主张应该走农民自主的合作化或集体化道路，并认为小农场要靠生产—加工—销售的"纵向一体化"，而不是像西方那样靠扩大经营规模的"横向一体化"②。但是，现代农业产业体系生产—加工—销售的"纵向一体化"一般都是以农场规模扩大的"横向一体化"作为基础条件的，二者相伴而行，不存在"孰优孰劣、互相排斥"的问题。继续维持"人人分地、户户种田"这种小农模式，永远也不可能实现彻底改造传统小农经济的目标③。如果没有在农村人口减少的基础上形成能提高劳动生产率的适度规模农场，那么所谓的农民自主合作是难以实现的。因为在有限的土地上，即使合作化经营也不会有多少利润可分配。多年来政府和民间组织都在积极推动的农民合作组织之所以得不到农民的积极响应而发展缓慢，主要原因还是在城乡二元体制下未能通过人口逐步有序转移解决好农户减少这一土地规模增加的前提问题。

第四，分散而收入水平低下的小规模农户模式，即使转向种-养结构，也难以走出食品安全问题和环境污染问题等社会治理困境。

在小农经营条件下，农业中化肥、农药的过量使用是我国农产品竞争

---

① 奂平清. 华北乡村集市变迁与社会结构转型：以定州的实地研究为例. 北京：中国人民大学, 2005：74.

② 黄宗智. 中国新时代的小农场及其纵向一体化：龙头企业还是合作组织？//中国乡村研究：第八辑. 福州：福建教育出版社, 2010：11-30.

③ 张新光. 研究小农经济理论的政策含义和现实关怀：回应丁长发博士的质疑. 农业经济问题, 2011（1）.

力差的一个重要原因,也是食品安全问题的重要原因之一。分散的个体化小农生产的最大困境之一就是农产品的安全监管难度大。在农业和食品工业发展中,面对两亿多分散生产的农户和数百万家分散的小型食品加工企业,要杜绝化肥过度使用、农药残留量超标,防止抗生素、激素滥用,难度很大。2008年的"三鹿事件",就是不法奶农在奶粉中添加三聚氰胺,导致食用三鹿奶粉的婴幼儿大量患病。"三鹿事件"引发广大消费者对中国乳制品的信任危机,中国乳品业和畜牧业都深受影响。当然,受影响最大和损失最重的无疑是那些分散的奶牛养殖农户。

第五,关于小农经济仍将是中国农业农民问题出路的结论,是以中国原有的城乡二元体制和城镇化政策框架为分析背景得出的,忽视了随着中国经济社会发展阶段的巨大变化、城镇化政策也应相应加以调整的问题。

不少学者以中国既定的城镇化制度和政策条件为分析框架,认为中国农村人口基数庞大,即使通过城市化转移也需要漫长的时间,而且城市化会导致贫民窟问题等严重的社会问题。因此,所谓在中国食物消费结构发生转变的过程中能吸纳更多劳动力的农业种植-养殖型家庭小农场,便被看作中国未来较长时期内的主要模式而被寄予厚望。

一些学者不顾中国的城镇化对城乡发展所带来的巨大推动作用,仅仅依据农村人口向城市流动对城乡发展带来的"消极影响"(如所谓的"城市病"或"乡村衰落"等)来思考"三农"问题的出路。他们也忽视了这些所谓"消极影响"在很大程度上其实是城镇化政策不合理带来的后果。这类学者对城市化吸纳农村人口的能力持怀疑态度,认为农民工最终是要回到乡村的。如有分析指出,中国农村人口数量庞大,单纯依靠大中城市吸纳难以从根本上解决"三农"问题,因此需要发展小城市、小城镇和建设社会主义新农村[①]。有学者分析认为,靠农民进城推动土地流转、形成规模经营,从而解决农户与大生产和大市场的矛盾的道路将是一个长期而艰难的过程。因此,国家应该基于农村构成现代化的"稳定器"与"蓄水池"的战略定位,以小农经济为前提思考农村治理,由国家向农村输入资源,其目标不是为了让农民致富,也不是为了发展经济,而是维持农村基

---

① 陈锡文. 工业化城镇化加速下的"三农"问题. 西部大开发, 2011 (1).

本的稳定局面。① 有学者尽管认识到小农经济已经成为中国农业不可持续的关键因素，认为农业战略调整需要注重以新的资源开发带动人口的迁移，减少农村过剩的劳动力，认为农村剩余劳动力的转移应靠两个方面：一是从四川、安徽、河南、湖南等农村人口较多的省份动员亿万民工到西部搞水利工程和土地资源开发，实行人海战术，不搞大机械，有了水再修路，沿路设镇，形成四川村、安徽村、河南村等，这样既缓解了东部的人口压力，又开发了西部，还实现了城镇化；二是加快城镇化，撤乡并镇，发展中心城镇以吸纳农村过剩人口②。有学者坚持认为，中国的城镇化战略应该是"去城市化"的"城镇化"，因为农民的就业是短暂性就业，"城镇离农民最近，假如农民上午在镇上的就业遇到了什么问题，丢了工作，中午就能骑自行车回家吃饭了"。农民既有在村社经营的基本条件，又有外出获取现金收入的条件，这种情况会是中国长期稳定可持续发展的重要制度基础。③ 该学者强调，世界上人口过亿的发展中国家如印度、巴西等国城市化过程中大城市盲目扩张导致了大量贫民窟、黑社会犯罪等导致现代化进程中断和不稳定的问题，因此中国应该吸取这些教训，将城镇化发展的关键放在改革农村社区土地和乡镇企业产权关系，优先发展中心镇④。甚至有人将我国社会主义新农村建设政策理解和解释为只要国家把农村建设好，农民就可以安心待在农村，发展农业或农村产业使农民致富，农民也就没有必要到城市去。

上述观点也反映出所谓持"小农立场"、为农民代言的学者在研究立场、方法和视角上的悖论以及理论自觉意识的缺乏。实际上，这种忽视中国经济社会发展阶段的实际变化，一味强调要把农村、农业和小城镇当作中国现代化的"稳定器"与"蓄水池"，限制农民进入大中城市的认识、主张及实践，恰恰是中国"三农"问题和城乡发展困境的主要原因。正是

---

① 贺雪峰. 以小农经济为前提思考农村治理. 社会科学报，2012-03-01（3）.
② 何帆. 21 世纪的中国仍然是小农经济？：农业部农村经济研究中心研究员温铁军专访. 国际经济评论，2000（Z6）.
③ 温铁军. 城镇化定要以农民为主体最怕被城镇化.（2010-03-07）[2017-03-01]. http://sociologyol.org/yanjiubankuai/tuijianyueduliebiao/2010-03-07/9736.html.
④ 温铁军，温厉. 中国的"城镇化"与发展中国家城市化的教训. 中国软科学，2007（7）.

中国特色的户籍制度等限制性城镇化政策，使得产业结构演进滞后，对劳动力的吸纳较为缓慢，即使工业和城市已经有了很大的吸纳和容纳能力，但从农村和农业部门转移到城市和工业部门，并较为稳定地工作和生活的人口仍被视作流动人口和"农民工"，这些劳动力及其家庭并没有实现完全的城市化。如果不对这种限制性的城镇化思维及实践加以改变，继续将农村和农业作为"蓄水池"和"稳定器"，将大量农民留在农村和农业部门，农民的收入必然是要下降的，农村和农业部门实际上也是留不住农民的，这种做法也无法阻止农村和农业的衰败。近二三十年的农民流动就业实践已经证明，农村和农业已经难以发挥更大的"蓄水"和"稳定"功能。相对于产业结构的发展趋势而言，那种寄希望于通过农业结构的转化来吸引和吸纳更多的劳动力的设想和做法，无疑会加剧农业部门的过密化，难以从根本上摆脱城乡收入差距继续拉大等困境。就如有学者所分析的，城市化固然有其问题，但把农民固定在农村问题更大，"让占总人口数多半的农民留在农村享受现代化的成果"只是一句空话，只有实现农村大量人口转移，剩下的农民才更容易转化为专业农户，才能真正实现富裕，这是世界经济发展的基本规律，中国也不可能例外。而且，加快城镇化步伐，提高城镇化质量，扩大第三产业规模，也是提高我国农业国际竞争力的基础和基本路径之一。[①]

三、城乡二元结构和小农经济条件下的"三农"发展困境

在城乡二元结构体制和小农经济条件下，农民被迫在城乡之间、农业与非农之间摇摆，造成农村和农业发展主体的不确定性，这种状况严重制约着农民和农业的现代化，也成为乡村社会治理困境的重要原因。

（一）农民发展困境

在城乡二元体制和小农经济条件下，由于土地经营规模小，农业生产

[①] 党国英. 正确认识"城镇化". 北京日报，2010-03-01（19）. 党国英. 有竞争力的农业是经济长期稳定发展的基础. 光明日报，2014-01-15（15）.

成本高而收益低，很多农民已经离开土地，大部分农民家庭的主要劳动力常年外出务工，家庭成员因此处于分散状态——有在家务农的，有在附近城镇陪小孩上学的，有到大城市打工的。在工业化和城市化过程中，农民工早已成为城市经济社会建设的主要力量，农民进城也大大提高了其消费能力，成为拉动需求的重要人群。但是工业化和城市化并没有充分消化和吸收农民工，对农民来说，将来何去何从，没有确定的答案。

很多研究显示，我国农业已越来越倾向于使用节约劳动的生产方式，劳动生产率有大幅度提高。对于已经迁移到城镇的农民工而言，即使他们在城镇的就业受到冲击，也很难再返回到农业中来[1]。而且，大部分农村流动人口在流入地城市的居住和就业都趋向稳定，也越来越多地呈现出整体家庭流动的态势，已经成为实际上不流动的"流动人口"，大部分流动人口（尤其是年青一代流动人口）定居城市（尤其是大城市）的意愿和倾向日益明显[2]。但是，城市有关流动人口的管理制度和政策却一直以流动人口居无定所、没有稳定职业并最终会返乡为假设和出发点，务工者被当作城市过客，社会福利保障、教育、住房等公共服务政策并没有为其市民化提供明确而充分的制度化保障。以对农民工而言最为迫切的流动儿童教育问题为例，虽然国家早就定下以公办学校为主、以流入地政府为主来解决进城务工人员子女义务教育问题的政策，但根据相关研究报告，截至2014年底，我国城市义务教育阶段流动儿童在公办学校就读的比例仅为79.5%，仍有超过200万名流动儿童只能在民办学校或条件简陋的打工子弟学校就读。我国在现居住地出生的流动儿童比例不断上升，从2010年的35%上升到2013年的58%，他们并未"流动"过。从各地实施的农民工积分入户、积分入学的居住证制度实践看，各地政府提供的入学机会远远不能满足随迁子女的教育需求，尤其是低学历、低收入的农民工阶层很难受惠。一项对北京市50所打工子弟学校1 866名学生的跟踪调查表明，这些学生初中毕业后升高中（含职高）的入学率不足40%，大学入学率

---

[1] 王美艳. 农民工还能返回农业吗?：来自全国农产品成本收益调查数据的分析. 中国农村观察, 2011 (1).

[2] 段成荣, 王宗萍. 就业稳定是当前流动人口的基本特征. 中国社会科学报, 2013-05-10 (A08).

不到 6%①。

农民工大部分已在城市稳定就业，成为城市常住人口，说明国家和城市已经在很大程度上具备了解决农民工问题的经济条件，农民工成为城市户籍人口和充分享受城市居民待遇的主要障碍，在于城乡户籍制度等行政和社会体制性因素。长期缺乏有效的流动人口有序转移的规划和政策，城市的可持续发展将受到影响，农村和农业的稳定与发展困境也难以从根本上得到解决。限制性的城市化政策对农民群体的影响更为深刻，在农民工的市民化缺乏制度化保障的条件下，农民工只得选择或预期将农村和在农村的土地看作退路或保障。农民在农村拥有小块土地这一退路或保障，在某种程度上也抑制了农民移居城市的努力。而且，现行的城镇化政策也往往使农民工家庭支出分散化：既要维持其在务工城市的居住和生活费用，又要维持其在农村的土地生产资料、房屋建造维护等支出，许多农户还要在家乡的小城镇购房。这种分散性支出实际上成为农民发展的沉重负担，使得农民难以形成进行更多发展性投资的条件。农民对何去何从的不确定又影响到农村和农业的稳定与发展。能够实现农户土地规模经营的土地流转，也因农民未来去向不确定而滞后或缺乏稳定性。

（二）农村发展困境

受工业化和城市化驱动，农村劳动力向城市流动，农村出现了较为普遍的相对衰落。而农民在工业化和城市化过程中非农化和市民化进展缓慢，更使得农村发展面临诸多困境。首先，在小农经济条件下，大部分农户主要劳动力外出务工，而户籍政策等城乡二元政策的限制，使得农民的最终流向具有不确定性，造成农村建设主体的缺乏和不确定；其次，长期以来的农户主要劳动力外出务工的模式，造成农村家庭的分离和社区的衰败，形成了留守儿童、留守妇女和留守老人等影响深远的社会问题；最后，农村建设主体的不稳定，也使得国家的新农村建设政策等外部支持资源和力量因缺乏农村内在力量的支持而难以取得应有的效果。近年来有不

---

① 靳晓燕. 流动儿童教育面临新挑战. 光明日报，2017－04－01（6）.

少企业到农村投资农业经营与开发，虽然在一定程度上促进了农业生产，也带动了部分农户收入的提升，但总体而言，这些企业主要关注农业的效益，而对农村的建设和发展缺乏长远的关切，农村社会的稳定与发展仍面临困境。

（三）农业发展困境

唯物史观认为，世界文明史上由落后变先进或由先进变落后的根本的动因在于广大劳动者（包括体力和脑力劳动者）改善生产生活条件、发展生产能力的要求是受到激励还是受到压抑[1]。在家庭联产承包责任制实施之前，我国农村和农业的根本问题在于人民公社和生产队的集体经营模式片面强调集体劳动和平均分配，再加上以粮为纲、限制副业的政策严重束缚着农民，抑制了农民的生产积极性，使农业劳动生产率低下。改革开放后，确立了家庭联产承包责任制，废除了人民公社，极大地调动了亿万农民的积极性，解放和发展了农村社会生产力，解决了之前30年没有解决的温饱问题。党的十七届三中全会通过的《中共中央关于推进农村改革发展若干重大问题的决定》也充分肯定了1978年党的十一届三中全会尊重农民首创精神、率先在农村发起改革的意义。

在推行包产到户时，农民的生老病死、婚丧嫁娶、养老自救，都要靠土地，因此，按人口和耕地好坏、远近平均分配土地能够起到团结和稳定的作用[2]。但其缺陷就是耕地细碎化和平分化，难以产生规模效益。因此，这一制度虽然能够解决农民的温饱问题，却解决不了农民的富裕问题。尤其是随着市场化、工业化和城市化的推进，农民的非农收入增加，家庭联产承包责任制的积极功效日益弱化，小农经营模式使得农业发展面临严重挑战。

第一，由于土地少而细碎、务农收益低，大多数农户难以依靠务农收入来维持基本生活水准，农民离土离乡务工，许多土地抛荒严重，如在河

---

[1] 庞卓恒. 怎样寻求世界历史上先进变落后和落后变先进的根本原因. 世界历史，2009（4）.

[2] 杜润生. 杜润生自述：中国农村体制变革重大决策纪实. 北京：人民出版社，2005：124.

南南部、湖南西部的山区耕地，抛荒比例接近 1/4①。大多数农户青壮年劳动力外出务工，农业生产主要由年龄大、缺少外出技能的留守人员维持，靠化肥、农药和抗生素等"农业技术"的过度使用来维持产量和利润，导致农产品安全问题突出，竞争力受损。新生代农民工由于基本没有参加过农业生产，而且早已习惯了城镇生活，不会种地也不愿回农村种地，"谁来种地"的难题难以破解。第二，小规模且分散经营的农户缺乏吸纳现代农业技术和采用现代管理的能力、条件和内在动力，更缺乏农业基础设施等农业开发性投入的能力和动力，即使是来自政府等方面的外部援助性开发项目，农户的参与积极性往往也不高。小农家庭也因为务农收益低而缺乏对农业人力资本投资的积极性，对于政府和各类组织提供的农民职业技术培训缺乏热情。这种状况不利于职业化农民的培养，也是农业现代化的重要制约因素。第三，小规模经营使得个体农户很难应对大市场风险，也极大地制约着农民对农业生产的积极性。农业经营收入低使得农户对市场与信息等农业服务的购买力不高，针对农村农业的服务业的发展也受到影响，个体农户面临的市场风险困境就更难克服。第四，农户间的合作经营一定程度上可以克服土地细碎和小规模的弊端，但对个体农户而言，依靠有限的土地，即使合作也不会增加多少利润，这使得农户对参与合作组织并不积极。因为农业的合作化不是简单的农户合作，更需要在农村人口减少的基础上形成较大规模的经营、提高农业生产率。长期以来政府和民间组织都在极力推动的农民合作组织之所以发展缓慢，主要原因在于在现有的城乡二元结构体制下未能解决好这一根本问题。此外，国家农业补贴的力度在不断增大，但大多数补贴都是按家庭联产承包责任制下的"农民"人数发放的，这些补贴被分散到数量庞大的"农民"头上，而不是真正的务农者头上，因此农业补贴对农业生产并未发挥应有的激励作用。

（四）小农经济的未来

家庭联产承包责任制是符合当时中国人多地少、工商业机会少、土地

---

① 魏后凯，闫坤，等. 中国农村发展报告 2017：以全面深化改革激发农村发展新动能. 北京：中国社会科学出版社，2017.

是农民的生存要素这一国情的。但随着工业化和城市化的发展，中国的经济社会结构已经发生了巨大变革，家庭联产承包责任制下的小农经营模式必然陷入困境。早在20世纪80年代中期，农民种地积极性下降的问题在许多地方就已经凸显出来，主要原因是外出务工的收入比种田高。当时，费孝通调查后指出，要解决这一问题，就要扩大每个农民的种田面积，使一个农民的种田收入不低于工人做工的收入，这样就能保证有人种田了①。

关于如何走出小农经营模式的困境，邓小平关于农业发展"两个飞跃"的思想有着十分重要的指导意义。邓小平指出："中国社会主义农业的改革和发展，从长远的观点看，要有两个飞跃。第一个飞跃，是废除人民公社，实行家庭联产承包为主的责任制。这是一个很大的前进，要长期坚持不变。第二个飞跃，是适应科学种田和生产社会化的需要，发展适度规模经营，发展集体经济。这是又一个很大的前进"②，因为"要提高机械化程度，利用科学技术发展成果，一家一户是做不到的。特别是高科技成果的应用，有的要超过村的界线，甚至超过区的界线。仅靠双手劳动，仅是一家一户的耕作，不向集体化集约化经济发展，农业现代化的实现是不可能的"③。邓小平关于中国社会主义农业改革"两个飞跃"的战略思想，既肯定了家庭联产承包责任制在当时条件下的必然性和正确性，又指出了小农生产方式固有的落后性与局限性，指明了我国农村农业改革和发展的根本方向是走向集体化、集约化，最终实现农业现代化④。对推动家庭联产承包责任制做出重大贡献的杜润生也很看重邓小平的"两个飞跃"思想，认为今后随着科学技术的发展和工业化、城市化程度的提高，人口转移的加速，"家庭经营将逐步扩大土地规模，实现多种类形式的联合，既告别过去自发的、孤立的小农经济，也将有别于那种限制农民自由发展

---

① 费孝通. 和青年学者谈如何做学问. 学位与研究生教育，1988（1）.
② 中共中央文献研究室. 邓小平年谱（1975—1997）：下. 北京：中央文献出版社，2004：1310-1311.
③ 同②1350.
④ 宋亚平. 中国"三农"问题的突破口在哪里. 新华文摘，2010（8）.

的集体经济"①。

土地承包关系稳定并长久不变是需要长期坚持的农村和农业基本政策。不过,中共中央、国务院也深刻认识到了现行农村土地制度存在的问题,并出台了调整和完善土地制度以适应发展农业适度规模经营需要的相关政策。2008年党的十七届三中全会审议通过的《中共中央关于推进农村改革发展若干重大问题的决定》提出,允许农民以转包、出租、互换、转让、股份合作等形式流转土地承包经营权,发展多种形式的适度规模经营。2013年党的十八届三中全会通过的《中共中央关于全面深化改革若干重大问题的决定》提出,"鼓励承包经营权在公开市场上向专业大户、家庭农场、农民合作社、农业企业流转,发展多种形式规模经营"。这些改革思路,与邓小平的"两个飞跃"思想是一脉相承的。

四、"三农"困境的突破口与出路

在现有的土地政策和户籍政策等城乡二元结构制度的相互作用与影响下,农村剩余劳动力和人口得不到彻底的城市化转移,土地流转与适度规模经营也就难以真正有效实现。"技术进步、结构转变和制度变迁是农业现代化的基本决定因素,而这些因素的成长对城市化存在着很高的依赖性。城市化的合理推进,是中国农业实现现代化的基本前提。"② 推进以农民工市民化为核心的新型城镇化,以土地流转等途径扩大农户经营规模,促进农民专业化,是农民、农村和农业发展困境的突破口和根本出路,也应该成为我国当前城乡发展政策和实践的主要任务。

(一)大力推动以农民工市民化为核心的新型城镇化

在城市化与"三农"问题的关系这一问题上,一些学者和政策制定者认为城市化会影响农村和农业发展,或者怀疑城市化对于吸纳农村过剩人口的潜力。但是,在经济社会结构已经发生重大转型的条件下,如果继续延续工商业不发达、城市化水平不高和计划经济条件下将庞大的人口限制

---

① 杜润生. 杜润生自述:中国农村体制变革重大决策纪实. 北京:人民出版社,2005:134.
② 郭剑雄. 城市化与中国农业的现代化. 经济问题,2003(11).

在农村和农业中的"蓄水池"和"稳定器"思维与政策,"三农"困境是无法突破的。如果一味强调土地对农民的保障意义并以此为出发点看待农村土地制度的改革与完善,就始终难以摆脱小农经营模式的困境。

费孝通在20世纪90年代末根据全球经济发展趋势和中国经济社会结构深刻转型的实际,在对其小城镇理论进行反思的基础上,认为如何合理布局众多的人口、使他们都能安居乐业是个大问题,提出中国要走"大、中、小城市和村镇同时并举"的城市化道路[①]。费孝通关于多元城市化的思想,对于突破以前把农民限制在农村和农业部门的思路和做法有重要启发,对推进我国的新型城镇化建设、破解城乡发展困境有十分重要的政策意义[②]。"三农"问题专家陆学艺也认识到在农民工进城成为农村劳动力转移主渠道的情况下,要解决"三农"问题就必须改变"城乡分治,一国两策"的状况,深化户籍制度改革,统筹城乡发展,彻底解决农民工问题[③]。用城乡二元结构和户籍制度把农民限制在农村,束缚农村劳动力向非农转移,农民富不起来,农村也难以实现现代化,因此,要跳出农村、农业领域,进行战略性社会结构调整,让相当多的农民转变为第二、第三产业的职工和城市居民[④]。中国农村改革重大决策的参与者和亲历者杜润生也强调,在社会主义初级阶段,家庭经营是应该受到肯定和维护的农业经济形式,同时必须提高城市化水平,扩大就业机会,至少应外移一两亿农村人口,适度扩大经营规模,逐步走向土地资本化和技术现代化[⑤]。他晚年最关心的重大问题之一就是城市要把在城乡之间摆动的亿万人安排好,组织好农村人口的转移,使农民取得完全的国民待遇[⑥]。

2013年党的十八届三中全会通过的《中共中央关于全面深化改革若

[①] 费孝通. 我看到的中国农村工业化和城市化道路. 浙江社会科学,1998(4).
[②] 奂平清. 小城镇依然是大问题吗?:费孝通城乡社会学理论自觉的启示. 江苏社会科学,2016(5).
[③] 陆学艺. 农村改革、农业发展的新思路:反弹琵琶和加快城市化发展. 农业经济问题,1993(7).
[④] 陆学艺. 走出"城乡分治,一国两策"的困境. 读书,2000(5).
[⑤] 杜润生. 杜润生自述:中国农村体制变革重大决策纪实. 北京:人民出版社,2005:161.
[⑥] 杜润生. 生日感言//杜润生自述:中国农村体制变革重大决策纪实. 北京:人民出版社,2005:306-308.

干重大问题的决定》明确指出"城乡二元结构是制约城乡发展一体化的主要障碍",提出要"让广大农民平等参与现代化进程、共同分享现代化成果"。2013年12月召开的中共中央城镇化工作会议也明确提出,推进城镇化是解决农业、农村、农民问题的重要途径,要把促进有能力在城镇稳定就业和生活的常住人口有序实现市民化作为首要任务。党的十九大更是强调要"加快农业转移人口市民化"。这种认识和政策,抓住了"三农"问题的根本症结,也指明了化解城乡发展困境的根本路径。减少和消除工业化和城市化对农民的排斥,无疑是当前和未来让广大农民平等参与现代化进程和分享现代化成果的根本方面。

20世纪90年代以来,在优先发展小城市和小城镇的"城镇化"思路和政策下,各级政府为追求经济增长,急功近利地推动乡改镇、县改区、县改市。但是,由于绝大多数小城市和小城镇主要是受行政驱动而缺乏经济发展的基础和潜力,所以实际上很难起到有效吸纳和转移农村人口的作用。而且,新生代农民工的兴起也使得就地或就近城镇化和市民化路径遭遇巨大挑战,迫切需要进一步深化户籍制度改革,让城市农民工有更多的机会实现市民化,使城镇化逐渐从"数量增加"向"质量提升"转变。[1] "城镇化"思路和政策也人为地限制了大城市的发展。限制大城市人口及用地规模,使得大城市基础设施和公共服务供给严重不足,城市社会良性运行受到制约。随着工业化和城市化快速发展,人口不断向大城市集聚是基本规律,中国应顺应人口迁移的自然规律,调整严控大城市发展规模的"城镇化"思路,以人口流动的客观规律为依据科学预测城市人口规模,合理配置基础设施与公共服务,以特大城市为龙头,以城际交通为纽带,带动城市群、城市带的发展。[2] 要切实实施以人为本的新型城镇化战略,要改变以往只注重城市规模扩张的做法,要以城市功能定位、产业发展和就业为核心,科学合理规划城市规模,积极主动有序地推动农业农村转移人口的市民化,推进和完善让城乡居民都能安居乐业的统一的劳动力市

---

[1] 李强,胡宝荣. 户籍制度改革与农民工市民化的路径. 社会学评论,2013 (1).
[2] 樊纲,胡彩梅. 调整"城镇化"偏差,明确"城市化"战略. 深圳大学学报(人文社会科学版),2017 (3).

场、现代职业体系和现代社会保障体系，从而实现工业化、城镇化、农业现代化协调同步发展。

  关于农业规模经营与农业剩余劳动力向城市转移之间的关系，有人认为前者是后者的前提。如费孝通曾指出，在工业化初期，农民处于"离土不离乡"的过渡状态①，随着经济发展的变化，农民会走向离土又离乡，其前提是农业规模经营和社会保险制度的建立②。实际上，农业规模经营与农业剩余劳动力向城市非农产业的转移是互为前提的，农业规模经营可以提高农业生产率，推动剩余劳动力向非农部门和城市转移。但总体而言，如前所述，我国长期以来的城乡二元结构限制了乡村剩余劳动力向城市的有序迁移，从而制约了农村土地经营规模逐步扩大的空间和渠道。因此，农村人口的城市化转移和社会保障制度的建立健全，才是农业规模经营实现的前提或突破口。从提高农业生产率、竞争力以及农业经营主体的稳定性和素质的角度来说，如果我国的城市化率每年递增1.2%，那么在2030年前后可达到70%左右。到那时，全国农户数量将减少到3 000万户以下，其中谷物生产农户降低到1 000万户左右，在这个水平上，按实际劳动时间计算的劳动生产率也将接近发达国家水平，农业居民的平均收入将与城市居民相当。③

  中国城市化对劳动力的吸纳能力，还有巨大的提升空间。长期以来，我国以"土地财政"和城市规模扩张为主要形式的城市化方式，使得城市"房地产价格上升过快，阻碍了人口城市化"，也出现了明显的"去工业化特征"④。鼓励资本密集型部门优先发展的战略，也造成城市部门就业需求的相对下降，城市化进程延缓，农村人口不能有效地向城市转移，城乡收入差距持续扩大⑤。此外，在劳动立法、劳动力市场制度建设、社会保障体系建设等社会保护层面的不足，城市正式和非正式就业部门在职人员

---

  ① 费孝通. 小城镇研究十年反思//费孝通全集：第15卷. 呼和浩特：内蒙古人民出版社，2009：24-34.
  ② 费孝通. 全国一盘棋：从沿海到边区的考察//费孝通全集：第13卷. 呼和浩特：内蒙古人民出版社，2009：50-57.
  ③ 党国英. 有竞争力的农业是经济长期稳定发展的基础. 光明日报，2014-01-15 (15).
  ④ 张平，刘霞辉. 城市化、财政扩张与经济增长. 经济研究，2011 (11).
  ⑤ 陈斌开，林毅夫. 发展战略、城市化与中国城乡收入差距. 中国社会科学，2013 (4).

普遍性的过度劳动，都形成了就业挤出效应①。因此，加强对劳动者权利的保护，提升社会福利水平，大力调整城市人口布局规划，提高城市消费能力，扩大第三产业规模和水平，是扩大城市吸引和消化农村过剩人口的重要途径②。新型城镇化要建立和完善农业转移人口市民化的制度化支持体系，深化户籍制度改革，切实解决城市农民工的就业、住房、社会保障及子女教育的问题，为其适应和融入城市提供持续性支持。

（二）推动农业适度规模经营

土地流转和适度规模经营是经济社会形势发展的必然趋势和选择。只有把农场规模扩大到具有农场经济可持续性的底线之上，才有条件缓解农业缺乏人才吸引力等一系列农业发展问题，否则，任何农政措施都治标不治本③。党的十九大报告也强调要"发展多种形式适度规模经营，培育新型农业经营主体，健全农业社会化服务体系，实现小农户和现代农业发展有机衔接"。

近年来土地流转情况有很大的进展，但总体来说农业规模经营推进的状况并不理想，到2015年底，全国经营耕地在10亩以下的农户数量仍然多达2.1亿户，占全部农户的79.6%④。因此，提高土地流转的稳定性、创新农业规模经营实现方式、推进适度规模经营是当前农业和农村工作的重要任务。

不过，近年来在推进土地经营权流转的过程中也出现了一些需要注意和纠正的问题。例如，为加速土地流转、扩大经营规模，一些地方政府出台优惠政策，对经营面积达到一定规模（如1 000亩以上）的个人或企业按亩给予财政补贴和奖励，达不到规模的则不予补贴；有些地方将土地流转开展成效作为考核基层党政干部政绩的主要内容；有的地方为了达到土

---

① 蔡昉. 刘易斯转折点与公共政策方向的转变：关于中国社会保护的若干特征性事实. 中国社会科学，2010（6）.
② 党国英. 有竞争力的农业是经济长期稳定发展的基础. 光明日报，2014-01-15（15）.
③ 何秀荣. 关于我国农业经营规模的思考. 农业经济问题，2016（9）.
④ 魏后凯，闫坤，等. 中国农村发展报告2017：以全面深化改革激发农村发展新动能. 北京：中国社会科学出版社，2017.

地"成片"目的而强制推行"整村流转"。这些激进的推进土地流转的方式，容易导致农村的贫富两极分化加剧、小农户失地失业，引起社会不稳定等问题。一些资本雄厚的企业或个人容易得到规模足够大的流转土地，有些企业或农民合作组织也以规模化经营的名义获取政府的补贴或奖励，但有些形式的规模经营往往因经营不善而造成资源浪费，政府的农业补贴也不能发挥应有的作用；而那些愿意经营农业的农户或农户间的合作组织，可能因资本和技术缺乏而难以实现较大规模的土地流转，因此也难以得到政府的资金补贴和技术扶持。在当前条件下，许多农户可能因为缺乏外出务工条件（如年老体弱或缺乏技能）等原因，通过粗放经营自家承包地，至少可以解决吃饭问题，所以一般不愿流转土地，而激进地推动土地流转可能会使得这部分农户的生计受到冲击。因此，当前既要强调发展专业大户、适度规模的家庭农场、农民合作社和企业农场等新型经营主体，也要注意不能用行政命令的方式强迫推行土地流转。要注重对农户间的土地流转提供相关支持，发展个体农户适度规模经营的农场，引导和帮助小农户与现代农业生产相结合。要依据经营主体、自然经济条件、农村劳动力转移状况、农业机械化生产力水平、农业作物类型等因素，确定本地区土地规模经营的适度标准，防止脱离实际、违背农民意愿、片面追求超大规模经营的现象发生。随着中国机械化水平、管理水平的提高和农村社会分工及商品经济的发展，通过发展适度规模经营，农业发展将从低水平的集体化走向高水平的集体化，实现"第二个飞跃"，但这是一个很长的过程，要根据实际条件和农民意愿，"不要勉强，不要一股风。如果农民现在还没有提出这个问题，就不要着急。条件成熟了，农民自愿，也不要去阻碍"[①]。从当前我国的现实来看，要限制城市资本圈地搞大农场，大力发展家庭农场与农民合作社，尽可能在现有农民中培育家庭农场主和现代农民。此外，要提高支农资金使用的透明度，杜绝国家支农体制中的寄生性企业及行为，让支农资金发挥应有的效率。[②]

[①] 中共中央文献研究室. 邓小平年谱（1975—1997）：下. 北京：中央文献出版社，2004：1349.

[②] 党国英. 有竞争力的农业是经济长期稳定发展的基础. 光明日报，2014-01-15 (15).

在城乡二元结构等因素的制约下，中国农民非农收入稳定性低、移居城市的不可预期性和社会保障不足，使得农户对土地流转有后顾之忧，导致土地流转稳定性差、周期短、随意性大、纠纷隐患多，农业经营者不敢做长期投入和稳定经营。我国现行的城镇化政策也使得农户家庭成员有的在大城市务工，有的留守农村，有的在当地小城镇上学或务工，成员分散，支出也分散，十分不利于农户和农民的发展。因此，在城乡发展和"三农"问题上，不能一味强调所谓"中国特色"，而要善于分析和借鉴发达国家促进农业劳动者转移和扩大农场规模的经验。例如，美国作为世界上农业现代化水平最高的国家之一，在提高农民职业化水平方面最重要的措施之一就是通过劳动力向城镇和工业的转移，使得农业劳动力占社会总劳动力的比重由工业化初期的60%以上下降到目前的大约2%，为促进农业的规模经营和现代化水平创设了前提条件。澳大利亚也利用财政补贴、优惠贷款和减免税等办法，鼓励小农场主放弃土地，为现代化的规模经营创造条件。政府对准备离开和已经离开农业的劳动者提供贷款，供他们在转移中养家和创业，如果转移成功，这些贷款即变为无偿赠予，如果未能实现转移，贷款须以7年为限偿还给政府。[1] 有着小农经济传统的法国，在二战后通过一系列鼓励措施推动土地转让，扩大农场规模，解决农业劳动力过密的问题。法国政府设立"调整农业结构行动基金"，资助转变职业的农民；停止向务农的老农发放终身年金，对青年农民的安置和培训给予资助，以促进农场劳动力的年轻化；赋予中型农场土地优先购买权，以促使小农户向非农部门转移；对改变职业的农民予以资助和专门的培训，提供培训路费和生活费，以使移居者更容易找到他们力所能及、有合适报酬的职业，更好地适应和融入新地区的生活；继续选择从事农业生产的农民，除必须接受职业教育外，还需要取得合格证书才能经营农业。此外，法国农业部门还通过财政优惠、成立各类农业组织等方式帮助农民实现机械化、专业化和规模化的生产。[2] 中国应加快建立相关配套政策，创新土

---

[1] 宋林飞. 小康社会的来临. 南京：南京大学出版社，2007：32.
[2] 王章辉，黄柯可. 欧美农村劳动力的转移与城市化. 北京：社会科学文献出版社，1999：213-216. 杜朝晖. 法国农业现代化的经验与启示. 宏观经济管理，2006（5）.

地承包权和经营权的流转机制。对于不愿务农的传统农民,要借鉴发达国家经验,对其提供非农创业的资助与保障政策,鼓励其放弃土地经营权乃至承包权;对于有能力并愿意从事农业生产的农民,要建立土地适度规模经营的准入机制和职业化培训资助制度;要积极发挥农民合作组织在土地流转和适度规模经营中的作用①。

(三)推动农民的职业化和现代化

尽管劳动分工不明显的小农经济体系在一定程度上使得中国农业劳动力有较好的综合素质,有助于中国经济的增长②。但是,在城乡二元结构下,城市持续地吸引着素质较高的农民,即使是近年来的户籍制度改革政策,也依然以城市为中心,将那些素质较高、有转移条件的农民流动人口转化为城镇人口,使得留在农村和农业部门的人口质量逐渐下降,成为农业和农村发展的主要制约因素,"谁来种地"的问题日益凸显。

农业和农村的发展,必须以农民为主体,农业的适度规模经营和农业的现代化,也要依靠有文化、懂技术、会经营的农民。因此,要通过工业化和城镇化促进农民的非农化和城市化,推进以农民工为中心的农村人口制度化转移,减少农民人口,提高农业规模化经营水平和农业竞争力,使农民在整体上由兼业小农转变为职业大农和现代农民。

要加快建立健全农民职业教育培训体系,加强现代农民职业培训的支持力度。我国以往的农民培训,更多的是针对小农经营的零散的单项技术培训,难以适应现代农业发展和农民职业化的要求。在我国的国民教育体系中,农民职业教育也长期受到忽略,农民职业教育培训体系极不完善,经费投入也严重不足。当前,迫切需要建立健全农民职业教育培训体系,以政府资金投入为主保障教育培训经费。除了常规的农民职业教育,还要建立各种因地制宜的农民职业培训项目。针对各种农业服务的人力资本培

---

① 奂平清,何钧力. 中国农民职业化现状及其影响因素:基于中国综合社会调查(CGSS2010)的分析. 武汉大学学报(哲学社会科学版),2015(4).
② 范春燕. 近年来西方左翼学者关于中国特色社会主义的争论及其启示. 国外理论动态,2011(7).

育，也需要纳入现代农民教育和培训的保障体系。此外，探索建立符合中国实际的农民职业资格认证制度，有助于当前农民教育与培训的质量及效果的监督评估，也有助于从制度上促进和保障农民的职业素质，推进农民的专业化和农业的现代化。①

---

① 奂平清，何钧力. 中国农民职业化现状及其影响因素：基于中国综合社会调查（CGSS2010）的分析. 武汉大学学报（哲学社会科学版），2015（4）.

第三编
理论自觉与民族和文化研究

第七章 大瑶山调查与费孝通民族研究的理论自觉历程

民族研究是费孝通一生中的另一重要研究课题。在1935—1988年间，费孝通曾五次到广西金秀大瑶山做实地研究和考察。如果算上他在1951年担任中央民族访问团广西分团团长时在广西龙胜等地的瑶族村寨的那次考察，就有费孝通"六上瑶山"的说法。① 大瑶山调查对费孝通民族思想与理论的发展产生了重要影响。在首次大瑶山调查中，费孝通主要是从体质、文化等方面研究少数民族及其特点，后来逐步转向更注重从历史角度探究民族的形成过程，更注重微观研究与宏观研究相结合以探讨中国各民族的交往与交融过程、中华民族的形成及凝聚力等问题，最终提出了中华民族多元一体格局理论。费孝通的历次大瑶山调查，清晰地反映出其民族研究理论自觉的历程和轨迹。

一、第一次大瑶山调查及对顾颉刚"中华民族是一个"的质疑

费孝通在后来的回顾中提到，他的中华民族多元一体格局理论的根子可以追溯到1935年在广西大瑶山的实地调查，在理论上则可以说史禄国的ethnos（民族）理论是个"促成剂"②。

费孝通于1934年进入清华大学，师从俄国著名人类学家史禄国学习

---

① 徐平.《六上瑶山》前言//费孝通. 六上瑶山. 北京：中央民族大学出版社，2006.
② 费孝通. 简述我的民族研究经历和思考. 北京大学学报，1997（2）.

人类学。史禄国为他制订了三个步骤的学习计划——学习体质人类学、学习语言学、学习社会人类学，计划每一个步骤用两年完成。实际上费孝通只完成了第一步骤——体质人类学的学习计划。① 因此，虽然史禄国的 ethnos 理论有十分深刻和丰富的含义（ethnos 是一个形成 ethnic unit 的过程），远不限于体质人类学的范畴，但费孝通对于史禄国关于 ethnos 的思想的理解，是在晚年时才逐渐深入的，其多元一体论也是从史禄国 ethnos 的"形成"观中受到启发②。

受吴文藻、史禄国两位导师观点和建议的影响，费孝通于 1935 年从清华大学研究院毕业后，决定在去英国留学深造前做一个针对国内少数民族的实地调查研究。在 1935 年 10 月 18 日至 12 月 16 日期间，费孝通偕妻子王同惠进入广西金秀大瑶山做民族研究。在考察中因为遇险，费孝通受伤，王同惠不幸遇难，对瑶山各集团逐个进行调查的计划也就未能继续。此次大瑶山调查，是费孝通第一次接触民族问题和实地考察少数民族③。在这次调查中，费孝通主要是用体质人类学的人种类型分析法，测量瑶山居民（包括苗、瑶、壮等"特种民族"）的体质。在大瑶山调查后，费孝通根据王同惠的笔记整理完成了《广西省象县东南乡花篮瑶社会组织》一书，由商务印书馆于 1936 年出版。在家乡养伤期间，费孝通做了江村经济调查。1936 年 10 月，费孝通携带大瑶山调查与江村调查两份资料赴英国伦敦经济学院，在导师弗思的建议下，他决定用江村调查资料而不是大瑶山调查资料撰写博士论文，随后受到马林诺斯基的注意并在其亲自指导下完成了博士学位论文《江村经济》，这篇论文成了世界人类学中里程碑式的作品。费孝通在从英国留学归来回到昆明后，虽然老师吴文藻正在云南主持中国民族学会和以边地少数民族为对象的边政学或民族学研究，但费孝通主持的"魁阁"调查主要是农村社区类型比较研究，旨在探索战时及战后中国农民的生计与农村的出路，对民族问题也就没有机会做进一步的研究。因此，在费孝通学术生涯的早期，他对民族及民族问题

---

① 费孝通. 从史禄国老师学体质人类学//费孝通全集：第 14 卷. 呼和浩特：内蒙古人民出版社，2009：335-357.
② 费孝通. 简述我的民族研究经历和思考. 北京大学学报，1997（2）.
③ 费孝通. 南岭行. 瞭望周刊，1989（11）.

的认识,主要是以其首次大瑶山调查的认识为基础的。

1939年,历史学家顾颉刚提出"中华民族是一个"的命题和理论后,费孝通曾提出质疑,顾颉刚又连续撰文予以回应。对于费孝通与顾颉刚之间的那场关于民族问题的论辩,近年来学界已经有较多的介绍、梳理与评论[1],但大多数分析是就那场争论本身进行分析与讨论,较少从争论当事人民族思想转变过程的视角探讨民族问题研究。在日本全面侵华、中国面临严重民族危机之际,历史学家顾颉刚以高度的爱国热情和历史责任感,在《益世报·边疆周刊》发表《中华民族是一个》一文,提出并论证了"中华民族是一个"的理论,认为中国各民族经过数千年的演进与混合,早已没有纯粹血统的民族。而且,自古以来中国人只有文化的观念而没有种族的观念,早在秦始皇统一六国时,就开始有"中华民族是一个"的意识了。"五大民族"是中国人自己作茧自缚的叫法,容易成为帝国主义假借"民族自决"分化中国的口实。因此,他主张"我们对内没有什么民族之分,对外只有一个中华民族",凡是中国人都属于中华民族。而且,大家要留心使用"民族"二字,也应当舍弃以前不合理的"汉人"称呼,应当和那些因交通不便而生活方式略微不同的边地人民共同集合在"中华民族"之下,团结起来一起抵抗帝国主义的侵略。[2]

顾颉刚发表《中华民族是一个》后,各报刊纷纷转载,也引起了热烈的论辩,许多学者积极响应和支持,也有学者提出质疑。其中费孝通以欧美体质人类学和文化人类学理论以及在大瑶山调查中对民族和文化问题

---

[1] 周文玖,张锦鹏. 关于"中华民族是一个"学术论辩的考察. 民族研究,2007(3). 周文玖. 从"一个"到"多元一体":关于中国民族理论发展的史学史考察. 北京大学学报(哲学社会科学版),2007(4). 赵志研. "中华民族是一个"?:追记抗战初期一场关于中国是不是多民族国家的辩论. 中国民族报,2008-12-26(7). 黄天华. 民族意识与国家观念:抗战前后关于"中华民族是一个"的论争//一九四〇年代的中国:下卷. 北京:社会科学文献出版社,2009:1044-1061. 张雷. 抗战期间昆明报刊关于"中华民族是一个"的理论争鸣. 黑龙江民族丛刊,2009(2). 盖彦斌. 民族理论的一次回望:向顾颉刚先生的问教. 中国法律·中英文版,2009(2). 郝时远. 关于构建中华民族的几点思考:评析"第二代民族政策"说之五:上. 中国民族报,2012-04-13(6). 马戎. 如何认识"民族"和"中华民族":回顾1939年关于"中华民族是一个"的讨论. 中南民族大学学报,2012(5). 娄贵品. "中华民族是一个"观念的萌生与确立. 民族学报,2013(10).

[2] 顾颉刚. 中华民族是一个. 益世报·边疆周刊,1939-02-13.

的认识与思考为依据,对"中华民族是一个"的提法和观点加以质疑。与顾颉刚在国族层面理解"民族"(nation)概念不同,费孝通认为,所谓"民族",是在语言、文化及体质上相同的人,中国境内除了"五大民族",还有许多人数较少的民族,"在广西大藤瑶山中就看到不但瑶汉之间有明白的界限,而且就是在瑶民之间,各个族团根据他们在文化、语言、体质上的不同,各有组织,不相通婚,时有冲突"。中国人在文化、语言、体质等方面有很大差异,这些差异时常成为社会分化的根源。在社会接触的过程中,文化、语言、体质可能会发生混合,可是这些混合并不一定会导致政治统一的发生。因此,中国要达到政治上的统一,不一定要消除"各种种族"或各经济集团间的界限,而是要消除因这些界限所导致的政治上的不平等。①

对于这场争论,翦伯赞评论认为,顾颉刚把中华民族当作一个问题提出,是非常重要的。但当时的争论大半陷于抽象的形式问题如名词的讨论,"把论争的焦点转向问题的侧面,而不曾把中华民族与其现实的斗争关联起来","以至问题并不曾得到正确的解决"②。实际上,即使是在80年后的今天,关于"民族"(nation)、"族群"(ethnic group)等概念及理论问题的讨论,仍是我国民族问题研究领域的一个热点话题。可见关于"民族"概念与名词的讨论仍有重要的理论与现实意义。顾颉刚与费孝通之间的争论,从根本上来说源于对"民族"概念的不同理解,顾颉刚从国族意义上理解"民族",费孝通则从语言、文化及体质上理解"民族",认为在中国的现实中已经形成了对一些使用相同语言或有相似文化的群体以"民族"相称的情况,因此在理论上不承认它们为民族不合适,而且也无助于民族之间的团结。在当时,顾颉刚的民族观不仅有重要的政治意义,也有其重要的学术价值。在国族意义而不是族群意义上理解"民族",可以避免陷入民族自决与民族分裂的现实困境与理论困境。

---

① 费孝通. 关于民族问题的讨论:答顾颉刚"中华民族是一个"一文. 益世报·边疆周刊,1939-05-01.

② 翦伯赞. 论中华民族与民族主义:读顾颉刚《续论中华民族是一个》以后//中国史论集. 北京:中华书局,2008:273-281.

许多人认为，顾颉刚的《中华民族是一个》是应时之作，"中华民族是一个"只是出于时局的需要而提出的政治口号。实际上，在民族问题上，顾颉刚于1923年提出"层累地造成中国古史"观，对中国上古史中尧、舜、禹等上古帝王的真实性表示质疑，认为在中国古史中一统的世系已经笼罩了百代帝王、四方种族，民族一元论十分巩固，而实际上中国民族本是多元的，各民族有各自的祖先。因此，打破中国民族出于一元、地域向来一统等观念①，是以顾颉刚为代表的古史辨运动努力的主要方向之一。但是，当顾颉刚对中国的民族问题逐步有所认识，尤其是认识到在民族国家观念占据主流、民族自决主张盛行的时代，民族理论（以及关于民族的传说与神话等意识形态）会深刻地影响到民族认同和民族关系后，他开始在民族问题上表现出谨慎与自觉的态度。针对当时学界"言分化则有余"而"言团结则不足"②的情况，顾颉刚反思自己以前的民族史观并毅然摆脱疑古立场的羁绊，从学术和实践层面致力于推进中华民族的团结事业。他在《中华民族的团结》③、《中华民族是一个》等文章中，梳理和分析了中国2 000多年来的历史过程中各民族在地域和血统上相互融合、文化上相互借鉴以及人们心向统一、民族意识日益趋同的历史实践④，实际上是从历史学的角度初步论证了中华民族从多元走向一体的历史过程。可以说，顾颉刚提出和论证的"中华民族是一个"理论，不仅出于时局与政治的需要，而且是理论自觉的结果。这一理论因此也具有重要的学术价值，对中国的民族学学科发展有重要的启示意义。

对于费孝通的质疑，顾颉刚做了题为《续论"中华民族是一个"——答费孝通先生》的长篇答辩，分两期在《益世报·边疆周刊》发表⑤。在文章中，对于费孝通认为"地理上的中国时常不只有一个政府"的观点，顾颉刚指出，今日中华民国境内确实还有伪满洲国、蒙古政府以及沦陷区

---

① 顾颉刚. 答刘胡两先生书//古史辨：第1册. 海口：海南出版社，2005：103-106.
② 顾颉刚. 白寿彝先生来函按语//顾颉刚全集·宝树园文存：卷4. 北京：中华书局，2010：108.
③ 顾颉刚. 中华民族的团结. 申报，1937-01-10.
④ 奂平清. 费孝通学术历程的理论自觉及其意义. 天津社会科学，2013（6）.
⑤ 顾颉刚. 续论"中华民族是一个"：答费孝通先生. 益世报·边疆周刊，1939-05-08. 顾颉刚. 续论"中华民族是一个"：答费孝通先生（续）. 益世报·边疆周刊，1939-05-29.

域中各种伪组织等,但都是外力侵略的结果,"此中绝对没有任何社会学或人类学的意义",因而"决不该承认这现象为研究学问的凭借";"至于说地理上的中国时常不只有一个政府,大约是指五胡十六国及五代十国之类,此中亦多半为外力侵略的结果,小部分则是军阀的割据。然正因为中华民族早达到充分的 nationhood 政治的力量甚大,所以阻碍统一的武力稍稍衰微时,人民则可起来,打倒这分化的不自然的局面"①。顾颉刚指出,自己提出"中华民族是一个"理论的意思不限于"政治的统一",更是希望达到"心理的统一"。顾颉刚还谦虚地表示:他自己耕作的园地"是在高文典册之中",这次"冒失地闯入社会人类学的区域","完全是出于时代的压迫和环境的引导","我虽是没有研究过社会人类学,不能根据专门的学理来建立我的理论",但"我敢率直奉劝研究人类学和人种学的人,你们应当从实际去考定中国境内究竟有多少种族,不应当听了别人说中国有五大民族就随声附和,以为中国境内确是五个民族,使得一班人跟着你们,更增高他们对于帝国主义者的宣传的信任心,陷国家于支离破碎的境地。如果我们常常用了'苗民族'、'瑶民族'、'罗罗民族'、'僰夷民族'等名词来说话作文,岂不使帝国主义者拍掌大笑,以为帮助了他们的分化功劳"②。

对于顾颉刚的答复,费孝通没有再写回应文章,关于"中华民族是一个"的辩论也没有再持续进行。在当时民族危亡的关头,此种论辩不合时宜是一个主要原因,如费孝通在后来的回顾中对自己为何没有再写论辩文章做了说明:"后来我明白了顾先生是激于爱国热情,针对当时日帝国主义在东北成立'满洲国',又在内蒙古煽动分裂,所以义愤填膺,极力反对利用'民族'来分裂我国的侵略行为。他的政治立场我是完全拥护的。虽则我还是不同意他承认满、蒙是民族是作茧自缚或是授人以柄,成了引起帝国主义分裂我国的原因,而且认为只要不承认有这些'民族'就可以不致引狼入室。借口不是原因,卸下把柄不会使人不能动刀。但是这种牵

---

① 顾颉刚. 续论"中华民族是一个":答费孝通先生(续). 益世报·边疆周刊,1939-05-29.
② 顾颉刚. 续论"中华民族是一个":答费孝通先生. 益世报·边疆周刊,1939-05-08.

第七章　大瑶山调查与费孝通民族研究的理论自觉历程 /133

涉到政治的辩论对当时的形势并不有利,所以我没有再写文章辩论下去"①。但更为深层的原因应该是费孝通在此次辩论中有所反思并深刻认识到:在民族国家这一复杂问题上,他之前的民族学、人类学的研究视角确实有其缺陷,而顾颉刚的民族研究视角与立场则对其产生了很大的触动,而且他也接受了顾颉刚的上述一些观点。在费孝通的各种作品集(包括《费孝通文集》《费孝通全集》《费孝通民族研究文集》)以及相关"费孝通年谱"(如中国社会科学出版社 2005 年出版的《中国社会科学院学者文选:费孝通集》中的"费孝通主要论著目录""作者大事年表",《费孝通全集》中的"费孝通年谱")中,都没有收录和提到 1939 年费孝通与顾颉刚论辩的《关于民族问题的讨论》一文。有学者认为没有收录的原因"大概是编辑者没有找到"②。其实,费孝通诸多作品集中未收入《关于民族问题的讨论》一文的原因应该是他自己不愿意收入③。虽然费孝通在 1993 年作的《顾颉刚先生百年祭》一文对那次论辩的回忆中对顾颉刚仍有批评,但其批评的是 20 世纪 20 年代持古史辨立场的顾颉刚,而不是 1939 年提出"中华民族是一个"的顾颉刚。从费孝通后来的民族思想和研究的基本立场和努力方向来看,他的观点与顾颉刚强调"中华民族是一个"一样,更为强调"中华民族多元一体",其多元一体格局理论的论证思路与顾颉刚的"中华民族是一个"在基本视角、立场、方法与观点等方面都有高度的相似性与一致性。在关于"中华民族是一个"的论辩中,顾颉刚强调中华民族的一体性,费孝通则强调中华民族的多元性。顾颉刚通过分析历史上人们心向统一、民族意识日益趋同的事实,以推动中国现代民族国家"政治的统一"与"心理的统一"。费孝通后来的多元一体格局理论也用历史论证的方法分析和强调"中华民族作为一个自觉的民族实体,是近百年来中国和西方列强对抗中出现的,但作为一个自在的民族实

---

① 费孝通.顾颉刚先生百年祭.读书,1993 (11).
② 周文玖,张锦鹏.关于"中华民族是一个"学术论辩的考察.民族研究,2007 (3).
③ 从费孝通的书信看,他对自己相关著作的出版是较为谨慎的,哪些入选、如何编排甚至发行,都有考虑。费孝通.费孝通全集:第 20 卷.呼和浩特:内蒙古人民出版社,2009:164-166.

体则是几千年的历史过程所形成的"①。

费孝通在1935年大瑶山调查中也认识到了民族研究中历史研究的意义。他在《花篮瑶社会组织》编后记中指出,边境少数民族的文化结构,不是和汉族文化毫不相关的,而是在民族接触中相互发生着极深刻的影响,"这里供给着的不单是民族学的材料,亦是社会史的一个门径"②。吴文藻在为《花篮瑶社会组织》写的导言中也指出:"根据实地观察的社会学研究法与根据文献档案的历史研究法,二者是相成的。有重大的科学价值的社会学研究,必须是一个时间上的研究。因为可由观察得到的一切社会现象,总是历史上演变而来的结果。"③ 但费孝通后来在民族研究中对历史因素的重视,无疑受到与顾颉刚论辩的影响。"中华民族是一个"与中华民族多元一体理论的学术关联,反映了历史学对民族学的影响④。

二、新中国成立之初的民族调查及对中华民族"多"与"一"关系的思考

新中国成立后,为了贯彻党和国家的民族平等政策,费孝通组织和参加了民族识别和少数民族社会历史的调查工作,了解了各少数民族的文化、语言、历史和现状,其研究工作也由农村社区研究转向民族研究。

1950年和1951年,费孝通担任中央民族访问团副团长,兼任贵州分团与广西分团团长,分别到贵州和广西少数民族地区调查访问,向少数民族人民解释党和政府的民族政策,做民族团结和睦的工作。1955年,他又到贵州进行民族识别工作,其间,他深感我们关于中国少数民族的知识太少,建议抽调力量对每个少数民族的历史和现状进行调查研究。1956年,费孝通又参加了由他倡议、由全国人大常委会组织的少数民族社会历史调查的工作。

---

① 费孝通. 中华民族的多元一体格局. 北京大学学报,1989(4).
② 费孝通.《花篮瑶社会组织》编后记//六上瑶山. 北京:中央民族大学出版社,2006:113.
③ 吴文藻.《六上瑶山》导言//费孝通. 六上瑶山. 北京:中央民族大学出版社,2006:116-126.
④ 周文玖. 从"一个"到"多元一体":关于中国民族理论发展的史学史考察. 北京大学学报(哲学社会科学版),2007(4).

第七章　大瑶山调查与费孝通民族研究的理论自觉历程 /135

1950年7月，在费孝通作为中央民族访问团副团长赴西南少数民族地区调查访问时，当时主持西南局工作的邓小平专门邀请他谈民族问题。费孝通认为，对于当前的民族问题，主要应抓少数民族和汉族的关系问题，要解决民族隔阂，主要应该反对大民族沙文主义。邓小平称赞费孝通"问题抓到点子上了"，并指出中华人民共和国是一个多民族的国家，历史上的反动统治实行的是大民族主义的政策，只能加深民族隔阂。只有在消除民族隔阂的基础上，经过各族人民的共同努力，才能真正形成中华民族美好的大家庭。我们要做长期的工作，使少数民族相信：在政治上，中国境内各民族是真正平等的；在经济上，他们的生活会得到改善；在文化上，他们也会得到提高。只要抛弃大民族主义，就可以换得少数民族抛弃狭隘的民族主义。两个主义一取消，团结就出现了。费孝通回忆称，与邓小平的这次谈话对自己有很大的触动，"我体会到我们既要看到民族的特点，也不能忘掉民族间的共性，承认区别是为了团结，以促进共同发展进步。经过了几十年，这一指点在我的思想中形成了中华民族多元一体化格局的认识"①。

在参与民族识别和少数民族社会调查中，费孝通也在思考中国多民族国家中"多"与"一"的关系（即国内各个民族与"中华民族"之间的关系）这一理论问题。他在后来的回忆中称，自己在参加中国少数民族社会历史调查时，心里怀着一系列有待研究的问题，其中困惑的主要问题是"汉族对少数民族社会历史发展发生过什么作用和怎样去看待包含汉族和国内所有少数民族在内的'中华民族'"，直到1989年在《中华民族的多元一体格局》这篇文章中，他才"初步走出了郁积多年在民族研究上的困惑，也提出了一些值得继续探索的观点"②。

1952年，费孝通被调到中央民族学院任副院长，并从事民族学的教学研究工作。在此前参与筹备中央民族学院的工作时，费孝通就建议聘请历史学家、语言学家、民族学家来中央民族学院执教并推动民族研究。他自

---

① 吴跃农. 邓小平与费孝通谈民族问题. (2015-04-26) [2017-02-09]. http://theory.people.com.cn/GB/40557/47435/47438/3350088.html.
② 费孝通. 简述我的民族研究经历和思考. 北京大学学报, 1997 (2).

己还承担了一门综合性地介绍各民族历史的基础性课程,在编写此课程的讲义的过程中,他深切体会到中国的各少数民族在族源和发展中的密切关联,认识到中华民族是密切关联的各民族在复杂的历史过程中结合而成的①。

费孝通在对民族识别和民族社会历史调查的反思中指出,20 世纪 50 年代,我们在没有训练、没有充分准备好的情况下冒冒失失地上阵到少数民族地区去搞调查,那时的精神的确不错,劲头很大,访问团到处跑,搞来了一大堆资料,但是我们的理论的确不多②。他认为,这些调查工作协助了国家规定民族成分的工作,为当时正在进行的少数民族社会主义改造提供了政策上的科学根据。在这些调查实践的基础上产生和发展起来的中国民族研究和民族学,突出了对中国少数民族的研究,这对当时的民族工作是适宜的,其极为明显的实用性也使得这门学科获得了学术界的重视和国家的承认。但是,把民族研究和民族学的研究对象局限于少数民族的缺陷在于"把应当包括在民族这个整体概念中的部分过分突出,甚至从整体中割裂了出来",这样"势必不容易看到这些少数民族在中华民族整体中的地位以及它们和汉族的关系",而且,单个地研究少数民族,使得我们"对各民族间的关系也不易掌握"。因此,对中国少数民族的研究"只能是民族学范围内的一个部分,而不能在二者之间画等号"③。1956 年,费孝通在与林耀华合写的《中国民族学当前的任务》中也指出,民族学不是仅仅研究少数民族的学科,"民族学的研究对象是包括一切民族在内的,在中国的范围里,不但要研究少数民族,也要研究汉族"④。1957 年的"反右"运动后,费孝通的民族研究也随之终止,他关于民族研究的许多反思与设想也就没有了深入开展的基础。

三、1978 年后的大瑶山调查及多元一体理论的形成

从"反右"运动到"文化大革命"后期,费孝通没有机会从事民族调

---

① 费孝通. 简述我的民族研究经历和思考. 北京大学学报, 1997 (2).
② 费孝通. 民族社会学调查的尝试. 中央民族学院学报, 1982 (2).
③ 费孝通. 中华民族研究的新探索. 北京大学学报, 1990 (4).
④ 费孝通,林耀华. 中国民族学当前的任务//费孝通. 费孝通全集:第 7 卷. 呼和浩特:内蒙古人民出版社,2009:350-380.

查和发表关于民族问题的思考。1977年，他在写给当时负责筹建中国社会科学院的胡乔木、于光远的信中提出：当前民族研究的主要任务，一是要研究经济发展过程中的不平衡问题，二是要注意促进对民族平等关系中少数民族之间的不平衡和各自的特点的研究，三是民族研究也要研究汉族，四是要研究边疆问题中的民族因素，五是要促进对世界民族的研究。他分析了当时仍存在的认为民族研究的对象只是少数民族的偏见，强调"民族工作首先要着重抓汉族里的大民族主义，在研究工作上也应把对汉族的研究提到日程上来。一方面要从历史上搞清楚汉族由多民族混合而成的过程，另一方面还要研究当前各少数民族和汉族的接触、交流和混杂，对民族融合的过程做深入分析"①。

1978年10月，费孝通应邀参加广西壮族自治区成立20周年大会时，顺路重返大瑶山，并产生了对大瑶山这一民族研究的"良好园地"和"实验室"进行深入调查研究的念头。之后他安排胡起望、范宏贵到金秀瑶山开始深入调查。1981年，费孝通三上瑶山调查，对金秀瑶族自治县在成立时的区划所带来的发展问题，以及"大跃进"和"以粮为纲"对大瑶山的生态和经济所造成的重大破坏进行了反思。1982年，金秀瑶族自治县成立30周年，费孝通参加庆祝活动，并第四次上瑶山考察当地的发展状况。1988年，费孝通五上瑶山，并重访了1935年的调查地六巷乡。

在1978年10月的大瑶山访问调查结束后，费孝通陆续发表了一系列关于民族研究的讲话和文章，对中国民族理论做了深入思考与探索。与第一次大瑶山调查相比较，费孝通在研究视角和方法等方面有了重大的改变，包括在民族研究中更注重历史因素、更注重微型研究与宏观研究相结合，探索民族的形成、发展与凝聚规律等问题，其研究视角也更具理论关怀和全局意识。这些改变对他提出中华民族多元一体格局等理论产生了重要影响，也深刻地反映出他在民族研究上的理论自觉意识。

（一）在民族研究中注重历史分析

费孝通在民族研究中更加注重历史因素，除了前述受到与顾颉刚辩

---

① 费孝通. 信一封//费孝通全集：第8卷. 呼和浩特：内蒙古人民出版社，2009：133-138.

论的影响外，潘光旦关于不能孤立地研究某一民族历史的主张对费孝通也有很大的启发。在1950年开始的民族识别调查实践中，费孝通就认识到，民族是在人们共同生活经历中形成的，也是在历史运动中变化的，因此，民族研究的"现况调查必须和历史研究相结合，在学科上说就是社会学或人类学必须和历史学相结合"①。他在对以前对"民族"认识的反思中指出，"过去我们对民族特点的理解是很片面的，甚至用它来指一些独特的风俗习惯"②。他认识到"民族实际是因地因时而变化的，我们对民族的认识也应当根据实际的变化而不断发展"，"要理解当前的任何民族决不能离开它的历史和社会的发展过程"③。以大瑶山的瑶族为例，其各个集团的语言不同，以前我们简单解释为方言不同，在后来的研究中才发现，其中花篮瑶讲的话接近苗语，茶山瑶讲的话近于侗语，盘瑶话属于瑶语。从历史上看，这是很容易理解的。因为这些集团是在不同时期由不同的地方进入大瑶山的，保留着一些原来的语言是很自然的。所以我们不能脱离历史来研究这些问题。④ "中华民族又分又合的历史过程不可能作具体的观察，许多关键性的问题只能通过文字记录、遗留的文物，以及现有的风俗、习惯、传说、信仰等去推考，但是如果从微型的具体实况来观察各民族间又分又合的关系，那就可以丰富我们对中华民族形成和变化过程的理解，充实我们对民族问题的理论认识了。"

因此，费孝通强调，"过去我们的民族研究很多是以现有的民族单位为范围的"，这是有重大局限性的。因此，要注重研究各民族历史上的联系，再进一步就是要把中华民族看成一个整体，研究它的形成过程、结构和变化。⑤ 正是这种在民族和文化研究中对历史因素的重视，使得费孝通后来将一向不看重史料和历史研究的社会人类学功能论扩展为历史功能论，使得功能论的包容度和诠释力得到了增厚与加强⑥。

---

① 费孝通. 简述我的民族研究经历和思考. 北京大学学报，1997（2）.
② 费孝通. 关于编写《中国少数民族自治地方概况》的一些意见. 中央民族学院学报，1981（1）.
③ 同①.
④ 费孝通. 民族社会学调查的尝试. 中央民族学院学报，1982（2）.
⑤ 同④.
⑥ 乔健. 试说费孝通的历史功能论. 中央民族大学学报，2007（1）.

（二）在微型研究与宏观研究相结合中探究民族形成与发展

如前所述，潘光旦关于不能孤立地研究某一民族历史的观点对费孝通有很大的启发。潘光旦从族名和地名的联系、从民间信仰和传说的研究中形成了一种关于苗、瑶、畲三个民族在历史上有密切关系的设想①。中国历史是一个具有不同民族特点的人们接触、交流、融合的过程，此过程从未间断过，而且还在发展中。汉族就是在这一历史发展过程中不断吸收其他民族而壮大起来的，其他民族实际上也多是由原来不相认同的人们逐步融合而成的。②费孝通认为潘光旦的这种宏观历史研究视角对中国民族研究有重要的意义，而过去将各民族孤立起来进行研究的方法，极容易把整体与部分相割裂，使得我们难以把握各民族之间的联系和各民族在中华民族整体中的地位③。因此，今后我们的研究工作要从宏观和微型两个方面发展，从宏观方面发展就是我们有责任对中华民族"这个人们共同体的形成做出科学的论证"，从微型方面发展就是研究各民族的形成过程④。

从微型研究与宏观研究相结合研究民族形成问题而言，费孝通认为大瑶山无疑是"一个园地"和"实验室"。在重启大瑶山调查后，费孝通强调"在民族地区做社会调查不应当只调查少数民族，因为在民族地区的汉族常常对这地区的发展起着重要的作用。少数民族的社会不能离开他们和汉族的关系而存在。要研究民族地区的社会也不能不注意研究当地的民族关系，特别是与汉族的关系"，他希望"今后做民族研究的人能考虑我的这种体会"⑤。他以金秀瑶族自治县区划"画地为牢"反而阻碍了当地经济社会发展为例，总结了孤立研究各个民族及制定相关民族政策的历史教训⑥。

---

① 费孝通. 民族社会学调查的尝试. 中央民族学院学报，1982（2）.
② 潘光旦. 湘西北的"土家"与古代的巴人. 中国民族问题集刊，1955（4）.
③ 费孝通. 中华民族研究的新探索. 北京大学学报，1990（4）.
④ 费孝通. 潘光旦先生关于畲族历史问题的设想//费孝通全集：第11卷. 呼和浩特：内蒙古人民出版社，2009：287-291.
⑤ 费孝通. 《盘村瑶族》序. 读书，1983（11）.
⑥ 同①.

费孝通在对过去的少数民族调查和《中国少数民族》一书编写情况的反思与总结中指出，其不足之处是"缺乏宏观的总结，也不够微型的调查，两头都差"，"今后我们就得两头一起抓，既要有宏观的研究，还要进行切实的微型调查"。所谓的微型研究，就是"在一定的地方，在少数人可以直接观察的范围内，同当地人民结合起来，对这地方的居民的社会生活进行全面的研究"。"江村经济""禄村农田"都是微型研究的典范。但在我国的少数民族社会调查中，微型研究还不多，而且既不够"微"，也未能体现"型"的特点。"微"是指"直接的观察"，深入到生活的实际，而不是泛泛地进行一般化的叙述，要做到有地点、有时间、有人、有行为；"型"是指把一只麻雀作为一个类型的代表，解剖得清清楚楚，五脏六腑，如何搭配，如何活动，全面说明，而且要把这只麻雀的特点讲出来，它和别的麻雀有何不同，为何不同，等等。这样的"微型"研究是民族研究的基础，通过比较不同的"型"，就能逐步形成全面的宏观的认识。①

"盘村瑶族"调查就是费孝通倡议的研究瑶族的微型调查。他希望这项研究能继续进行下去，继续在大瑶山里一个集团一个集团地进行"解剖麻雀"式的微型调查。要全面了解大瑶山的社会，还需要了解这里瑶族之外的其他民族，如壮族和汉族等②。就大瑶山调查来说，它在当地是一个宏观的研究，而对瑶山中的一个村寨、一个集团的调查则是它的微型研究。而对整个瑶族、汉族或中华民族的研究，就是一个更高层面的宏观研究，对大瑶山地区的研究就成为它的局部，是一个更大的宏观研究中的微型调查。③ 费孝通的大瑶山研究计划，一是以盘瑶村寨的微型研究为基础，按盘瑶的分布，追踪前进，搞清瑶族的主流；二是在金秀研究其他四个瑶族集团，特别要以茶山瑶为重点，搞清楚它们之间是怎样合成一个共同体的④。此外，还要走出去研究大瑶山之外的盘瑶，以验证"盘瑶可能

---

① 费孝通. 民族社会学调查的尝试. 中央民族学院学报，1982（2）.
② 费孝通.《盘村瑶族》序. 读书，1983（11）.
③ 费孝通. 瑶山调查五十年//费孝通全集：第 12 卷. 呼和浩特：内蒙古人民出版社，2009：7-15.
④ 同①.

是从中原南移进入南岭山脉……在他们的移动中不断吸收着从其他民族分散出来的游离成分，而形成今天的瑶族"这一设想，"要证实或否定这个设想只有扩大研究的范围到各地去观察和分析"，"如果再进一步，那就可以提出瑶族和跟它相当接近的苗族和畬族有什么关系的问题。这并不只是个历史上的渊源问题，而是对相类似的山居民族进行比较研究"，"今后这类研究应当和宏观的研究结合起来，就是以地区为研究对象进行综合调查"①。费孝通在支持西南六江流域的民族调查时说，广西大瑶山调查可以看作是对南岭山脉的民族走廊的综合调查的开始②。

（三）从瑶族多元一体到中华民族多元一体格局理论

重访大瑶山后，费孝通反思自己在1935年的第一次大瑶山调查中，由于缺乏语言学的训练，根本没有想到过大瑶山里瑶族的五个集团有不同的语言，并未从语言学的角度来分析有不同自称的五个集团之间的关系，只是简单地把它们看成是大瑶山瑶族的五个支系。从第二次大瑶山调查中获得的新知识使他想到了很多值得研究的问题，其中之一便是"瑶族的形成问题"，这也使得他"对中国各民族形成过程有了新的探索"。费孝通在对瑶族形成问题的研究与思考中，也在思考一系列全局性的理论问题，如："什么是形成一个民族的凝聚力？一个民族的共同体中能承担多大在语言、风俗习惯、经济方式等方面的差别？民族共同意识是怎样产生的，它又是怎样起变化的？为什么一个原本聚居在一起的民族能长期被分隔在不同地区而仍然保持其民族共同意识，依然保持其成为一个民族共同体？一个民族又怎样能在不同条件下吸收其他民族成分，不断壮大自己的共同体？又怎样会使原有的民族成分被吸收到其他民族中去？"③ 对这些问题的思考，为中国以后的民族研究开辟出了广阔园地。

费孝通认识到，大瑶山瑶族不同自称的五个集团可能有不同的来源，

---

① 费孝通.《盘村瑶族》序. 读书，1983（11）.
② 费孝通. 支持六江流域民族的综合调查//费孝通全集：第9卷. 呼和浩特：内蒙古人民出版社，2009：265-271.
③ 同①.

不同集团进入了这个山区之后才形成现在的瑶族,他们是不同支流汇合而成的一条河①。在历史上不同时期、说不同语言的集团,陆续进入瑶山,由于共同的利益,团结起来保卫这个山区,汉人就把他们统称为瑶族,终于形成了现在的讲不同语言、有不同服饰、在习俗上也有一定差异的由几个集团形成的"瑶族统一体"②。山外的人称他们为瑶人,他们也自称瑶人,互相合作,有了民族共同体意识,内部还容许不同的个性存在③。从对盘村瑶族世系关系的研究中可以看到,大瑶山瑶族这个共同体并不是一成不变、单系纯种的血缘团体。其他民族共同体也有类似的情形,因此,我们必须从具体历史过程中去认识每个民族形成的过程。费孝通正是在对大瑶山瑶族形成的历史经过的微型研究里认识到了"贯穿在各民族历史中具有一般性的规律"④。费孝通对大瑶山瑶族"多元一体"形成过程的理解,再加上后来与全国各地的少数民族接触增多,对各少数民族的历史知识也增多,再联系汉族本身,他感觉到"由多元形成一体很像是民族这个共同体形成的普遍过程"。由此,他思想里逐渐形成了解决中国民族理论中一大困惑(即如何理解中华民族、汉族、少数民族之间的关系)的一条思路。⑤ 在这一思路的基础上,费孝通提出了中华民族多元一体格局这一具有中国特点的民族理论。

中华民族多元一体格局理论高度概括了中国各民族间"你中有我,我中有你"的历史融合过程与现实,揭示出中华民族是在几千年的历史过程中形成了一个"自在的民族实体",并在近百年来与西方列强的对抗中成了一个"自觉的民族实体"。而且,中华民族的形成是一个双向过程:在自下而上的过程中,中华民族的历史是将不同民族文化和群体纳入一种高层次秩序的历史;在自上而下的过程中,高层次的秩序从未排斥低层次的民族文化系统,在中华民族与其自身所容纳的"其他文化"之间,从来就

---

① 费孝通.《盘村瑶族》序. 读书,1983 (11).
② 费孝通. 瑶山调查五十年//费孝通全集:第 12 卷. 呼和浩特:内蒙古人民出版社,2009:7-15.
③ 费孝通. 民族社会学调查的尝试. 中央民族学院学报,1982 (2).
④ 同①.
⑤ 费孝通. 简述我的民族研究经历和思考. 北京大学学报,1997 (2).

没有明确的分界线。①

（四）对民族平等、民族发展与民族融合实践的理论探索

费孝通在大瑶山调查的基础上提出的多元一体理论，不但是民族理论上的重大突破，而且对民族经济社会发展实践与政策也有重要的指导意义。费孝通在多元一体理论视角中对中国社会主义阶段民族平等、民族发展和民族融合的实践进行了深入探索。

第一次大瑶山调查的经历，使费孝通认识到瑶族在历史上所受的压迫和民族形成的过程，因此他非常认同中国共产党实施的民族平等、民族团结和各民族共同繁荣的民族政策。他认为民族平等是实现一个和平大同的世界绝不能少的条件，这个条件在中国首先实现，在人类历史上是应当大书特书的。在重访大瑶山后，费孝通认识到"少数民族从孤立到合作、从关闭到开放的过程"是一个值得研究的问题。过去因为民族不平等，少数民族不得不以关闭为主；现在民族平等了，少数民族要发展，必须与先进的汉族合作。费孝通以在第二次大瑶山调查中发现的金秀瑶族自治县区划问题为例，反思和总结了把各个民族孤立起来研究和制定政策的历史教训。他指出，我国实行民族区域自治的根本目的是在党的领导下，各族人民当家做主，发挥各民族自治地方的优势，发展经济、文化，缩小和消灭历史所造成的差距，实现各民族事实上的平等。但是，由于当时的研究限于单个民族，而且对于各民族的经济社会综合调查不够，所以自治地方界限的划分反而阻碍了民族经济社会发展。金秀瑶族自治县在1952年成立时，由于只看到政治上的平等团结，没有充分考虑到大瑶山山区与山外、瑶族与汉族的经济交流与联系，沿山脚划定界线，把原来山区贸易所依靠的市集划在界外，使得行政区域与经济区域不相符合，这种"画地为牢"的县界造成了自治县种种经济发展上的困难。金秀历来用木材和林副产品到山外换取粮食，但在"以粮为纲"的政策下不得不改为自己生产粮食，结果不但粮食未能自给，而且严重破坏了生态环境和经济发展。再联系当年周恩来总理在广西实

---

① 费孝通. 中华民族的多元一体格局. 北京大学学报，1989（4）.

行民族区域自治时提出不能画地为牢而影响民族发展的观点，费孝通认识到"民族区域自治的目的不是民族分割，而是民族团结，要帮助少数民族发展。这样对汉族、对少数民族都有好处。所以我们应当根据发展的条件来划定自治地方的区域"①。

费孝通指出，新中国成立后，中国实行民族区域自治以实现民族平等，但对怎样发展少数民族经济、教育、文化，怎样解决经济和文化等方面的差距问题还认识不足。1978年以后才认识到单靠自治是不够的，民族自治地方如果不具备发展经济的条件，还是改变不了落后的状况。解决民族问题"首先要发展各民族的经济"②，因为"团结是不能脱离经济基础的，民族矛盾的产生根本在于经济的原因"③。费孝通认为，由于历史等复杂的原因，民族地区只靠少数民族自己是不可能实现现代化的，还必须取得汉族和国家的帮助。但是，帮助少数民族发展经济文化不能脱离实际，制定的政策必须符合少数民族特点，从少数民族实际出发。④ 过去我们从少数民族的共同之处着眼，我们的工作常常有一般化和"一刀切"的倾向，而不是根据各民族各地区的特点因地制宜，结果在具体工作中常会犯错误。我们做民族研究工作的人，有责任根据各民族的特点和具体情况进行分类，掌握个性和共性，要从各民族历史形成的具体条件、发展的前途来区别不同的少数民族。帮助少数民族不是救济，而是要创造条件使各少数民族靠自己的力量发展起来，要发挥民族地区自身优势，充分利用外在条件，寻找适合本地区发展的道路。⑤ 在这种认识的基础上，费孝通在研究少数民族地区的发展问题时，通过挖掘历史上各民族长期沿河流或山脉迁徙的路线以及在此基础上形成的各民族相互依赖与交往融合的历史和文化资源，提出了"民族经济协作区""民族走廊"等概念和一系列民族经济区域发展的设想与规划。

---

① 费孝通. 民族社会学调查的尝试. 中央民族学院学报，1982 (2).
② 费孝通. 南岭行. 瞭望周刊，1989 (11).
③ 费孝通. 话说呼伦贝尔森林：上. 瞭望周刊，1988 (14). 费孝通. 话说呼伦贝尔森林：下. 瞭望周刊，1988 (16).
④ 费孝通. 谈谈怎样开展民族研究工作. 广西民族学院学报，1983 (1).
⑤ 同①.

费孝通认为，过去那种把各个民族孤立起来进行研究的方式已经不适应当前我国新形势的发展，因为"民族领域里当前主要的问题是怎样实现各民族事实上的平等。事实上的平等必须通过发展经济来实现，对外开放、对内搞活的方针同样适应于民族开放，吸收先进的技术和先进的文化，决不能维持过去的封闭状态，特别是由于封闭状态所形成的精神上的自我中心和排斥外来的成见。各民族共同繁荣有待于共同走向现代化的道路"，在这共同的道路上，各民族的特点和形式固然会保持，"但是共同的东西必然会日益增加，在这个意义上就是加深了中华民族内部的融合"①。

在关于民族差异与共性的理解上，费孝通在回忆第一次大瑶山调查时称，他强烈地感受到文化的差异，但也认识到文化的相通之处。作为汉人去研究瑶人，"既不能说我是研究本土文化，又不能说完全是对异文化的研究。实质上我研究的对象是'我中有你，你中有我'，而且如果按我主观的估计，同多于异，那就是说汉人和瑶人固然有民族之别，但他们在社会文化生活上在部分已十分接近相同的了"②。可见，从第一次大瑶山调查开始，费孝通的人类文化同多于异，即人类文化本质上是相通的观点，就已经确立了③。费孝通也非常赞同导师马林诺斯基的观点，认为"人类的集体生活尽管形式上多种多样，但是根本上存在着一致的共性。当前地球上各地的居民，尽管由于地理与历史条件的差别，经济文化发展的程度有所不同，所采取的生活方式有所殊异，但是他们都是人，都具有人所共有的发明创造的才能，都具有发展进步的资质。他们都是通情达理、有思想、有感情的人"，因此，在"人和人、民族和民族之间划下具有质的差异的不可逾越的鸿沟是完全出于一些人的偏见、臆度或别有用心，和客观事实绝不相符，所以是不科学的"④。费孝通认为，那种用生物多样性来

---

① 费孝通. 潘光旦先生关于畲族历史问题的设想//费孝通全集：第11卷. 呼和浩特：内蒙古人民出版社，2009：287-291.
② 费孝通. 重读《江村经济·序言》. 北京大学学报，1996（4）.
③ 徐平. 大瑶山调查与费孝通民族研究思想初探：纪念费孝通、王同惠大瑶山调查七十周年. 民族研究，2006（2）.
④ 费孝通. 迈向人民的人类学. 社会科学战线，1980（3）.

类比人类文化的多样性及其必然性的观点，很难得到真正的证实，因此是非科学的。当今世界那些唤起种族和民族情感的强烈的呼声，从根本上来说，都代表了一种在失范和混乱的世界上寻找归属的渴望，也证明了这个世界发展的不和谐与不平衡性。但从民族或文化实践的角度来看，民族文化的差异性源于当初它们各自发展的条件和所处环境的差异。而随着整个世界发生变化，它们也不得不发生变化。① 在各民族平等和共同发展的条件与环境中，民族与文化之间的融合和共同性的形成，也必将表现为一种自然过程。

除了以上所分析的方面，费孝通在大瑶山实地调查中对于文化的关注与探索，也是他晚年学术思想的核心——文化自觉理论的重要根源②。在大瑶山等民族调查中，他反思说自己虽然对少数民族在经济文化发展上遇到的困难表示同情并很愿意帮助他们，但是因为没有在少数民族地区通过实际参与体验过他们各方面的生活，所以"对他们的友谊和同情并不等于感受到他们的感受"，因此他强调要深入群众、和群众交谈，"要善于设身处地体会各民族的感情"③，这种对民族情感和民族感受的强调，无疑也是费孝通晚年反思社会学过去注重社会生态研究的问题并提出社会心态论的基础。

四、费孝通民族研究理论自觉的启示

费孝通在历次大瑶山调查中所取得的重大民族理论成果在今天依然有重要的理论和实践指导意义，在历次大瑶山调查过程中所体现出来的高度的民族研究理论自觉意识，对今天我们研究民族问题仍有十分重要的启迪和指导意义。

在当今全球化时代，族群或民族认同、文化认同越来越成为影响人类群体之间关系的重要因素。由于人类群体间发展不平衡等原因，多元文化

---

① 费孝通. 关于"多元化的西部文化"和"文化生态失衡问题"的谈话//费孝通全集：第17卷. 呼和浩特：内蒙古人民出版社，2009：214-231.
② 徐平. 大瑶山调查与费孝通民族研究思想初探：纪念费孝通、王同惠大瑶山调查七十周年. 民族研究，2006 (2).
③ 费孝通. 谈谈怎样开展民族研究工作. 广西民族学院学报，1983 (1).

第七章　大瑶山调查与费孝通民族研究的理论自觉历程/147

主义和承认政治等思潮及实践在世界范围内产生了越来越广泛的影响。在这种背景下，各种人为建构的文化"独特性"或"差异性"，"在世界的大部分地区已经成为合法的政治资源"①。当前，"民族认同与国家认同的冲突是全球多民族国家面临的主要国家安全危机"，我国也面临民族认同与国家认同分离、民族冲突和边疆危机②。

但是，受多元文化主义等思潮的影响，中国民族学、人类学、社会学的一些学者在民族研究中将多元文化主义视为多民族社会良性发展的理想基础，而无视多元文化主义产生的欧美移民国家的历史与现实基础，也枉顾多元文化主义并未给这些国家带来族群间实质性平等、反而加剧族群纷争和国家认同困境的事实，更无视中华民族漫长交往与融合的历史与现实过程。甚至有人将费孝通的"多元一体"理论等同于多元文化主义，有些学者还反对使用"民族融合"概念。这些观点与立场，与上述费孝通的思想和期望是相悖的。费孝通曾指出，他关于中华民族多元一体格局的理论探索是"初步的尝试"，他希望自己的理论能"把我们的眼光导向未来，更自觉地为中华民族做出贡献"③，在促进中华民族的一体化和民族交往融合方面做更进一步的努力。鉴于对费孝通多元一体理论的上述误解，也鉴于"多元文化主义"忽视人类文化统一性而强调文化冲突、不利于人类文化之间的求同存异④，笔者曾经提出，对于中国多民族社会的现实和中华民族认同来说，"多源一体"概念可能比"多元一体"更符合中华民族的现实发展方向，也就是说，各民族及其文化由于所处环境与发展的不同，可能是多渊源的，其差异性或多样性也会在一定程度上长期保留，但这并不意味着会永远保持"多元"的形态⑤。

在多元文化主义和承认政治的框架内对"多元"的追求，造成的结果往

---

① 埃里克森. 小地方，大论题：社会文化人类学导论. 董薇，译. 北京：商务印书馆，2008：408.
② 徐黎丽. 论多民族国家中民族认同与国家认同的冲突：以中国为例. 西北师大学报，2011（1）.
③ 费孝通. 中华民族研究的新探索. 北京大学学报，1990（4）.
④ 贾应生. 西部大开发与民族文化多样化. 西北民族研究，2003（2）.
⑤ 禹平清. 全球化背景下的当代中国民族认同. 北京工业大学学报（社会科学版），2010（1）.

往是民族、文化的外部边界被过度强化,被夸大的种族性、民族性、文化性或宗教性身份往往被作为政治动员的工具①。正如费孝通所反思的,人类学中一些道貌岸然的学者所掩饰的那种认为在民族与民族之间有不可逾越的鸿沟的"不科学的偏见"②,往往为各种民族排斥与民族分离主义势力所利用,对多民族国家与社会的良性运行与协调发展带来消极影响与后果。也就是说,"缺乏反思性的学术介入政治社会现实,对社会、学术来说都是一种灾难"③。

当前,我国民族关系问题的核心任务仍然是通过各民族的发展实现民族平等,进而实现民族关系的良性发展和民族关系融合。但是,由于"在理论上没有准确解读和坚持民族融合在马克思主义民族理论体系中的定向和定位作用","在不断强化民族个性、民族意识和民族差异的同时,淡化了民族发展过程中交流交往交融和民族融合在民族关系实践中的导向性作用",因此出现了在民族研究中歧见增多、价值取向模糊不清且不能与民族地区发展实践实现有效对接等问题④。因此,在民族和文化问题的研究上,我们更需要有费孝通那样高度的理论自觉意识,要以促进民族平等、民族发展和民族融合为核心的马克思主义民族理论体系为指导,以促进民族关系的良性运行与协调发展为宗旨和立场。在价值观念多元化的时代,我们要防止文化的强制同化,但更要警惕那种将文化差异绝对化并将文化差异作为追求目标,从而人为扩大民族差异、制造民族矛盾和纷争的意识形态及其对民族关系实践的破坏作用⑤。

---

① 埃里克森. 小地方,大论题:社会文化人类学导论. 董薇,译. 北京:商务印书馆,2008:384-385.
② 费孝通. 迈向人民的人类学. 社会科学战线,1980(3).
③ 王明珂. 父亲 那场永不止息的战争. 杭州:浙江大学出版社,2012:234.
④ 刘敏. 科学解读马克思主义的民族关系理论体系:兼谈民族"交融"与民族"融合"的同质性. 西北民族研究,2015(2).
⑤ 奂平清. 费孝通的"和而不同"与"天下大同"思想:兼论民族研究的文化自觉与理论自觉. 学海,2014(4).

第八章 费孝通的"和而不同"与"天下大同"思想

费孝通在其生命历程和学术生涯的最后十余年里，面对全球化背景下不同国家、民族和文化之间的冲突与纷争，以高度的文化自觉和理论自觉意识，致力于思考人类如何共处的问题，在挖掘中国文化传统的基础上，深入阐述了"多元一体""和而不同""天下大同"等思想及其对化解人类冲突与纷争的意义。对于这一重大主题，费孝通做了大量论述，但在某些方面还没有来得及做出更为明确和系统的理论总结。人们对他的这些思想的理解也有许多方面的偏差。因此，根据费孝通先生文化自觉和理论自觉的历史轨迹，对其"和而不同"与"天下大同"的思想加以系统梳理，不仅有着重要的理论认识上的意义，在文化和民族关系的实践中也有重要价值。

一、对费孝通"和而不同"与"天下大同"思想的理解的偏差

（一）对费孝通"和而不同"思想的理解的偏差

在关于不同民族、国家及文化如何共处共存的思考中，费孝通晚年提出了"多元一体""和而不同""天下大同"等思想与命题。早在1990年，他就提出和描绘了"各美其美，美人之美，美美与共，天下大同"这一人类和谐共处的理想蓝图。

对于如何理解这十六个字，费孝通后来在"多元一体""和而不同"等概念与理论的基础上做了解释。但人们对其思想的理解和阐释有诸多偏

差，有误解也有曲解。例如，有人说这十六字中的"天下大同"，应该是"和而不同"，认为我们追求的目标应该是"和而不同"，而不是"天下大同"①。此外，在对"多元一体"与"和而不同"思想的理解中，有人强调"多元"及其价值，而忽视了费孝通对"一体"的强调与追求；有人强调"和而不同"中的"不同"层面，强调保持文化的差异性和多样性，而偏离了费孝通强调的"和而不同"的核心——"和"的方面。

中国传统文化中的"和而不同"思想以孔子为代表。孔子在谈人与人的交往时讲"君子和而不同，小人同而不和"（《论语·子路》），朱熹的注解是："和者，无乖戾之心。同者，有阿比之意。"② 意思是君子能与他人保持和谐但不盲目苟同他人，小人苟同他人但不能与他人保持和谐。可见，"和而不同"中"和"与"同"是近义词而不是反义词，"同"指"苟同"，而不是与"异"反义的"同"。费孝通对孔子的"和而不同"思想做了发挥，一方面将其从个体交往扩展到民族、国家和文化间的交往，另一方面，也有意无意地将"和而不同"中的"同"看作"异"的反义词，从"和"与"同"的对立与统一的关系上阐述"和而不同"，分析文化的多样性与共同性之间的关系。许多著名学者，如汤一介、方立天等，也都从这一角度阐释"和而不同"。这也成为人们对"和而不同"产生误解和曲解的原因之一。

此外，许多人在多元文化主义的理论范式中理解"和而不同"，不是注重在文化差异与分歧的条件下对"和"的追求，而是将差异和"不同"绝对化，并将其作为追求目标。例如，有分析认为，在后工业化进程中，对同一性的追求变得不再可能，求"同"思维应当得到扬弃，因为文化"趋同"造成文化的单一化，必定给人类文化的发展带来严重的弊端甚至灾难。"和而不同"的基本原则有利于克服弊端、预防灾难。③ 在多元文化主义和承认政治的话语下，追求"多元"、"差异"或"不同"成为一种时尚或基本选择。似乎一种文化、一个族群或民族只有保持其独特性或自

---

① 程也. 费老留给我们什么财富：专访费孝通先生秘书张荣华. 社会观察，2010（11）.
② 论语. 上海：上海古籍出版社，2007：131.
③ 张康之. 论共同行动中的合作行为模式. 社会学评论，2013（6）.

成一"元",才有存在的价值与理由,才有与其他群体对话的权利与资格。

不过,从费孝通文化自觉和理论自觉的立场看其"和而不同"的思想,其基本思路和思想是十分清晰的:地球上的各种文明,各个民族、国家和族群,都应该有文化自觉,对自己的文化有"自知之明",要"各美其美,美人之美,美美与共",也就是要有"和而不同"的包容、开放心态,只有这样,人类相互之间才能和平共处,才能从"多元"走向"一体",最终达到"天下大同"的理想状态。换言之,在历史上和当前"天下大同"不易实现的条件下,"和而不同"是基本的相处之道,而且也是一种非常高的境界和理想,在"和而不同"的氛围中,"天下大同"终将有实现的一天。

在当前我国的民族和文化研究中,有些研究者的观点、立场和方法,与费孝通的上述思想有很大的差距,甚至完全相悖。例如,有学者无视我国历史上和当代各民族在共同参与现代化过程中民族间交往交融不断加深、已形成"你中有我、我中有你"的事实,认为无论从历史还是现实而言,都不可能有"民族融合",也不可能"促进民族融合",现阶段也不宜提"促进民族融合"[①]。民族研究中的这些观点、立场和方法,在理论和实践上,都有很大的误导性,需要以高度的理论自觉意识加以分析和澄清。

(二) 将文化差异绝对化所造成的理论与现实困境

上述对费孝通"和而不同"思想的误解与曲解,其中一个核心方面是将"差异"与"不同"当作本质性的东西或根本追求。实际上,这种将文化或民族之间的差异绝对化的思想与理论,在逻辑上难以成立,也容易造成理论上的混乱和认识上的误导,对民族、文化关系的政策与实践也会带来深层的消极影响。

不同民族、国家或族群之间在文化上的"差异"与"不同",有其自然和历史的条件或偶然性因素,更有人为建构的因素在其中发挥作用。如歧视、隔离与压迫等,都是"差异"长期保持或扩大化的根本原因与机

---

① 金炳镐,毕跃光. 我国现阶段不宜提"促进民族融合". 西北民族大学学报,2010 (3).

制。要真正实现各民族或文化群体事实上的平等和共同繁荣，必须通过发展经济、共同走向现代化的道路来实现。在这一过程中，民族、文化之间共同的东西必然会日益增加，融合的趋势日益明显，存在差异的方面将减少，对立、冲突也将减少。

由于在历史与现实条件下不同民族、文化之间不平等的关系，以及强制同化政策等原因，多元文化主义及其许诺具有极大的吸引力和广泛的影响。人们对"同化"或"融合"的恐惧，使得"同"成为被排斥和污名化的对象，从而也造成对"不同"而不是对"和"的追求。但是，将"多元"、"不同"和"差异"作为终极追求，不但容易陷入极端的文化相对主义，也会造成民族、文化关系的现实困境。

对文化"多元"的强调与崇尚，虽然出发点可能是包容和尊重差异，但实践结果却可能导致排斥和纷争。对于一些族群及其精英成员而言，保持或追求某种文化差异性或独特性，有其政治、经济等方面的利益与好处。但强调文化差异性、否认融合的意识建构，可能会在各民族或文化在历史与现实交往过程中已形成一定程度的融合与共同性的情况下，引发各民族或族群的认同危机，激起民族或文化群体重新建构各自文化独特性的倾向，从而形成排外与纷争的社会机制。对于强势群体而言，关于文化"多元"与差别性的话语和主张，往往可能掩藏着排斥的目的：他们会宣称，要保持某些文化中"有价值"的"不同"或"多元"，就必须对其文化群体有一定的隔离，否则就会被同化。例如，欧美一些国家为保持所谓的"差异"而采取的"隔离但平等"政策，实际上并未实现族群间的真正平等，反而成为种族主义的温床。就如法国学者塔吉耶夫所分析的，在全球化与国际移民的条件下，一些国家的右翼势力打着文化多元化或所谓"差别权"的旗号，实施排外的意识形态与政策，实际上是一种"新种族主义"[1]。

二、从文化自觉看"和而不同""天下大同"思想

改革开放后，费孝通以"志在富民"的情怀和"行行重行行"的实践精神，深入开展小城镇调查和民族地区考察，探索中国城乡发展的道路和

---

[1] 塔吉耶夫. 种族主义源流. 高凌瀚，译. 北京：生活·读书·新知三联书店，2005.

各民族发展之路。到 20 世纪 80 年代末期，他开始以高度的文化自觉意识，思考中国乃至世界人类的新时代问题——不同民族、文化和国家如何共处的问题。

（一）"天下大同"与"和而不同"思想的关系

在民族研究中，费孝通自觉地将人类学、民族学、社会学和历史学相结合，思考和分析中国各民族之间、各民族与国家之间的关系问题，在多年研究思考的基础上，于 1988 年在香港中文大学的学术讲座中提出了中华民族多元一体格局理论，揭示和概括了中华民族由"自在的民族实体"到"自觉的民族实体"和中国各民族间"你中有我，我中有你"的历史融合过程与现实[①]。他指出，"多元一体"格局是在中国文明史进程中发展出来的民族关系现实和理想，对于处理文化之间的关系同样也是重要的[②]。"多元一体"概念与理论，对费孝通后来探讨全球化和不同文明之间的关系提供了更多的启示。

在 1989 年 7 月 30 日召开的"21 世纪婴幼儿教育与发展国际会议"上，费孝通发表了《从小培养二十一世纪的人》的讲话，他将 20 世纪比喻为世界的"战国"时期，认为当今世界正在发生全球性的从分到合的运动，正处在世界统一体出现前的阶段，21 世纪人类要解决的一个主要问题是各种不同文化价值观念的人怎样能在经济一体化的世界和平共处。世界性"战国"格局的一个方向就是形成一个文化共同体，形成多元一体的世界文化，我们要看清楚这个方向，向这个方向努力，为它准备条件。世界各国的教育工作，要注重从小培养不仅自美其美，而且能容忍各美其美，甚至进一步美人之美的能适应 21 世纪人类生活和工作的人。[③]

1990 年 12 月，费孝通在 80 岁华诞之际参加在日本东京召开的东亚社会研究国际研讨会，发表了题为《人的研究在中国——个人的经历》的

[①] 费孝通. 中华民族的多元一体格局. 北京大学学报，1989（4）.
[②] 费孝通. 文化自觉 和而不同：在"二十一世纪人类的生存与发展国际人类学学术研讨会"上的演讲. 民俗研究，2000（3）.
[③] 费孝通. 从小培养二十一世纪的人//费孝通全集：第 13 卷. 呼和浩特：内蒙古人民出版社，2009：251-261.

主题演讲。他指出，科学技术的飞速发展，已经使人类生活在一个你离不开我、我离不开你的小小寰宇之上，但是，由文化的隔阂引起的矛盾却仍在威胁人类的共同生存，怎样能和平相处已成为一个必须重视的大问题①。在此次演讲和会后的纪念题字中，费孝通提出了民族、国家及文化间相处的十六字箴言："各美其美，美人之美，美美与共，天下大同"。这也是他对人类学的任务与前景的思考。

在对全球化加速背景下民族、国家、文化间关系的思考中，费孝通提出了"各美其美"等十六字箴言，之后，尤其是在世纪之交的前后几年里，他更侧重于探讨中国传统文化中"和而不同"的人文价值及其对人类文化关系的意义，致力于"创建一个和而不同的全球社会"。他认为，在处理民族关系中，"和而不同"观念仍具有强大的活力，仍然可以成为现代社会发展的一项准则和一个目标。承认不同，但是要"和"，这是世界多元文化必走的一条道路，否则就要出现纷争；如果只强调"同"而不讲求"和"，纷争到极端状态，那只能是毁灭，所以说"和而不同"是人类共同生存的基本条件。②

有人认为，"各美其美，美人之美，美美与共，天下大同"这十六字中的"天下大同"，应该是"和而不同"，认为我们追求的目标应该是"和而不同"，而不是"天下大同"。费孝通的女婿兼秘书张荣华指出，在费老的思想中，"和而不同"与"天下大同"是不一样的境界，"天下大同"的胸怀更大，这十六个字用在人与人之间、地方与地方之间、国家与国家之间都可以。多元是形式和过程，一体大同是目标。③ 张荣华的这一解释，比较符合费孝通晚年在文化自觉历程中对世界各国和各文化之间相处之道的思考。

尽管费孝通在后来更侧重于思考和讨论中国传统文化中的"和而不同"思想及其当代意义，但在他的十六字箴言及思想中，"美美与共"的含义就是"和而不同"。"和而不同"与"天下大同"不是矛盾的，而是相互联系的，"和而不同"是实现"天下大同"的必由之路。在群体间还没

---

① 费孝通. 人的研究在中国：个人的经历. 读书，1990（10）.
② 费孝通. 创建一个和而不同的全球社会//费孝通全集：第17卷. 呼和浩特：内蒙古人民出版社，2009：163-176.
③ 程也. 费老留给我们什么财富：专访费孝通先生秘书张荣华. 社会观察，2010（11）.

有经过长期的交流并达到自觉的融合之前,可以在求同存异的原则下取得和平共处,为进入融合一致的大同世界准备条件。只有"美美与共",才能实现文化之间的交流与融合,实现"天下大同"。[①] 换言之,"和而不同"是我们现阶段在处理多元文化关系时唯一的现实选择,而我们最终的理想,在于实现"天下大同",而非多元文化主义夸大文化之间的差异性、否定文化之间的统一性的"不同不和"与"多元对立"。

费孝通认为,现在全世界在经济上已经休戚相关、兴衰与共,但人类在文化上却还是各循其理,还缺少一个共同遵循的价值标准,如果不解决这个问题,人类就会爆发巨大的灾难。要避免这种灾难,人类必须有理智,不能以我之是,强人之是,以我之美,强人之美,而是要互相理解,互相容忍,求同存异。也就是说,要坚持"各美其美,美人之美,美美与共,天下大同"的理想。"各美其美"就是不同文化中的不同人群对自己传统的欣赏,各个民族都有自己的价值标准,各自有一套自己认为是美的东西,这是处于分散、孤立状态中的人群所必然具有的文化心理状态;"美人之美"就是在合作共存时必须具备的对不同文化的相互态度,是在民族之间平等的频繁往来之后,人们开始对别的民族的美的东西给予真正的理解和容忍,这是高一层次的境界;"美美与共"是指不同人群不仅能容忍不同价值标准的存在,还能进一步赞赏不同的价值标准,由容忍上升为认同,在人文价值上取得共识,"多元"接近了"一体",这是更高的境界;这个境界再一次升华,就是真正建立一个大家共同遵守的价值观,把很多标准融合成"一体",实现人们理想中的"天下大同"。费孝通指出,走到这一步是很难的,但是我们人类要努力,一步步接近它。我一生梦寐以求的理想正在于此[②]。"各美其美,美人之美,美美与共,天下大同"的文化价值就是让不同文化在对话、沟通中取长补短,达到"和而不同"的世界文化一体[③]。人类学要为这种世界文化的多元和谐做出贡献,要自

---

① 费孝通. 人文价值再思考//费孝通全集:第16卷. 呼和浩特:内蒙古人民出版社,2009:40-59.
② 蒋晔,武京予. 费孝通. 石家庄:河北人民出版社,2008.
③ 费孝通. 重建社会学与人类学的回顾和体会//费孝通全集:第16卷. 呼和浩特:内蒙古人民出版社,2009:439-469.

觉地探讨实现文化的自我认识、相互理解、相互宽容和并存及"天下大同"的途径①。确立世界文化多元共生的理念，促进天下大同的到来，这也是中国的传统经验里面一直强调的"和而不同"的思想所主张的倾向②。

（二）在文化思考中对"新时代的孔子"的渴望

20世纪90年代初，面对世界一些地区、国家或民族间的冲突和战争，尤其是苏联解体等事件，与亨廷顿等学者以西方对立思维强调文明之间的冲突、通过渲染文明之间的冲突和寻找外部威胁来加强文明内部社会凝聚的思维不同，费孝通从全球化的角度关注和思考文明的共存问题，强调通过不同文明的相互理解、对话以及相互欣赏、相互尊重来解决世界不同文明之间的矛盾，并在此基础上建立一个大家共同遵守的世界秩序，实现"美美与共，天下大同"的世界图景。与西方学者强调文明冲突的思想相比，费孝通的东方思维及其思想"更加柔和及更加富有弹性，对世界未来的和平发展更有建设性"③。

1992年5月，费孝通赴山东曲阜等地考察后，更为深入地思考和探讨文化之间和谐相处之道。他指出，在当今这个世界性的新战国时代，世界民族和宗教冲突所反映的不只是"生态失调"，更暴露出严重的"心态矛盾"，当前人类正需要一个"新时代的孔子"，他必须"不仅懂得本民族"，"同时又懂得其他民族、宗教"，能"从高一层的心态关系去理解民族与民族、宗教与宗教和国与国之间的关系"，为世界上具有不同文化、历史和心态的人们"找出一条共同生活下去的出路"④。就如胡适在1934年发表的《说儒》中所分析的，殷周两民族的逐渐同化，其中有不自觉的方式，也有自觉的方式，自觉的同化，与"儒"这一阶级或职业有很大的

---

① 费孝通. 文化自觉 和而不同：在"二十一世纪人类的生存与发展国际人类学学术研讨会"上的演讲. 民俗研究，2000（3）.
② 费孝通. 经济全球化和中国"三级两跳"中对文化的思考//费孝通全集：第17卷. 呼和浩特：内蒙古人民出版社，2009：190-202.
③ 方李莉. 世界秩序的重建：从亨廷顿到费孝通. 群言，2012（12）.
④ 费孝通. 孔林片思. 读书，1992（9）.

关系①。作为殷商后裔的孔子,"他打破了殷、周文化的藩篱,打通了殷、周民族的畛域,把那含有部落性的'儒'抬高了,放大了,创新建立在六百年殷、周民族共同生活的新的基础之上"②。孔子以"郁郁乎文哉!吾从周"(《论语·八佾》)的博大择善的精神,成功超越了自身民族身份的偏见,从殷商文化和周文化中挖掘各自优秀的元素,创造出一种新的文化来,孔子也因此成为"圣人"。在当今世界这个纷争的时代,确实亟待费孝通所说的"新时代的孔子"出现。在这一点上,费孝通与梁漱溟一样,他们不仅"远远地望见了孔子"③,而且也在像孔子那样,为人类及其文化间的和谐相处而思考与努力。

(三)"文化自觉"命题的提出及其对实现"美美与共""天下大同"的意义

1997年初,费孝通提出和阐述了"文化自觉"概念与命题,并用这一概念更深入和系统地探讨文化自觉对实现"美美与共""和而不同",促进文化间交流与融合,最终实现"天下大同"的意义。

费孝通指出,人们往往生活在自己的文化中,而没有用科学的态度去体会、去认识、去解释自己的文化,那是不自觉的文化。在当今这个世界性的新战国时代,为了能寻找到一个和平共处的共同秩序,我们需要有"文化自觉",即生活在一定文化中的人对其文化要有"自知之明",明白它的来历、形成过程、在生活各方面所起的作用——也就是它的意义、所受其他文化的影响,以及发展的方向。自知之明是为了加强对文化转型的自主能力,取得决定适应新环境时文化选择的自主地位。文化自觉是一个艰巨的过程,首先要认识自己的文化,根据其对新环境的适应力决定取舍。其次是理解所接触的文化,取其精华,去其糟粕,加以吸收。各种文化都自觉之后,这个文化多元的世界才能在相互融合中出现一个被共同认可的基本秩序,形成一套各种文化和平共处、各舒所长、联手发展的共同

---

① 胡适. 说儒. 桂林:漓江出版社,2013:16-17.
② 费孝通. 孔林片思. 读书,1992(9).
③ 刘克敌. 梁漱溟的最后39年. 北京:中国文史出版社,2005:269.

守则。"各美其美，美人之美，美美与共，天下大同"也正是对这种文化自觉历程的概括。①

"天下大同"是人类的一种理想状态。"美美与共""和而不同"也是一种非常高的境界，要让地球上的各种文明，各个民族、族群的亿万民众，都能认同和贯彻这个理想，不是一件容易的事，还有很长的路要走，还要付出沉重的代价。而全球化过程中的"文化自觉"，就是指每个文明中的人对自己的文明进行反省，做到有"自知之明"。这样，人们就会更理智一些，从而摆脱各种无意义的冲动和盲目的举动。② 而费孝通也正是以高度的文化自觉，坚信"和而不同会有日"③，不断呼吁和倡导"和而不同"，并且从社会学、人类学等角度对实现"和而不同"理想进行不懈探索。

(四)"和而不同"的中国文化精神及其意义

1. 西方文化的"天人对立"观念与人类困境

费孝通认为，在 20 世纪这个新战国时代，我们共同经历过的历史事实是：国与国之间，文化与文化之间，区域与区域之间，有着明确的界限，这个界限是社会构成的关键。不同的政治、文化和区域实体依靠着这些界限来维持内部的秩序，并形成它们之间的关系。④ 这种文化、民族、国家之间的界分与纷争，与西方文化和人类学中深刻的"文野之别"观念和对异民族的偏见不无关系。欧美人类学里反映出来的"文野之别"将文化差别视为本质差别。马林诺斯基也承认，欧洲人心存民族偏见和仇恨，就连西方人类学学者，否认"野蛮人"有逻辑思想的也为数不少。⑤

---

① 费孝通. 开创学术新风气//费孝通全集：第 16 卷. 呼和浩特：内蒙古人民出版社，2009：1-6.

② 费孝通. 创建一个和而不同的全球社会//费孝通全集：第 17 卷. 呼和浩特：内蒙古人民出版社，2009：163-176.

③ 费孝通. 进入二十一世纪时的回顾和前瞻//费孝通全集：第 17 卷. 呼和浩特：内蒙古人民出版社，2009：270-283.

④ 费孝通. 经济全球化和中国"三级两跳"中对文化的思考//费孝通全集：第 17 卷. 呼和浩特：内蒙古人民出版社，2009：190-202.

⑤ 费孝通. 重读《江村经济·序言》. 北京大学学报，1996（4）.

当今世界上不同的国家、民族、宗教之间的各种交融和冲突屡见不鲜。在费孝通看来，现代世界人类困境与西方文化中"天人对立"的世界观和利己主义的文化价值观不无关系①。他对西方的"天人对立论""文明冲突论"等思潮做了许多评论。他指出，近二三百年来，西方思想在世界学术界起着主导作用，但在面对全球问题的时候，西方的一些基本思路有很大的局限性，引发出一些新的矛盾。如近百年来"自我中心主义""西方至上主义""殖民主义""极端国家民族主义""种族主义"等思潮，成了20世纪两次世界大战的催化剂，也是造成很多国际性问题的重要原因。今天世界上极端主义和以暴制暴所造成的种种事端，依然摆脱不掉"以我为中心"的影子。② 欧美国家把文化和国家制度挂钩、把国家的领土概念引申到文化领域中，给不同文化划出界线，强调文化冲突论。这给人类群体之间的相互理解设置了严重障碍，容易使人们在如何看待本土文化与异域文化之间关系的问题上出现失误，造成对人类共同生存的威胁性。③ 再如，西方政治观念把国家和领土密切结合，西方民族理论也把"共同地域"作为民族特征，这种概念使民族和国家结合成为民族国家，进而要求国家领土的完整，这也正是西方民族纠纷连绵不断、民族战争至今未息的一个原因④。

2."和而不同"和"天下"观的中国文化精神及实践对未来人类文化的意义

在费孝通看来，从人类学、社会学的角度看，世界历史上所有文明都蕴含着人类的智慧，每一种文明都值得我们关注、研究，从中汲取营养。中华几千年的历史与文明，积聚了无数聪明智慧和宝贵经验，尤其需要下大力气学习、研究和总结⑤。

中华文明中包容而无偏见的文化观念，对人类和谐相处尤其具有重要

---

① 费孝通. 文化论中人与自然关系的再认识//费孝通全集：第17卷. 呼和浩特：内蒙古人民出版社，2009：302-313.
② 费孝通. "美美与共"和人类文明//费孝通全集：第17卷. 呼和浩特：内蒙古人民出版社，2009：536-552.
③ 费孝通. 反思·对话·文化自觉. 北京大学学报，1997（3）.
④ 费孝通. 简述我的民族研究经历与思考. 北京大学学报，1997（2）.
⑤ 同②.

意义。就连人类学大师马林诺斯基，也对以费孝通为代表的中国学者和中国文化中没有民族偏见的道德态度异常地羡慕，他在给费孝通的《江村经济》一书的序言中指出："作者的一切观察所具有的特征是，态度尊重、超脱、没有偏见。……通过我个人同作者和他的中国同事们的交往，我不得不羡慕他们不持民族偏见和民族仇恨——我们欧洲人能够从这样一种道德态度上学到大量的东西。看来中国人是能够区别民族和政治制度的。"① 费孝通在思考自己能够做到不排斥外来文化、超越西方人类学的"文野之别"的原因时指出，"自己的一生处在文化接触过程中被欺凌的文化一方，因而较为能够避开占支配地位文化对别人文化的偏见"②。其实更为重要的原因是中国文化的包容性对他的深刻影响。正如历史学家顾颉刚所说的，中华民族之所以在历史过程中成为一个民族，是因为"我们只有民族文化的自觉而没有种族血统的偏见，我们早有很高超的民族主义"③。梁漱溟也认为，西洋务于分而不务于合，难于同化；中国则化异为同、自分而合，因此中国民族能浑然一体④。"从历史文化融为一体的民族来看，中华民族乃真是绝无仅有大单位"，因为中国文化伟大无比的力量，中华民族成为"人类一奇迹"⑤。考古学家李济认为，正是孔子的"有教无类"，在过去的两千多年里"帮助中国政治家将多种种族成分统一成了一个民族，将多种地方文化融合成了一种文明"。历史上中国境内发生过无数大大小小的迁徙，每一次迁徙都导致了不同氏族、部族和民族之间的杂交进程的加剧，使得今天的中国人尽管高度复杂，但却能够统一在一种独特的文化之下。⑥

　　费孝通认识到，相比西方的"文野之别"，中国传统文化中尽管也有

---

① 马林诺斯基.《江村经济》序//费孝通. 费孝通全集：第2卷. 呼和浩特：内蒙古人民出版社，2009：277-283.
② 费孝通. 人文价值再思考//费孝通全集：第16卷. 呼和浩特：内蒙古人民出版社，2009：40-59.
③ 顾颉刚. 中华民族的团结. 申报，1937-01-10.
④ 梁漱溟. 中国文化要义. 上海：上海世纪出版公司，2005：261.
⑤ 梁漱溟. 中华民族是人类一奇迹. 光明日报，1951-01-01.
⑥ 李济. 中国人的种族历史//中国民族的形成. 南京：江苏教育出版社，2005：344-355.

"夷夏之别",但孔子一向主张"有教无类"。"教"就是可以学习得到文化,"类"是本质上的区别。在孔子看来,夷夏只是文化上有些差别,有教则夷即入华,人的本质是一致的,并没有不能改变的本质上的区别。[①] 中华文化的包容性、开放性,与中国古代先哲提倡的"有教无类""和而不同"的文化观有密切的关系,在中华文化的发展过程中,多元的文化形态在相互接触中相互影响、相互吸收、相互融合,共同形成中华民族"和而不同"的传统文化[②]。中国民族关系的历史实践和经验,对人类如何共处仍有着十分重要的价值和意义。

费孝通在思考和讨论文化、民族、国家间相处的问题时,非常重视从人类历史尤其是中国历史中寻求思想与智慧的源泉,也很注重对其他学者的研究成果的借鉴。如他在生命的最后十年里,重读并吸收自己早年的老师派克、史禄国和马林诺斯基对人类文化问题的论述与反思,对梁漱溟、钱穆、潘光旦等人的研究与思想也尤为重视。

费孝通指出,要实现"美美与共,天下大同"的目标,"需要肤色各异、国度各别的国际政要、科学权威、知名学者以及全国人民,共同讨论天下大事,为人类发展贡献思想,尽快讨论出一个大家共同遵循的价值目标"。而且,关于如何与别人好好相处,中国人早在2 500年前的春秋战国时代就开始讨论了,留下了很多宝贵的思想遗产。如今全世界都面临的问题,中国人是有资格去讲一讲的。[③] 费孝通非常重视梁漱溟这位"从事思考人类基本问题的学者"在其人生中的最后一次发言,在这次短短千字的讲话中,梁漱溟概括了儒学思想的精华和中国文化的根本,以及这些传统精神的现代价值。他指出,中国人淡于宗教、远于宗教,孔子和儒学注重现实人生,其精神的全部都被放在照顾现实生活上,伦理在中国特别重要。伦理内容的根本精神是"互以对方为重",是双方的,不是单方的。这与西方的"个人本位""自我中心"不同。此种精神在任何地域、任何情况下都合乎人情,最行得通。随着注重伦理而来的是讲"天下太平",

---

① 费孝通. 反思·对话·文化自觉. 北京大学学报, 1997 (3).
② 费孝通. 中华文化在新世纪面临的挑战//费孝通全集:第16卷. 呼和浩特:内蒙古人民出版社, 2009: 300-306.
③ 蒋晔, 武京予. 费孝通. 石家庄:河北人民出版社, 2008.

"天下"无所不包，不分国内国外，无疆界可言；讲"天下太平"，最无毛病，最切实可行。这个精神最伟大，没有国家，这是人类的理想；人类前途不外乎此。① 费孝通指出，在古代中国人的眼里，"中国"就是"天下"，中国人常说的"分久必合，合久必分"并不是现代西方人所指的一个"民族国家"的"统一"或"分裂"，而是一种"世界"的分崩离析和重归"大一统"。中华民族由许许多多分散孤立存在的族群，形成了一个"你来我去、我来你去，我中有你、你中有我，而又各具个性的多元一体"，这充分体现了中国古人高度的政治智慧和中华民族深厚的文化底蕴。今天中国国家治理实践中实施的"民族区域自治""一国两制"等政治制度，无不缘于厚重的中华传统文化。② 尤其是"一国两制"的顺利实现，不只具有政治上的意义，还有文化上的意义，这是与"冷战意识"相对照的历史性创新，是中国文化中包容性特点的继续发展。它说明在世界文化的发展过程中，不同的制度在一定条件下具有和平共处的可能性，可以出现对立面的统一，出现"和而不同"的局面。③ 中国文化中的这些观念、实践与经验，一定能为重构全球化与不同文明之间的关系做出应有的贡献。

  对于钱穆在去世前所谈到的中国文化最有价值且最能够贡献于世界的是"天人合一"的论断，以及潘光旦对中国文化中"中和位育"精神的分析，费孝通都极为推崇。他指出，现代世界人类面临的一些困境，与西方"天人对立"的世界观和利己主义的文化价值观有密切的关系；而中国悠久的农业文明孕育了中国文化中"天人合一"的世界观和"中和位育"的社会观，主张人要尽可能地适应自然，而不是片面地改造自然，强调秩序与发展的统一④。就如潘光旦先生论述的"中和位育"那样，中国文化

---

  ① 梁漱溟. 在"中国宗教伦理和现代化"研讨会上的发言. 群言，1988（9）. 梁漱溟的这次讲话是给1988年在香港中文大学举办的"中国文化与现代化"第三次学术会议"中国宗教伦理和现代化"的录像发言，委托费孝通在会上发表。
  ② 费孝通. "美美与共"和人类文明//费孝通全集：第17卷. 呼和浩特：内蒙古人民出版社，2009：536-552.
  ③ 费孝通. 中华文化在新世纪面临的挑战//费孝通全集：第16卷. 呼和浩特：内蒙古人民出版社，2009：300-306.
  ④ 费孝通. 文化论中人与自然关系的再认识//费孝通全集：第17卷. 呼和浩特：内蒙古人民出版社，2009：302-313.

主张在自然、历史和社会中找到适合人的位子。在中国文化里，人-社会-文化三者是重要的连续体，而不像在西方文化中是彼此分立的主体与客体。中国文化中这种"天人合一"的观点，有助于防止人类在全球化时代的文化冲撞中同归于尽。[①]

三、理论自觉在民族和文化研究中的意义

在全球化的进程中，文化之间的冲突与矛盾也日益凸显。"不同民族、不同文化、不同宗教之间的碰撞、摩擦乃至对立、冲突，将成为影响世界稳定的重要因素。"[②] 实际上，人类历史上"由于文化（哲学、宗教、价值观念等）的不同引起的冲突和战争并不少见"，"政治、经济是冲突和战争非常重要的一个原因，但文化确也在相当大的程度上是国家与国家、民族与民族、地域与地域之间冲突和战争的根源"[③]。从人类学的基本术语来看，20 世纪 60 年代晚期以来兴起了对于"族群性"的巨大兴趣，80 年代早期以来对于"民族主义"的兴趣日益浓厚，诸如"话语""抵抗""符号资本"之类的术语也变得越来越流行[④]。这些术语的变化，也深刻地反映出在全球化时代，文化认同、族群或民族认同越来越成为影响人类群体关系的重要因素。

（一）民族现象的自我实现预言机制与民族研究的理论自觉

民族和民族认同是人类社会历史中重要的社会现象，在近代以来尤其如此。在国家间不平等的全球经济政治格局和国内群体间不平等的条件下，"民族"或"族群"往往被当作政治动员和表达利益诉求的重要资源。在现代化和全球化过程中，狭隘的民族认同、民族分离主义造成普遍的民族冲突和国家不稳定等问题，人类的经济和科技越来越全球化，但政治却

---

① 费孝通. 对文化的历史性和社会性的思考//费孝通全集：第 17 卷. 呼和浩特：内蒙古人民出版社，2009：510-527.
② 苏国勋. 全球化背景下的文化冲突与共生：上. 国外社会科学，2003（3）.
③ 汤一介. 和而不同：多元文化共处的思想源泉. 中国教育报，2006-09-05.
④ 埃里克森. 小地方，大论题：社会文化人类学导论. 董薇，译. 北京：商务印书馆，2008：344-345.

越来越部落化，对民族概念和民族国家体系及其缺陷的反思，也成为讨论的热点话题。

关于民族认同及其发生机制，有三种解释：第一种是原生论，认为民族认同根源于血缘、地域、语言、宗教、文化传统等相对稳定的因素，具有传承和延续性；第二种是工具论，认为民族认同受政治、经济等方面利益的推动，人们往往根据自身所处的环境选择和构建其集体认同；第三种是建构论，认为民族认同有客观性，但主要是由其成员自我认定和建构的，其形成和维持主要靠的是情境性和建构性的社会边界。实际上，在民族认同、民族发展，以及民族关系演变中，这三个层面相互影响，都起着重要作用。

民族认同发生与演变过程中的工具性和建构性机制，也深刻地反映了文化和民族现象中的自我实现预言机制。默顿的自我实现预言理论表明，一种预测、期望或信念会因为被广泛接受而最终成为现实。社会公众的自我实现预言，对民族、种族冲突和民族关系会产生深刻的影响。自我实现预言的一种形式就是整个人类社会中所存在的对种族的、民族的、阶级的、宗教的及其他的"少数者"的歧视性对待。许多社会问题，如种族主义、反犹主义和其他形式的偏见都因自我实现预言而存在。而且，民族和种族偏见会通过自我实现预言机制陷入恶性循环。① 这些原理告诉我们：在民族或文化研究，尤其是民族、文化和国家认同研究中，必须具有反思性，具有高度的文化自觉和理论自觉意识。

（二）以理论自觉的民族研究推动人类天下大同理想的实现

在当今全球民族国家的体系下，由于各人类群体之间不平等等原因，多元文化主义、认同政治等思潮和实践在世界范围内有非常广泛的影响。多元文化主义倡导自由、平等与包容，认为所有文化都具有同等的价值，文化没有高低、优劣之分，多元文化主义者也致力于让少数群体获得展示其文化的机会。不过，多元文化主义实际上将人们的注意力转向"关注世

---

① 默顿. 社会研究与社会政策. 林聚任，等译. 北京：生活·读书·新知三联书店，2001：286-290.

界上具有不同倾向的现存的更为深刻的哲学和政治含义,以及那些差异性如何竞相在国家和全球范围内得到认同的方式,它们有时彼此是和睦相处的,有时则激烈冲突"[1]。20世纪60年代以来,文化身份和"独特性"在世界的大部分地区已经成为合法的政治资源[2]。越来越多的群体"发现了"他们文化的独特性并且将其用于政治目的。多元文化主义无形中也促使了现代人对于部落意识的需要的增加[3]。当代世界民族认同危机,与当下流行的具有包容性但却有内在分裂倾向的多元文化主义有着密切的关系[4]。因此,在全球化与文化多元化的形势下,如何实现多民族国家内部族际政治整合,维护国家的统一和政治稳定,成为当代不少国家所面临的严重问题[5]。尽管当今世界各国在整合民族认同和国家认同方面都在做各种努力,但由于民族问题的复杂性,多民族国家中的认同政治及其造成的纷争短期内不会消失[6]。

受自我实现预言机制的影响,多元文化主义和认同政治的意识形态及其实践的一个主要结果可能是人类群体之间的差异和边界被扩大。人类学的研究表明,民族主义和认同政治表现出一些基本特点和原理,包括:它使得外部边界被过度传达,而内部差异被传达不足;文化的延续性和纯洁性被过度传达,混杂、变化和外国的影响被传达不足;当被认为有必要加强内部凝聚力时,外部成员往往被妖魔化。认同政治会夸大某种被认为是主要的社会差异(如那些与民族性、种族身份、宗教或领土属性相关的差异),由此使其他区别最小化[7]。

在民族、文化等层面的意识形态及现实纷争中,对文化多样性与共同性之间关系的理解,是争论的一个焦点。就这方面研究的基本立场与态度

---

[1] 沃特森. 多元文化主义. 叶兴艺, 译. 长春:吉林人民出版社, 2005:114.
[2] 埃里克森. 小地方,大论题:社会文化人类学导论. 董薇, 译. 北京:商务印书馆, 2008:408.
[3] 石之瑜. 两种时间意识//伊罗生. 群氓之族:群体认同与政治变迁. 邓伯宸, 译. 桂林:广西师范大学出版社, 2008:273-275.
[4] 戴晓东. 当代民族认同危机之反思:以加拿大为例. 世界经济与政治, 2005(5).
[5] 常士䦹. 异中求和:当代族际和谐治理的新理念. 中国行政管理, 2009(7).
[6] 金里卡. 多民族国家中的认同政治. 马克思主义与现实, 2010(2).
[7] 同[2]384-385.

来说，费孝通无疑是文化自觉和理论自觉的典范。

费孝通指出，人类初期受自然的极大限制，所以文化多样性是一个与人类同时出现的事实。随着全球化过程中各种联系的加强，文化上的多样性，包括社会制度的多样性，在相互接触中表现得更为显著，而且开始在世界范围内以对抗性的矛盾出现。当然，现代化过程中文化趋同的一面是不能否认的，现代化使人的流动和接触加强，无疑会产生一套共同的东西。所以在现代化过程中，文化上的共同性和多样性是并行发展的。①

受多元文化主义等思潮的影响，人们往往用生物多样性来类比人类文化的多样性及其必然性，认为与生物学现象一样，文化的单一性发展，会导致许多传统文化的消失，进而可能会引起人类社会文化发展的危机。实际上，用生物多样性来论证人类及其文化的多样（元）性及其必然性与应然性，并不恰当。费孝通也不赞同那种过度用生物学现象来类比和分析文化现象的观点与做法。他从方法论的角度分析认为，文化虽然产生于生物，但它本身已离开了生物，是超机体的，有其自身的规律，因此不能直接地以生物的规律推论文化的规律。文化之间的关系与传统文化消亡的问题，最好是放在文化层面进行，而不要以生物学来做理论根据。人类学的研究要求科学性和准确性，以生物学中的现象来类比文化学中的现象，很难得到真正的证实，是非科学的。② 他进一步从文化实践的角度分析指出，很多传统文化之所以互不相同，是因为当初它们各自发展的条件和所处的环境不同。而随着整个世界发生变化，它们也不得不变。在全球一体化迅速发展的今天，我们不时听到一些唤起种族和民族情感的强烈的呼声，这些呼声所表现出来的外在形式是多种多样的，但从根本上讲，它们都代表了一种在失范的和混乱的世界上寻找归属的渴望。这也证明了这个世界的文化发展是不和谐、不平衡的。③

费孝通还强调，自己反对"文野之别"、提倡文化的兼容并蓄与"和

---

① 费孝通. 从小培养二十一世纪的人//费孝通全集：第13卷. 呼和浩特：内蒙古人民出版社，2009：251-261.
② 费孝通. 关于"多元化的西部文化"和"文化生态失衡问题"的谈话//费孝通全集：第17卷. 呼和浩特：内蒙古人民出版社，2009：214-231.
③ 同②.

而不同"，并非是为了一味好古、守旧，弱小文化在外来支配文化冲击的情况下一时的复古意识是值得同情的态度，但当这种态度发展到排斥外来文化的地步，就会成为与西方中心主义相对的另一种民族中心主义①。他指出，现在有很多人希望用传统的多元化文化来对抗现代的一体化文化，但这种对抗最终是会失败的。因为我们现在面对的是一个新的社会、新的世界，历史是不会往回走的。面对这样的情况，各民族都要面临一个文化自觉的问题，也就是如何去认识每个民族自身的文化的问题。我们一方面要学习外来的新的文化，要想办法去适应这个新的世界，另一方面又要发展自己的传统文化，当然传统文化不一定都是好的，里面有很多糟粕。落后的非西方国家有自己的文化传统，当这些文化传统已不适应现代社会的发展时，它们面临的问题是如何去适应现代社会的发展；而西方社会面临的问题则是如何与这些发展中国家的文化发展相互协调，避免造成各种文化的对立化，从而保证整个世界能和平相处。②

在对中国民族问题的具体研究与思考过程中，费孝通也逐步形成了高度的理论自觉意识与立场。例如，他对以前我们把民族研究限于少数民族、将各民族单位孤立起来进行研究的方法进行反思。与潘光旦的观点一样，他主张"将微观的研究和宏观的研究配合起来，要从全国一盘棋的格局演变来看各个民族的过去和现在的情况"③，研究各民族、各人群之间接触、交流、融合的过程，研究它们如何在分合的过程中形成"多元一体"的状态。他认为只有这样的研究视角与方法，才能适应新形势的发展，才能有助于各民族共同繁荣，共同走向现代化的道路。

总之，在民族研究和文化研究中，我们要以费孝通为典范，要以高度的文化自觉和理论自觉意识，以促进多民族国家（或全球社会）的族际社会整合和民族关系的良性运行与协调发展为宗旨和立场，促进国家乃至全

---

① 费孝通. 人文价值再思考//费孝通全集：第16卷. 呼和浩特：内蒙古人民出版社，2009：40-59.

② 费孝通. 关于"多元化的西部文化"和"文化生态失衡问题"的谈话//费孝通全集：第17卷. 呼和浩特：内蒙古人民出版社，2009：214-231.

③ 费孝通. 潘光旦先生关于畲族历史问题的设想//费孝通全集：第11卷. 呼和浩特：内蒙古人民出版社，2009：287-291.

球范围内民族、文化之间"和而不同""美美与共",并促进制度与政策的改革,创造各民族与各文化平等的条件与机制,通过不同文化之间的对话沟通,异中求和,异中求同,在各种文化之间寻求被共同认可和遵守、能适应人类未来发展需要的文化原则,最终走向"天下大同"的理想境界。

  在文化和价值观念多元化的时代,我们需要防范文化霸权与强制同化,但也尤其要警惕那些将差异和"不同"绝对化和本质化,并作为追求的理想和目标,从而人为扩大差异、制造矛盾和导致纷争的意识形态及其实践。在这一点上,潘光旦早年的告诫仍然有启示意义。他认为,社会的"位育"(即秩序和进步)需要保持社会分子间相当的"同"和适量的"异","同"而过当和"异"而逾量,都是不相宜的。因此"同"和"异"都不宜"尚"。当然,不尚同并不等于反同,不尚异未必就是伐异。有了这个中立的态度,才可以采众长,社会秩序与社会进步自然就不患无保障了。①

---

① 潘光旦. 尚同与尚异//潘光旦文集:第2卷. 北京:北京大学出版社,2000:64-66.

第四编

理论自觉与关系研究

第九章　我们需要什么样的关系社会学研究？

近几十年来，以社会关系为研究对象的"社会资本"概念，已成为社会科学中一个全球化的公共词汇，社会资本理论也成为具有跨学科影响的思潮之一。

一、"社会资本"概念与理论兴起的背景

社会现代化转型，使得人类赖以生存的社会和自然环境遭受冲击，尤其是传统社会的家庭、社区初级社会群体形式及其传统价值观，受到工业化、城市化、市场化等现代化浪潮的无情侵蚀，维系人们亲密关系和认同的纽带趋向断裂。马克思、孔德、韦伯、涂尔干等社会科学家，早在一百多年前就开始探索这些人类困境（尽管他们并没有使用"社会资本"这一概念），成为现代社会科学的重要奠基人。人们逐步认识到，在现代社会，良好的人际关系和组织关系在经济社会发展和社会稳定中的作用凸显。可以说，"资本"概念由经济资本向人力资本和社会资本的演化与发展，以及社会资本理论的兴起，是社会现代化转型的必然反映，是适应时代紧迫需要的产物。换言之，"社会资本"概念或理论变得流行，并不是因为学者发明了它，而是由于它被发明后能够解释某个历史时期的紧迫需要。在近几十年来，世界范围内的类似社区建设的社会资本建设运动，实际上是对社会在经济等层面片面现代化的一种补救。

从其基本内涵看，社会资本是指社会主体（包括个人、群体、社会和国家等）间联系的状态及其特征，其表现形式有社会网络、规范、信任、

权威以及为某种行动所达成的共识等。社会资本存在于社会结构之中，它通过人与人之间的合作来提高社会的效率。"社会资本"概念无疑有忽略人及其社会关系本身的价值和意义、过分强调社会关系的经济功能之嫌。不过，与"经济资本""人力资本"概念一样，"社会资本"也有投入-产出分析的特征，这一概念的价值也在于它表明社会资本与经济资本和人力资本一样，可以有意识地去投资和建设。尤其是应对现代化转型对社会资本带来的冲击和破坏，社会资本可以有意识地加以重建。

中国社会实践中"关系"运作的现实，以及学者们（如梁漱溟、费孝通、黄光国、许烺光、金耀基、杨国枢等）对中国社会"关系"性质、伦理本位的分析和判断，使得社会学等学科中的"社会网络"和"社会资本"等概念和理论研究，很快就在中国社会本土研究中找到了契合性和共鸣，社会网络和社会资本研究在中国迅速兴起，成果也蔚为壮观。在许多研究中，研究者直接将社会资本定义为"关系"或"关系资本"，研究中国人行动中"关系"的作用及其运作逻辑[1]。

实际上，如同有学者所分析的，"关系"的指向同"社会资本"的指向有一定的差异，需要加以区别：中国人的"关系"更多地用来表示庇护、权力运作和行动者与结构之间的权宜，具有个人层面的特征；而"社会资本"则关注信息、信任、合作及资源的投资与回报，具有社会与制度性的特征[2]。

在西方发展起来的社会资本理论，是建立在其市场发育完善、制度健全的基础之上的，其社会网络、社会资本的运用，相对来说是以不与现存制度相抵触、不损害社会整体利益为前提的，以普遍信任等公民精神为主要方面的社会资本，为多元社会提供了秩序和整合的基础，有助于促进政府的民主和效率，并推动自发社会秩序的形成。因此社会资本被寄予推动经济社会发展和民主治理的厚望。

---

[1] 刘林平. 外来人群体中的关系运作. 中国社会科学, 2001 (5). 边燕杰. 中国城市中的关系资本与饮食社交：理论模型与经验分析. 开放时代, 2004 (2). 边燕杰. 城市居民社会资本的来源及作用：网络观点与调查发现. 中国社会科学, 2004 (3).

[2] 翟学伟. 从社会资本向"关系"的转化：中国中小企业成长的个案研究. 开放时代, 2009 (9).

与西方社会不同，对于正处在现代化转型的国家与社会来说，在社会资本方面一般都面临多重困境：其一，社会的现代化转型使得家庭、社区等传统社会资本遭受侵蚀；其二，市场、法律等制度性社会资本尚未建立或健全，经济社会发展和民主政治缺乏有效的制度支持；其三，在制度化缺乏的情况下，"拉关系"等非制度化运作，成为获取资源和减弱不确定性的重要选择，国家与政府垄断大部分社会资源的情况，也往往使得政府部门和官员的腐败与寻租成为常态，促使人们陷入"非生产性努力"① 的恶性循环。因此，在这些国家与社会中，社会资本往往被看作个体由以获取资源的"关系"，社会资本研究也重点关注的是非正式制度性的社会资本。

二、中国社会转型期"关系"盛行的原因及影响

关于中国社会中"关系"的性质及其盛行的原因，一种观点认为，中国传统社会是伦理本位、关系导向的社会，即使经历了近百年的现代化过程，关系仍然对中国人的社会行为有着重要的影响，关系支配性仍然存在，中国社会的性质仍是伦理社会。

梁漱溟认为，与西方社会相比，中国社会既不是个人本位，也不是社会本位，而是一个关系本位的社会。"不把重点固定放在任何一方，而从乎其关系，彼此相交换；其重点实放在关系上了。伦理本位者，关系本位也。"② 梁漱溟和林语堂等学者都认为，中国社会缺乏团体生活，与中国重视家庭制度安排的社会结构有重要关系。由儒家文化和社会等级观念支配的家庭制度，是中国社会的根基，维持着中国的社会秩序。中国社会被切成小的家庭单位，在家庭之间不存在任何真正的联系。家庭制度也由此造成了中国社会中裙带关系和社会腐败的流行，"缺乏社会纪律的家庭制度使所有社会组织形式都归于失败，比如它通过裙带关系使国家的行政机构失去功能"，而政治上的腐败，又会"促使着个人为生计不得不拼死争

---

① 非生产性努力也称分配性努力，是指人们将已有的财富转变为自己的财富的活动。在其他人的情况不变的条件下，一个人的分配性努力使得社会总财富不增加，甚至减少（零和或负和）。盛洪. 现代制度经济学：下卷. 北京：北京大学出版社，2003：228-242.

② 梁漱溟. 中国文化要义. 上海：学林出版社，1987：93.

夺"① 而不具备社会意识。

费孝通认为，中国社会是"差序格局"的社会，社会结构是按亲属关系的远近扩展的亲属关系网，社会关系是家庭关系的泛化。在西方的团体格局里人们争的是权利，在中国的差序格局里人们攀的是关系、讲的是交情。② 金耀基分析认为，传统的中国社会是建立在"特殊主义"和"关系"取向上的。中国人富于人情味而对公德重视不够的这种性格，是由文化价值、社会结构等因素造成的。中国是家族本位的社会，是以初级群体为主的社会。初级群体中人与人的关系是基于身份的，亦即特殊取向的，这种关系与心态可一层一层地向外推，但人际之关系总是特殊的，即使无血缘或亲属关联者，也可以亲属身份类之。凡中国人活动范围接触所及，都会不知不觉间以"亲人"相待，而显出殷勤与关怀，乃充满一片人情味。可是，在一个人亲属或拟亲属关系圈之外的人即属"外人"，外人则人际关系中断，而不免显出无情。相比较而言，美国等西方社会是以次级群体为基础的社会，人与人的关系基于契约，是普遍取向的，人与人之间的关系比较倾向于博爱但较少人情味。从文化而言，相对于儒家思想来说，基督教有浓厚的普遍趋向性，是鼓励信徒离开家的。在中国，佛、道思想也不以家为单元，主张出家而以寺庙、宗派等"会社"为单元，正如韦伯所分析的，儒教将佛、道斥为异端，正是因为这一倾向足以破坏中国社会的整个结构。③

有分析认为，关系、人情和面子是中国文化的重要组成部分。儒家思想塑造了中国人社会心理的深层结构，人情、面子和关系的社会行为，是中华文化社会心理"深层结构"的反映，也是中国人社会行为中万变不离其宗的"基型"。④

另一种观点认为，中国社会中"关系"的流行是社会转型的产物。社会从"传统"到"现代"的转型，是一种从身份到契约、从神圣到世俗、从农业社会到工业社会、从初级群体到次级群体、从特殊主义到普遍主

---

① 林语堂. 中国人. 上海：学林出版社，1994：180-190.
② 费孝通. 乡土中国. 北京：生活·读书·新知三联书店，1985：21-28.
③ 金耀基. 从传统到现代. 北京：中国人民大学出版社，1999：42.
④ 黄光国. 自序：探索中华文化的深层结构//黄光国，胡先缙，等. 面子：中国人的权力游戏. 北京：中国人民大学出版社，2004：2-3.

义、从关系到成就、从普化到专门的转变过程。

对于"关系"在中国社会中的盛行及其原因，历史学家黄仁宇分析认为，这是社会转型期的主要现象。他指出，即使是英国，在由农村社会向工商业社会转变的过程中，获取职位和牟利也有凭借关系、"走后门"的现象，甚至政府首先通令禁止经营某种事业，然后却又授权某某私人可以例外，这样无异于颁发专利的特权。中国现在"关系"占重要地位的一个重要原因乃是社会在经历全面改造，"立法工作还没有完全赶上社会的行动"，"或者社会虽已改造，也并不是所有支持的因素都全部在位，而做事的人也甚可能有因循旧习惯的趋向"。就与关系运作相关的腐败问题而言，中国人之所谓贪污，并不是西方所谓 corruption（腐败），后者是一个原本健全体制中的违法现象，中国乃是因为"组织不健全，社会所具备的功能尚不能达到预期的成效"[①]。

在社会利益大调整的社会转型期，努力创建和利用自己的关系网络，成为人们获取社会资源的捷径。"关系"化运作的动因是利益的驱动和制度的缺失。当社会缺乏制度化的正规路径，人们难以通过正常的方式参与市场竞争获取机会和资源时，就只能借助于"关系"途径来获取；或者即使有相关的制度与规则，但并没有得到严格的遵守与执行，人们就会通过非正式的关系运作或"潜规则"加以变通。

中国的"关系"这种特殊的社会资本，从积极的角度讲，有助于增强团体内部的认同感和凝聚力，在短期内降低个人或组织的社会交易成本。但从大量的事例和调查情况来看，"关系"运作对社会良性运行产生的阻碍和负面作用更大。"走后门"、任人唯亲、官商勾结、有法不依、拉帮结派、徇私舞弊等，说到底都与"关系"运作密切相关。可以说，这种工具性的关系资本，对整体社会来说，实际上是一种消极社会资本。人们对"关系资本"的过分依赖，使得多数社会成员必须承担高额的交易成本，从而使得整个社会交易成本增加。社会中正式规则的缺乏或对正式规则的不遵守，客观上也造成这样一种现象：社会组织或成员把主要精力和智慧放在"拉关系"等"非生产性努力"上，从而造成对人力等资源的浪费，

[①] 黄仁宇. 关系千万重. 北京：生活·读书·新知三联书店，2001：1-2, 38.

降低社会效率。

中国社会当前的贫富分化等社会问题，很大程度上也源于一些规则的不公平或一些人对规则的破坏，由此导致的社会结果不公平，也是引发社会不满和影响社会和谐的主要根源，这又进一步影响着人们的积极性和社会活力，社会整体效率必然降低，这种状况不利于可持续发展，也不利于社会主义和谐社会的构建。

三、关系社会学研究反思

中国的"关系"运作和关系主义，在本质上是特殊主义的工具性关系。这对中国社会实现法制化、理性化和现代化来说是一种制约因素。从中国社会的理论和政策实践需要而言，中国社会科学的一个重要任务，就是直面中国社会所面临的社会资本困境，探索如何改造"关系"等传统性社会资本，挖掘传统社会资本的积极效用，通过正式制度的建设和完善建构现代意义上的社会资本。

对于中国社会是伦理本位、关系导向性质的这一判断，在华人世界似乎已达成共识，这个判断也成为确立社会调查理论前提的基本出发点。在中国社会资本研究中，许多研究者直接将"社会资本"视作非正式的关系，将"社会资本"与"关系"概念相混同，致力于用实证社会学的方法，分析诸如社会网络在找工作中的作用、"宴请"、"拜年网"等主题。在一些学者的倡议和推动下，"关系社会学"研究也成为中国社会学研究中一个十分重要的议题。有学者指出，中国社会的关系主义现象，以及对这个现象的系统的理论和实证分析，也许是探索和推动中国社会学理念、中国社会学学科方向、社会学的中国学术流派的一个可能的突破口。关系社会学是一套关于以伦理本位、关系导向为特征的关系主义现象的理论知识，也是一种从关系主义出发、分析中国社会和所有其他社会的一种思维和研究方法论。关系社会学是直接反映中国社会、中国本土文化的社会学知识体系，也将是推动中国社会学学科建设的重要突破口。[①]

---

① 边燕杰. 导言：关系社会学及其学科地位//关系社会学：理论与研究. 北京：社会科学文献出版社，2011：1-14.

不过，从关系社会学的已有研究来看，大多数研究只是借助技术化的手段对社会网络和"关系"问题做精确测量和解释。这种研究偏好，使得研究者忽略了学术应为社会和人类解决问题，缺乏问题意识和对现实的关怀。对中国现实社会生活中人际关系"资本化"和工具化的倾向，学术研究不能只停留在做技术性的描述和理论分析上，应该坚持一种反思性研究的立场，保持中国社会学的理论自觉意识。

在这一点上，韦伯的研究立场有重要的启示意义。在《新教伦理与资本主义精神》一书中，韦伯试图从欧洲人在宗教态度等文化层面的转变方面，为资本主义最先在西方，而不是世界的其他地区萌芽和发展这一现象寻找一套合理的解释。韦伯认为，基督新教的制欲主义伦理及其教徒的"目的理性"行动，促进了社会经济、政治、法律、科学、艺术等各个方面的理性化发展，以及公共行政上的科层化和法律制度上的理性化，在西方组合成优势的"现代"文化。至少在西方人看来，这个发展方向是领先于世界其他地区的，具有"效准"的含义。为何只在欧洲产生"现代"因子？韦伯依据历史文献"重建"了基督新教徒团体曾扮演过的角色，他的研究使得当时驱动欧洲前进的"个人"和"组织"层次上的动力显现出来。[①] 以"理性化"过程为主轴，韦伯又用十余年的工夫，研究了儒教与道教、印度教与佛教，以及古代犹太教，以充分证明其新教伦理孕育了资本主义的命题。韦伯实际上是以"欧洲文化之子"的身份为西方的合理化做理论辩护的，带有"西方中心主义"的色彩。韦伯思想对西方人（以及东方人）的"启蒙"，正是通过理论的自我实现预言机制而实现的。

反思中国关系社会学的研究可以发现，一方面，关于中国社会是伦理本位、关系导向的这一判断，其问题在于过于强调中国文化的特殊性和文化的稳定不变性。实际上，"文化是一个不断使人们适应环境的过程，而环境也要求人们用新的方式来理解这个世界并做出回应"[②]。中国社会正处在快速的社会转型之中，伦理本位、关系导向的传统文化价值及其影响

---

① 顾中华. 韦伯《新教伦理与资本主义精神》导读. 桂林：广西师范大学出版社，2005：67.

② 沃特森. 多元文化主义. 叶兴艺，译. 长春：吉林人民出版社，2005：117.

不可能稳固不变。另一方面，转型期中国社会中"关系"的盛行，除了与中国社会的转型过程及其特点密切相关外，与关系社会学研究成果的普及性影响也不无关系。关于中国社会的"关系"性质与关系运作的研究，尤其是社会学、人类学、社会心理学等学科的研究成果，可谓汗牛充栋。作为某种思想意识形态，这些研究成果使得人们认为"关系"及关系运作是中国社会的常态，若不努力编织关系网络，便难以在社会中有立足之地或出头之日。裙带关系、腐败关系网也由此被视为中国本土特色而得以合理化地存在。社会理论的自我实现预言机制在中国社会发挥得淋漓尽致。

随着中国经济快速增长和中国对世界影响的扩大，"关系"一词进入了国际商界、政界和学界的话语体系，有关华人社会行为的研究也逐渐受到国际社会科学界的注意，"关系"一词更成为了解中国人社会行为的核心概念。关于中国社会"关系"研究的成果，成为西方人认识中国社会的途径之一，对中国社会的"关系"的印象，也成为社会交往中"情境定义"的基础，因此，"洋贿赂"也多有发生。

反思性研究的立场，无论是对于文化因素的"关系"，还是对于转型因素的"关系"，都将有助于深入认识其负面影响，乃至有意识地加以克服。反思性研究的立场，也必将引导研究者去关注那些推进制度化和普遍主义原则的因素，包括那些排斥"关系"、坚持理性化和普遍主义的社会群体及其价值观，从而引领社会风尚。

四、中国现代社会资本的建构

中国社会"关系"意义上的传统性社会资本并不缺乏，关键在于如何使其向现代公民意义上的社会资本转变，完成帕森斯现代化模式变项中从"特殊取向"到"普遍取向"的转变。中国正在经历快速而巨大的社会变迁，城市化、民营化和伴随跨国公司所导入的截然不同的职业道德与运行规则，已在削弱"关系"纽带。市场经济的发展使得社会资源已不再完全受自上而下的控制，人们有越来越多的机会与陌生人建立公平的工具性关系。社会的组织化和法制化等制度化建设正在进行，普遍主义的原则逐步得到确立，公平正义的理念也在逐步深入人心。互联网群体的兴起，也使得腐败等关系化运作的方式和空间受到一定的制约。

不过，也有分析认为，作为一种文化现象的"关系"，是不可能在短期内改变的。在中国社会，仅靠建立法律和正式制度结构不足以割断"关系"与不道德行为之间的内在关联。一个可能有效的解决方法是，将基于"关系"的合作伙伴转入公共领域，在保持其合法私人利益的同时，不违反社会的正式制度和规范。①

从世界各国的政治实践来看，政府和政党尤其是执政党，在社会转型期经常会通过改变和重塑社会价值观念的方式来提高社会资本的存量与质量。国家和政府权力在培育现代意义的社会资本中有着不可替代的作用，最重要的是可以通过提供稳定的制度框架和制度激励，用法律手段调节社会冲突和矛盾，消除社会交往中的不确定性因素。

中国的国情决定了党和政府在创建社会资本中有着重要作用。党和政府在促进民生发展、促进社会公平正义、社会治理、维护社会和谐稳定、确保国家长治久安和人民安居乐业，以及通过意识形态建设以促进社会整合等各方面都发挥着重要的作用。党的十九大所提出的新时代中国特色社会主义思想和基本方略，必将有力推动传统社会资本的转型和现代社会资本的发育。

通过制度和法制建设，对权力和私欲进行制度约束，是根除当前我国关系性腐败的关键。社会主义市场经济需要有公平、公正、公开的"阳光"规则加以支持，只有保证社会制度的公平，形成尊重劳动、尊重知识、尊重人才、尊重创造的制度和文化环境，才能够使每一个社会成员都致力于生产性努力，才能使一切创造社会财富的源泉充分涌流。

---

① 朴雨淳. 中国社会的"关系"文化：兼论能否增进"关系"的公共性?. 学海，2006(3).

第十章　关系研究反思与社会建设

关系运作是中国现实社会生活中的重要社会现象。"关系"特征使得中国社会有温情脉脉的一面，同时也使人们时时处处陷入"关系"困境。关于中国社会的关系研究，也成为中外诸多社会科学家关注的热点话题。但是，这方面的许多研究在研究立场、研究与范式方面，都亟须反思。在许多学者看来，关系、人情和面子是中国文化的重要组成部分，中国社会是伦理本位、关系本位的社会，并以此为中国社会调查与研究的理论前提，致力于分析中国人文化心理和行为的特殊性。此外，许多研究热衷于对中国社会中的关系运作实践做实证性描述分析，而缺乏反思性批判意识。这种受西方理论影响或以西方理论为参照的研究，及其所得出的所谓"中国特色"的理论，难以使中国人摆脱"关系"困境，也难以在推动中国现代社会治理体系建设和现代性健康成长中发挥应有的作用。

一、中国人的"关系"困境与悖论

关于中国人的关系运作与日常生活中的"走后门"现象，有这样一个故事：一年夏天，有个外地人在中国北方一个小县城的火车站售票处排队买票。天很热，队伍有点儿长，不久便陆续有人不耐烦，离队去售票处后门找熟人买票。大概因为这个小县城不大，买票者、卖票者都是本地人，多少都会有些沾亲带故的关系。而这个外地人人生地不熟，只好老老实实地排队等待。渐渐地，离队的人越来越多，前门的队伍越来越短。最后，像他这样的外地人并没花太多时间便买到了票。买到票后，出于好奇，他绕到了售票处的后门，发现那里的本地人已排起了不短的队，其中一人曾在前门的队伍中排在他的前面。这个故事，很形象地揭示了"关系"在中国的重要性，也反映了中国人对"关系学"既迷恋又反感的复杂情感，同时也是对"走后门"现象的荒谬本质的调侃。其实人人都知道宏观意义上"关系社会"的弊病，但也更清楚微观意义上自己没有"关系"或没有"高层关系"的不利之处。于是，拉关系、"走后门"不可避免。"关系"的运行已远远超越了人情味的层面，到了规避和破坏规则、道德、法律的层面。于是基于无数此类个体行为的综合效应，形成了一个更加不公正、更加不经济的社会环境——这反映出一种中国特有的"后门困境"或"关系悖论"。①

在2013年的全国政协十二届一次会议第三次全体会议上，周新生代表所做的题为《尽量让国人不求人 少求人》的发言，对国人生活中事事求人的关系社会困境做了深刻分析和批判：在我们的生活中存在大量求人的事，生老病死都要求人。富于戏剧色彩的是，"求人者求人，被求者也求人，求人者也是被求者，相互交织构成了一幅壮观的中国式求人图卷"，"求人成了常态，使得人际关系变得复杂，变得不堪重负，变得变了味道，从而形成了若干潜规则，形成了权钱交易，形成了人身依附，形成了特权，形成了不公平"。关系运作耗费了单位、家庭及个人的诸多资源和精力，人们的才华和注意力被吸引到钻营上，从而影响了社会的创新能力。求人现象普遍化的严重后果是破坏了公平、公正，恶化了社会风气，损害了社会道德以及党和政府的形象，毒化了国人的精神世界。② 这一发言在会议内外引起强烈反响，得到大量好评，《人民日报》、许多地方党报和各大网站都全文刊登或做了报道，中宣部理论局和中央电视台还围绕这一发言做了关于社会公平正义的专题节目③。周新生代表的发言引发如此强烈

---

① 魏城. 中国人的"后门困境". 廉政瞭望，2010 (2).
② 周新生. 尽量让国人不求人 少求人. (2013-03-08) [2018-03-01]. http://news.xinhuanet.com/2013lh/2013-03/08/c_132218143.htm.
③ 周新生.《尽量让国人不求人 少求人》大会发言的前前后后. 人民政协报，2014-12-16 (4).

的反响，恰恰揭示了人们对关系运作的无奈与"关系"困境。

对于中国社会中"关系"现象的研究，成为社会学、心理学、人类学以及管理学等诸多学科的热门研究主题。但是，这些研究并没有将重点放在如何化解中国人面临的"关系"困境上，而是将"关系"作为中国特色社会属性，并以此分析其文化基因和运作逻辑。

二、关系研究的两种主要范式

长期以来，在关系研究中，有两种占主导地位的研究范式：一种是关系本位论范式，将"关系"视为中国文化特质，认为中国是关系和伦理本位的社会，人情、面子和关系是中国文化的基因。这方面的研究成果蔚为大观，涉及哲学、文化学、人类学、心理学、社会学等诸多学科。另一种是将关系运作当作中国特色社会现象进行描述分析的实证研究范式，其中以社会学的研究尤为典型。就这两种研究范式之间的关系而言，关系本位论的论断成为实证研究范式的理论前提，而关系实证研究的结论又进一步成为关系本位论的现实注解。

（一）关系本位论范式及研究

关于中国传统社会是关系和伦理本位的社会，将人情、面子和关系看作中国文化的基因的判断，在中国的哲学、文化学、人类学、心理学、社会学等学科中有很大的影响，甚至几乎成为某种共识。以此判断为前提，致力于分析中国人文化心理和行为的特殊性，也就成为这些研究努力的方向。

一系列相关概念都反映了关系研究的这一范式，如伦理本位、关系本位、差序格局、社会取向、关系取向、关系学、儒家关系主义、情理社会等等。

第九章提到的梁漱溟关于中国社会是关系本位的判断、费孝通对中国社会"差序格局"的分析、金耀基关于中国传统的文化价值和社会结构决定了中国社会的"特殊主义"和"关系"取向的分析，都为关系本位论范式奠定了基础。

乔健认为，中国社会一直沿袭着费孝通所说的把家庭观念外延无限扩大的这种取向，形成了特有的关系社会，所以应当将"关系"这一概念引进现代社会科学中①。

许烺光在《文化与自我：亚洲的与西方的观点》（1985）一书中认为，中国文化中的"仁"要求"每个个体都尝试要将其心灵与人际关系维持在一个令人满意的程度之上"，对中国人而言，人之所以为人的关键，在于人际关系的处理，而不在于性格②。20世纪80年代初期，台湾地区的杨国枢、黄光国等华人社会心理学家开创了本土心理分析范式。他们在反思西方心理学理论的基础上，强调对华人心理与行为的研究应中国化（后改为本土化），注重文化在心理与行为形成中的作用分析。许多本土心理学的倡导者都主张和坚持用主流心理学的价值中立、客观性、主客二分、量化等原则与方法研究本土社会心理。何友晖等学者在批判许烺光的情境中心论、心理群性内衡论和杨国枢的中国社会关系本位论的基础上，认为"关系取向"一词最能够捕捉住华人社会心理学的精髓，此一名词不仅具有本土特色，并且能够与西方社会心理学的"个人取向"清楚地区分开来③。后来何友晖又提出方法论的关系主义，认为社会现象是由许多个人所形成的关系、群体和机构之中滋生出来，并独立于个人特征之外的，关于个人的任何事实都必须放在社会脉络中来加以了解，不可以化约到关于个人的知识之上。这两个概念为华人社会行为的研究提供了一个很好的概念架构。④

黄光国建构的华人"儒家关系主义"概念和理论认为，儒家思想文化塑造了中国人社会心理的深层结构，人情、面子和关系的社会行为，是中华文化社会心理深层结构的反映，也是中国人社会行为中万变不离其宗的"基型"⑤。关系中的自我，家庭中的关系，华人的组织行为，

---

① 乔健. 关系刍议//杨国枢. 中国人的心理. 台北：桂冠图书公司，1988.
② 黄光国. 论华人的关系主义：理论的建构与方法论的考量//儒家关系主义：文化反思与典范重建. 北京：北京大学出版社，2006：82-106.
③ 何友晖，陈淑娟，赵志裕. 关系取向：为中国社会心理方法论求答案//杨国枢，黄光国. 中国人的心理与行为. 台北：桂冠图书公司，1991：49-66.
④ 同②.
⑤ 黄光国. 自序：探索中华文化的深层结构//黄光国，胡先缙，等. 面子：中国人的权力游戏. 北京：中国人民大学出版社，2004.

华人的儿童教养与教育心理，华人社会中的冲突与和谐，华人的身体观、情绪表达与心理病理等方面，也成为关系主义与华人本土心理学后来的主要研究方向①。"人情""面子""关系""缘""报"等解释中国人关系运作或行为方式的主要概念，成为中国关系研究的基本主题与内容。

人类学家（如莫斯、列维－斯特劳斯和马林诺斯基等）的研究都表明，"报"或互惠规范是一种普遍存在于人类社会中的规范，人类的社会关系无不建立在"报"的规范上。但是与西方社会相比，在社会互动的法则上，中国、日本社会更重视"报"的规范，其回报规范往往比西方文化更强调情境的适用性。在中国文化中，"人情"与"面子"的运作更为重要。黄光国认为，这些差异之所以会长久地存在于变化如此广大的中国社会之中，"文化"是一个重要的因素②。

与台湾地区的本土心理学研究范式一致，大陆也有学者采取本土社会分析范式，认为中国社会的特点是普遍的天理规则和个人的"人情"结合，通过"礼"的作用，二者达致某种平衡，形成区别于西方社会的"情理社会"，认为"描述—情境—诠释"、"语言分析"和"讲故事"等是研究中国社会和中国人的心理与行为的有效方法，并在研究中建构了一系列解释中国社会和中国人的本土概念和理论③。

从国外的研究来看，1980年之后，随着东亚华人经济圈的快速崛起，有关华人社会行为的研究也受到国际社会科学界的注意，"关系"一词更成为了解中国人社会行为的核心概念④。有代表性的如杨美惠关于礼物、人情和请客等中国社会关系艺术的研究⑤，阎云翔关于中国东北农村中的

---

① 黄光国. 论华人的关系主义：理论的建构与方法论的考量//儒家关系主义：文化反思与典范重建. 北京：北京大学出版社，2006：82-106.
② 黄光国. 人情与面子：中国人的权力游戏//黄光国，胡先缙，等. 面子：中国人的权力游戏. 北京：中国人民大学出版社，2004：1-39.
③ 翟学伟. 人情、面子与权力的再生产：情理社会中的社会交换方式. 社会学研究，2004（5）. 翟学伟. 中国社会中的日常权威：关系与权力的历史社会学研究. 北京：社会科学文献出版社，2004.
④ 同①.
⑤ 杨美惠. 礼物、关系学与国家：中国人际关系与主体性建构. 南京：江苏人民出版社，2009.

礼物交换以及社会交往的研究①。

(二) 关系社会学实证研究范式

许多分析和判断认为，中国传统社会的伦理本位、关系本位的特征，在经历了近百年来的现代化进程后仍未改变，中国社会的性质仍是伦理社会，关系仍然对人们的社会行为有着重要的影响，关系支配性仍然存在②。有学者指出，以何种理论来指导中国社会调查，应当以中国社会现实为根据来选择，这种选择的首要前提是对中国社会性质及其特点的判断。关于中国社会是伦理社会的判断在华人世界已经达成了共识，这个判断应该是我们确立中国社会调查理论前提的基本出发点。因为只有充分肯定主观性、特殊性和情感体验在中国社会中的重要作用，才能使社会调查真正切入中国社会实际。③ 也有分析认为，关系社会是社会学方法本土化视角下最具方法论意义的国情之一，在中国开展的社会学研究不可能回避关系社会这一基本国情，社会学研究过程的各个环节都会受到关系社会的影响和制约，社会学研究的选题、调查现场的进入、调查研究的具体实施都必须考虑关系社会这一国情④。

20世纪末期西方社会资本理论的兴起，再加上关于中国社会是伦理本位、关系本位的认识与假设，许多研究者发现了这二者之间的契合性，于是将原本含义丰富的"社会资本"概念狭义地操作化为"关系"，或者说将"关系"上升为"社会资本"，用实证社会学的方法，分析中国社会中关系运作的情境、途径与机制等诸问题，关系研究的实证社会学分析范式开始兴起。

受关注较多的研究主题如社会网络与就业、关系网络与农民工社会流

---

① 阎云翔. 礼物的流动：一个中国村庄中的互惠原则与社会网络. 上海：上海人民出版社, 2000.
② 谢遐龄. 中国社会是伦理社会. 社会学研究, 1996 (6). 何友晖, 彭泗清. 方法论的关系论及其在中西文化中的应用. 社会学研究, 1998 (5).
③ 刘少杰. 中国社会调查的理论前提. 社会学研究, 2000 (2).
④ 王东, 张慧霞. 论"关系社会"国情中社会学方法的本土化途径. 天府新论, 2011 (3).

动等①。与西方社会学的"弱关系（weak ties）力量"假设及理论相呼应，有学者对东方社会的"强关系（strong ties）力量"假设的实证研究表明，强关系对华人社会中的职业流动有很大的影响②。有学者通过调查分析"宴请"或社交饭局在中国城市居民发展和维持人情交换中的作用，发现关系资源更可能嵌入在非家庭关系而不是亲属关系或其他类型的关系中，宴请伙伴倾向于在干部、专业人员和工人的社会阶级类别内部进行，意味着中国的关系资源不太可能跨越阶级类别被动员，宴请伙伴网络比核心网络更多元化，表明宴请伙伴网络是网络桥梁和关系转让，而不是有形资源的转让，这是关系资本积累的主要机制③。对中国人春节"拜年网"的测量也是很有代表性的关系实证研究主题，即以春节"拜年网"分析中国人社会资本的构成、来源及作用。有研究发现，中国城市居民的社会网络构成和社会资本总量存在显著差异，领导干部、企业经理、专业人员及其他白领阶层拥有优势的社会网络和较高的社会资本积累，小雇主和工人的社会资本处于相对劣势地位，社会资本优势者的个人和家庭收入较高，对自我社会经济地位的评估也高④。这些研究引领了中国社会资本研究的主要方向和研究内容。

中国关系研究的一个重要事件是 2009 年 10 月在西安召开的"关系社会学"国际学术研讨会。在此次学术研讨会上，有学者倡导注重以文化解释中国社会的运作机制与逻辑，并建构相关的理论模式，对中国社会关系主义现象做系统的理论和实证分析，是探索和推动中国社会学理念、方向和学术流派的一个可能的突破口。而关系社会学则是一套关于以伦理本位、关系导向为特征的关系主义现象的理论知识，也是一种从关系主义出

---

① 李培林. 流动民工的社会网络和社会地位. 社会学研究, 1996 (4). 陈俊杰. 关系资源与农民的非农化：浙东越村的实地研究. 北京：中国社会科学出版社, 1998. 刘林平. 外来人群体中的关系运作. 中国社会科学, 2001 (5). 刘林平. 关系、社会资本与社会转型：深圳"平江村"研究. 北京：中国社会科学出版社, 2002.
② 边燕杰, 洪洵. 中国和新加坡的关系网和职业流动. 国外社会学, 1999 (4). 边燕杰, 张文宏. 经济体制、社会网络与职业流动. 中国社会科学, 2001 (2).
③ 边燕杰. 中国城市中的关系资本与饮食社交：理论模型与经验分析. 开放时代, 2004 (2).
④ 边燕杰. 城市居民社会资本的来源及作用：网络观点与调查发现. 中国社会科学, 2004 (3).

发分析中国社会和其他社会的方法论。关系社会学研究也将为世界社会学理论做出巨大贡献。①

三、关系研究批判与反思

上述关系研究的两种范式——关系本位论与关系社会学实证主义分析，无论是其理论前提、假设、研究立场，还是其研究结论及社会影响，都与中国社会建设与社会治理的实践及发展有诸多相悖之处，都需要做全面而深入的反思与讨论。

(一) 关系本位论反思

关于中国社会伦理本位、关系本位的判断，实质上是一种文化本质主义或文化决定论。这种判断及研究范式存在诸多方面的理论与现实解释困境。

第一，中国社会仍是伦理本位、关系本位的观点，过分强调中国文化的特殊性和文化的稳定不变性。

人们在文化分析中有一种倾向，即往往强调文化的稳定性，使得"文化的延续性和纯洁性被过度传达"②。钱穆对梁漱溟的《东西文化及其哲学》一书的评论指出，虽然"研究文化须有哲学智慧"，但梁漱溟"似乎只根据哲学观点来讨论文化，亦嫌不足。我们当知讨论文化，此讨论之本身即是一种哲学了，但所讨论者则并非哲学，而是历史。哲学可以凌空讨论，而历史与文化之讨论，则必有凭有据，步步踏实"③。梁漱溟关于中国社会是伦理本位的论断，也确有"凌空"式哲学思辨的嫌疑。这种文化的解释逻辑，忽视了文化及其所处的经济社会结构和制度环境的制约性和变化性，忽视了中国社会内部之复杂性和变化性，也忽视了经济社会结构变化对作为文化之重要方面的所谓"国民性"变化的影响。实际上，文化

---

① 边燕杰. 关系社会学及其学科地位. 西安交通大学学报（社会科学版），2010 (3).
② 埃里克森. 小地方，大论题：社会文化人类学导论. 董薇，译. 北京：商务印书馆，2008：384.
③ 钱穆. 中国历史研究法. 北京：生活·读书·新知三联书店，2001：133.

乃是人类适应社会需要的产物，"文化是一个不断使人们适应环境的过程，而环境也要求人们用新的方式来理解这个世界并做出回应"①。"关系"或"关系本位"作为适应农业社会结构的文化价值规范的产物或要素之一，对中国人的行为有一定程度的持续性影响。但是，当代中国社会快速转型，经济社会结构发生巨大变化，伦理本位、关系本位不可能稳固不变。②

有数量众多的关于"国民性"的研究，都试图揭示"国民性"的不同，尽管从未有人运用一个恰当的样本或者恰当的心理学工具对全国人口或部分主要人口进行验证，但研究者总对不同国家、少数民族地区或某阶级的人群在人格类型上的主要特征差异做评判，因此这些评判仅仅停留在观念的陈述上③。关系本位论的本土心理学研究，虽然设计了许多心理学测量工具以发现关于中国人不同于西方的关系本位这一特征，但这种研究得出的结论实际上不能说明中国人的关系本位就是文化使然，因为经济社会结构与制度性因素对身处其中的人们的社会态度与行为起着决定性的影响。文化价值规范着人们的人际互动和社会关系选择，但社会结构的变化（工业化、经济发展、人口构成、政治经济制度等）也会影响人们的互动与关系形式。④

关于中国社会"关系"文化稳定性的判断，可以通过两个反例来加以评论。

例如，在逻辑上比"关系"更为优先、作为中国传统文化价值观与规范之核心的孝文化，其在当代中国社会中影响的下降已成不争的事实。孝文化趋向消退和缺失，其根本原因在于经济社会结构转型使个人对家庭依赖减弱，社会高度流动使得家庭结构深刻变动——家庭趋向核心化甚至单身化。此外，一些制度与政策造成的制度性隔离（如户籍制度、单位制及相关劳动制度），都使得中国的家庭高度分居、分离，孝文化及其实践失

---

① 沃特森. 多元文化主义. 叶兴艺, 译. 长春: 吉林人民出版社, 2005: 117.
② 奂平清. "关系社会学"研究反思. 科学社会主义, 2010 (1).
③ 默顿. 社会研究与社会政策. 林聚任, 等译. 北京: 生活·读书·新知三联书店, 2001: 24.
④ 林南, 陈志柔, 傅仰止. 社会关系的类型和效应. 台湾社会学刊, 2010, 45 (12).

去支持基础。按"关系"的文化本位逻辑，何以作为中国文化核心的孝文化衰落了，而关系本位的文化却依然盛行？

再如，如果说是中国传统文化孕育了中国人强烈的关系理性，而西方的现代公民文化培养了西方人的公民理性，那么中国人中受过长期法学教育的法律人士，包括律师群体，按说应该更能遵守规则、坚持法治精神与公平正义，但根据日常实践、媒体相关司法案件报道以及相关研究，律师却是中国社会中"关系"化运作较为活跃的一个群体。有研究发现，"律师经常通过行贿和给予回扣，动用其在公检法和其他政府官僚系统中的人脉关系，在发展着的关系中生存发达"，具有政治联系的律师，其"政治联系不仅提高其优先获取由官僚控制的基本资源的能力，也帮助他们影响、规避官方的程序，还使得他们免受国家代理人的掠夺"①。律师等人群在司法过程中对关系的运用，自然不能归因于中国传统的"关系"文化，司法实践中因权钱交易导致的有法不依、执法不严和徇私枉法等司法腐败才是问题的根源所在。

第二，关系本位论的立场与论述，实际上是以近现代西方社会为参照，将中国社会之复杂性理想类型化。

人类学、心理学、社会学等学科的一些学者通过关系研究进行本土化理论建构的努力，看似颇具理论自觉，试图摆脱西方理论的牢笼。但是，这种努力又陷入了另外一种困境：刻意挖掘中国社会的文化"独特性"，使建构的本土化理论可能偏离实际，同时也忽略了文化普遍性的一面。实际上，就如中国台湾社会学家叶启政所分析的，中国社会学的本土化"目前最迫切需要努力探究的，不是提出适合这块土地之风俗人情的研究方法或工具，也不是阐明此一地区特有的现象，更不是修改西方社会学界提出来的理论，而是检讨整个西方既有之社会学知识背后隐藏的预设与其意识形态的理路"②。

从中西对比的视角对中国特色进行理想类型的概括，容易导致的偏差

---

① 麦宜生.关系、政治嵌入性与制度延续：以转型期中国律师为例//边燕杰.关系社会学：理论与研究.北京：社会科学文献出版社，2011：83-110.
② 叶启政.对社会学一些预设的反省：本土化的根本问题.中国社会学刊（台湾），1987（11）.

是由此反映出来的所谓"中国特色",在很大程度上可能是社会现代化阶段不同造成的,未必就是中国特色或中国特色的文化使然。有学者分析指出,近代国内外学术界、思想界,尤其是中西方的人类学、社会学学者们借助于西方现代社会科学来建构"中国社会"的过程,其实也是他们参照"现代的、城市的西方",将既有的中国裁剪、过滤成"传统的、乡土的中国"的过程。在这一过程中,如费孝通曾用于描述中国基层乡村社会基本属性的"差序格局"、乡土中国等,往往被扩大为中国整体社会的本质特征,而中国城镇社会、城乡关系的传统以及传统的城市性等方面则被无意识地忽略。① 这种状况又进一步形成自我实现预言机制,在许多理论概念的分析范式中,即使快速的社会转型似乎也难以摆脱中国社会的"传统性"和"乡土性"。这种研究中的偏差,不利于对现实中国城乡问题进行理论上的把握,也不利于当代中国城乡社会建设与社会治理的实践。

关于这一点,考古学家、人类学家、民族学家李济借用"洋苍蝇"的故事对民族学、人类学研究所做的反思,对于提高相关学科研究者的理论自觉水平仍有重要启示。1939年6月,李济在云南民族学会做的《民族学发展之前途与比较法应用之限制》学术讲演中,讲了一个关于"洋苍蝇"的故事:1924年夏,有美国人在西安举办了一个扑灭苍蝇的运动大会,为了表现苍蝇的可厌可怕,宣传画中的苍蝇被放大了十多倍。但是当时西安郊外的乡下人看了这种宣传画,大半如此说:"怪不得外国人怕苍蝇怕得厉害咧,原来洋苍蝇比我们中国苍蝇要大十几倍!"李济由此对民族学、人类学田野调查及其最终产物进行反思,他说:"这洋苍蝇的故事,在我心中钉了十五年了!""乡下人就他眼见的事实,加上一个解释,就上帝赋予人类一切智慧的水平标准判断,可以说是一个最有理性的解释",乡下人并没有错。因为在当时知道事实真相的人(识字的人、到过美国的人、研究苍蝇的专家等)在世界上"决不占很多数目",而世界上的人"相信洋苍蝇之说的人要占多数"。美国朋友发起这个清洁运动的动机是清洁,但这动机所根据的那一套观念,来源却极复杂。那一套观念,

---

① 陈映芳. 传统中国再认识:乡土中国、城镇中国及城乡关系. 开放时代,2007(6).

与一个民族学家用所谓科学方法研究另一个民族的习惯风俗所得的结论相比,不见得更为浮浅。这些结论却正是一切民族学的基本材料。李济追问说:"民族学已经有半个世纪以上的历史,所积聚的材料真可汗牛充栋了。但这些材料,有多少不是我适才所说洋苍蝇一类的记录?"[1] 民族学、人类学资料的偏差在于往往离开了总体性的社会结构而限于所观察的局部材料。值得反思的是:在人类学、社会学、心理学等学科中关于中国关系现象的研究,在多大程度上摆脱了这种问题?

第三,当代中国即使仍是"关系本位",也已不同于传统社会的"关系本位",关系的工具化趋势日益明显是不争的事实,将工具性的关系运作视为中国传统文化使然显然既不符合逻辑,也不符合事实。

根据历史学家黄仁宇的分析,"关系"盛行是社会转型期的主要现象,不仅仅是文化使然,也不是什么中国特色,西方国家也不例外。他指出,17世纪的英国在向工商业社会转变的过程中,与当前的中国有很多相像之处,获取职位和牟利也是凭借关系——"走后门"。现在中国社会正在经历全面转型,但由于"立法工作还没有完全赶上社会的行动","并不是所有支持的因素都全部在位",因此人们做事"甚可能有因循旧习惯的趋向"。中国社会中的贪污腐败等违法现象,就是因为"组织不健全,社会所具备的功能尚不能达到预期的成效"[2]。持中国社会关系本位论的杨国枢也指出,关系本位的社会特征与中国传统社会的精耕农业和父系制度密切相关[3]。中国社会家族主义、家庭取向、家庭本位、宗法社会以及伦理本位的特征同中国传统社会的小农经济有着直接而密切的联系,在乡土社会中,人们依附于家庭、亲属与老乡,个体首先是天然地生活在一个他自己不能选择的网络中的。在现代化的过程中,市场经济、法制化、城市化和新型社会组织的发展打破了人们原有的关系网络,人们会仿照原有的方式来重新搭建新的网络,社会关系的

---

[1] 李济. 民族学发展之前途与比较法应用之限制//凌纯声,林耀华,等. 20世纪中国人类学民族学研究方法与方法论. 北京:民族出版社,2003:70-84.
[2] 黄仁宇. 关系千万重. 北京:生活·读书·新知三联书店,2001:1-2,38.
[3] 杨国枢. 中国人的心理与行为:本土化研究. 北京:中国人民大学出版社,2004:116-118.

工具性逐步增强，人情成为一种投资，亲情网转化成交换网，关系变成了关系学。①

黄光国认为华人"关系主义"是文化使然，但他也承认，"关系主义"部分也是"结构"使然。从历史的角度来看，即使是在现代，仍有不少中国人生活在差序结构严谨的封闭社会里，主要经济社会资源由少数人控制和分配。在这样的情境下，个人会对自己的社会地位，以及通过长期交往造成的义务关系可以获得或失去的资源感到特别敏感。例如在台湾地区，由上而下的决策及资源分配方式，造成了某些特殊"关系"，在地方选举中，候选人动员"关系"争取选票的现象十分普遍。在今天的中国香港、台湾地区及东南亚一些国家，家族企业仍然是最典型的企业组织，老板拥有最高的决策权。而在大陆，由上而下的资源分配方式，也使一些人会使用"走后门""搞关系"等策略从控制稀有资源的领导手中获取资源。②实际上，在中国社会转型过程中，政府同时扮演着市场参与者和市场驾驭者的双重角色，这就为行政科层体系中各级官员运用自己所掌控的各种资源配置权力进行寻租活动创造了很大的空间和可能，成为关系运作的根本推动因素。

在制度完善、法律严格的环境下，通过关系运作为自己人谋利，会被视为不道德行为，并因此受到谴责或法律惩罚；而在制度尚不健全不完善的社会转型过程中，用关系运作为自己人谋利往往并不被视为不道德行为，甚至会被认为是合理行为，或者至少是可以理解或可以原谅的行为。因此，如果将中国社会转型过程中关系运作的原因归结于文化传统，仅仅当作一种文化现象进行研究，而文化尤其是价值观念的变迁往往具有滞后性，在短期内不易改变，这就为现实社会中的关系运作提供了合理化的理论解释。这种解释也会成为公共领域各种腐败性关系运作的理论庇护，成为关系运作和腐败者的借口，从而阻滞对反腐败和制度建设紧迫性的认识与行动。

---

① 翟学伟. "关系"与"社会资本"之辨析. 光明日报，2007-09-04 (11).
② 黄光国. 论华人的关系主义：理论的建构与方法论的考量//儒家关系主义：文化反思与典范重建. 北京：北京大学出版社，2006：82-106.

(二) 关系社会学实证研究范式的问题

关系社会学实证研究范式最主要的问题是将"关系"上升为社会资本。将社会资本理论和概念狭义地操作化为"关系"或人际关系网络，一方面是出于对社会资本与"关系"二者之间有契合性的判定，另一方面也是为了便于对社会资本进行量化分析。用"关系"定义社会资本有利于开展较为深入的研究，但是，将社会资本狭义化理解则忽视了工具性关系网络及其利用的消极方面。

尽管对于社会资本的定义还有很多的争议，但从其基本内涵看，社会资本是相对于经济资本和人力资本的概念，是指社会主体或行动者（包括个人、群体、组织或国家等）间联系的状态及其特征，其表现形式有社会网络、规范、信任、权威、行动的共识以及社会道德等方面。社会资本存在于社会结构之中，是社会结构和社会关系的一种特性，它通过行动者之间的合作来提高社会的效率和社会整合度。[①] 因此，以社会资本概念和理论为视角研究中国人的"关系"现象，会使得有负面社会作用的"关系"合法化或获得正当地位[②]。"关系"实际上恰恰体现了社会资本的消极层面，属于波茨（A. Portes）所分析的"消极的社会资本"范畴，社会资本可能会带来公共的"恶"，它会排斥圈外人，即为团体成员带来利益的强大联系，而禁止其他人获得收益，产生人们不愿意看到的社会结果[③]。

在西方发展起来的社会资本理论，更多强调其公共性，强调社会如何克服集体行动困境实现合作。而且，即使是以社会资本视角研究和强调非正式社会网络在找工作等方面的作用，也是建立在西方社会市场发育完善、制度相对健全、人们也遵守和尊重相关制度的基础之上，其社会网络、社会资本的运用是以不与现存制度相抵触、不损害社会整体利益为前提的，社会资本为多元社会提供了秩序和整合的基础，有助于促进政府的民主和效率，并推动自发社会秩序的形成。

---

① 臾平清. 社会资本的形成和运行的影响因素分析. 江海学刊，2009 (2).
② 翟学伟. "关系"与"社会资本"之辨析. 光明日报，2007-09-04 (11).
③ 波茨. 社会资本: 在现代社会学中的缘起和应用//李惠斌，杨雪冬. 社会资本与社会发展. 北京: 社会科学文献出版社，2000: 119-152.

与已完成现代化转型的西方社会不同，处于转型期的中国社会，市场制度尚在发展中，法律、社会保障等制度性社会资本发育还不充分。在制度缺失或制度存在漏洞的条件下，关系运作便成为人们获取资源和减弱不确定性的主要选择，寻租、腐败等机会主义行为都是典型的关系运作形式。因为制度运行失效或者不完善，关系资本大多是在规避正式制度的前提下，通过"特殊主义"的私密渠道获得的，往往是对公共资源的截夺。关系运作带来的收益会刺激更多"理性"个体（社会成员或组织）积极寻求和投资关系资本，这又导致整个社会交易成本不断增加，结果会进一步带来制度的失效。关系资本的弊端还在于它会阻碍普遍主义信任的建立。①"编织关系网、疏通关系、维持关系、寻租、请客送礼耗费了单位、家庭及个人的诸多资源和精力"，在以权力为基础、以人际关系维系的社会中，人情世故自然变成了比学识、能力更重要的"制胜因素"，这样，人们的才华和注意力就被吸引到了关系学和钻营上，从而影响了社会的创新能力②。关系运作的常态化，对信任、公正等社会整体层次的社会资本是极大的破坏，也会制约社会治理和制度建设的顺利开展。

因此，将中国社会现实生活中关系的工具化运作看作社会资本，并停留在对其进行技术性实证描述和分析上而缺乏反思性批判，这是严重缺乏理论自觉的表现，无论对于理论还是对于实践都是有害的。

（三）关系研究与关系的自我实现预言机制

前述关系研究的两种分析范式共同存在的理论与现实的困境或陷阱是，都忽视了关系现象的自我实现预言机制。两种研究范式都忽视了其研究结论本身也会进入大众意识形态，从而成为中国社会关系合理化和自我实现预言的重要推动力量。

中国"关系"盛行有社会结构与制度方面的原因，更有默顿所分析的自我实现预言的社会心理机制的作用。社会结构与制度会影响伦理、道德

---

① 杨光飞. "关系资本"升格之合法性质疑. 人文杂志，2006（2）.
② 周新生. 尽量让国人不求人 少求人. （2013-03-08）[2018-03-01]. http://news.xinhuanet.com/2013lh/2013-03/08/c_132218143.htm.

等社会文化规范，从而影响人的行为。在社会转型过程中，在制度缺失或不完善的条件下，部分社会个体的关系运作实践及其带来的好处，会使更多的社会个体在社会化过程中认识到关系的社会逻辑、意义和功能，并参与到关系运作的实践中。一旦人们形成中国社会是关系社会的观念，关系的自我实现预言机制便会充分展示出来。

马克思所讲的意识形态对经济基础有反作用，从社会学的角度来看，其基本机制是通过文化的社会化或内化，使得社会成员拥有共同的意识与价值观，从而推动人们共同行动，其中包含着自我实现预言机制。人文社会科学研究的许多结论本身会成为某种大众意识形态，形成某种自我实现预言机制。

"中国社会是关系社会"这一观念的形成，除了受社会成员个体社会化经历与体验的影响，与相关关系研究成果普及的影响也不无关系。尤其是在人类学、社会心理学、社会学等学科中，关于关系本位、人情取向是中国文化和中国人行为的基本特征的判断，以及关系社会学的相关实证研究，其研究结论会通过各种途径成为某种大众意识形态，成为关系自我实现预言的重要推动因素。首先，这些研究结论会使得人们更加确信关系是中国社会的常态，如果不努力编织关系网络，便难以在社会中有立足之地或出头之日。裙带关系、腐败关系网也由此被视为中国本土特色而有了传统合法性依据。其次，这些研究与结论会令正处在现代制度建设过程中的中国社会的相关制度执行陷入困境。如果人们认为制度与规则只是形式，其实际运作肯定有关系介入，那么在这种思维定式下，人们通常会选择自己也参与关系运作，这一点体现在许多权钱交易的腐败案例中。最后，关系研究结论的自我实现预言机制也表现为当事人在争取某种资源或机会中进行了关系运作而并未达成目标的情况下，他们可能不是考虑目标资源的稀缺性与竞争的激烈性，而是将失利的原因归结为自己关系运作不到位，或怀疑与埋怨资源掌控者的腐败与黑幕，并由此产生不公平感。在政治和社会公共领域，关系运作的经验和认识的积淀与自我实现预言机制的交错，使得人们对一些公共事件的判断往往先入为主，判定其中肯定有关系运作与腐败黑幕，从而产生对社会公平正义的怀疑。

四、反思性关系研究与社会建设

前述关系研究的关系本位论和关系社会学实证研究范式，都存在一定的问题和偏差，既存在理论上的悖论和困境，也不利于当前中国社会建设和社会治理实践的需要。在关于中国社会关系现象的研究上，迫切需要加强理论自觉意识，以反思性批判意识超越关系本位论和技术性实证描述分析范式，要坚持"立足现实、开发传统、借鉴国外、创造特色"的理论自觉路径，要系统地梳理相关概念与理论，建构适应中国社会建设实践需要的概念和理论体系，要注重对中国关系运作的社会结构与制度原因及其消极社会影响的分析，对关系现象自我实现预言机制进行解析性研究，通过发现与分析在中国社会转型实践中通过制度建设打破"关系"困境自我实现预言机制恶性循环的成功案例，探索制度设计与建设的有效途径，以推动中国现代社会治理体系建设和现代性健康成长，推动清朗制度生态环境和健康社会氛围的创造，使人民摆脱"关系"困境，在经济社会中"不求人""少求人"，让人们创造社会物质与精神财富的活力竞相迸发、聪明才智充分涌流。

（一）反思性梳理关系研究的基本概念与理论

对于提高社会学等学科的理论自觉意识，我们不能仅停留在呼吁和抽象的论述上，更为重要的是要将理论自觉贯穿到学科建设的各个方面和各个层次。对于关系现象研究的相关概念、理论及其预设，需要进行深入系统的清理和反思。

对关系研究相关概念与理论的反思，可以"差序格局"为例。心理学、人类学、管理学、社会学等学科关于中国社会关系研究所使用的基本概念，如"关系""人情""面子""报""孝""自我""中庸""伦理本位""关系主义""关系理性""关系资本""关系社会学"等，在其根本理论指向方面都涉及对费孝通的"差序格局"这一本土概念的探讨[①]。费孝通的

---

① 沈毅. 迈向"场域"脉络下的本土"关系"理论探析. 社会学研究, 2013 (4).

"差序格局"概念被后辈学者视为概括和解释中国社会特殊性的一个极有意义和解释力的概念，认为其中"蕴含着极大解释潜力的课题"①，是"中国社会学史上的一个里程碑"②。近十年来围绕"差序格局"的学术论文每年都有100多篇。但值得注意和反思的是：费孝通在1947年讲授"乡村社会学"和撰写《乡土中国》系列随笔和评论时创造和使用了"差序格局"概念，但在此后的学术生涯中，他很少提及此概念，也没有更多的分析或阐述③。苏力分析认为，费孝通使用"差序格局"这一概念主要是为了帮助当时的中国读者理解不同于西方近代工商社会的乡土中国的某些重要社会差异，使用这一概念是出于学术思想交流的功能主义和实用主义考量，而不是本质主义的，后来放弃这一概念，也"反映了他的学术敏感、精细和较真"④。苏力认为，差序化地应对和想象世界是人的本能和必然，无分中外。在传统社会，人们自然甚至不得不以一种"爱有差等"的方式，如以血缘和地缘关系来理解并组织其主观世界，并据此同他人交往。但人类个体这种差序化的倾向并不足以构成一种客观的社会格局，而且，古今中外人类社会都会以文化和制度来努力克服这种个人主观心理上的差序化倾向。因此，"差序格局"概念难以描述或概括历史中国或乡土中国的社会格局。差序格局是乡土基层社会的特点，但不是历史上中国政治和社会的全部格局。根据费孝通的理论和逻辑推断，中国在近代化进程中仍很普遍的差序性交往现象，主要是因为中国仍然是乡土社会。费孝通也清楚，在中国乡土社会中，差序格局和社会圈子的组织是比较重要的。在西洋现代社会中差序格局同样存在，只是比较不重要罢了，这"在概念上可以分得清，在事实上常常可以并存"⑤。而且，即便是西方"团体格局"的社会或国家，无论对内还是对外，也会建立并实施某些必要的"差序格局"，如也会有基于国籍、年龄、性别的某些区别对待（歧视），包括所谓"隔离但平等"（separate but equal）的

---

① 孙立平. "关系"、社会关系与社会结构. 社会学研究，1996（5）.
② 翟学伟. 再论"差序格局"的贡献、局限与理论遗产. 中国社会科学，2009（3）.
③ 同②.
④ 苏力. 较真"差序格局". 北京大学学报（哲学社会科学版），2017（1）.
⑤ 费孝通. 乡土中国. 上海：上海世纪出版集团，2007：36-37.

种族政策。因此，差序格局所揭示的与其说是中西之别，还不如说是古今之别。此外，结合费孝通写作《乡土中国》时国民经济接近崩溃，"贪污盛行、是非不分的风气"弥漫整个社会的背景，用"差序格局"来概括乡土中国也反映了当时作为自由派知识分子的费孝通对于"团体格局"的欧美社会的赞赏[1]。可以说，费孝通后来对"差序格局"概念未再予以重视，恰恰体现出其高度的理论自觉意识和对中国社会现代化转型的学术关切与使命感。

对于关系研究的其他概念，也需要像对"差序格局"概念一样进行系统的反思性理解与重构。对于关系研究的概念、理论及其理论预设进行反思性梳理与重构，其基本的依据、参照和研究目的应该是中国社会转型和社会建设实践需要。中国社会转型过程中面临的社会困境和挑战之一就是人际关系的情感性日益消退而工具性日益强化。由于社会结构变迁与社会流动加剧，传统的家庭、邻里、社区等联系的纽带减弱，社会关系恶化，以情感支持为主的传统社会资本衰落；同时，由于转型过程中制度缺失或不完善，传统的礼尚往来人情关系变成工具化关系运作，寻租与腐败成为常态，人们为关系实践活动所累。因此，中国社会建设与社会治理面临两方面的任务：一是要重建中国社会日常生活中的人情关系和情感支持网络；二是要通过加强制度设计与建设，创造公平公正的社会环境，要通过制度建设和文化建设，将关系限定在日常生活的范围，防止和限制公共领域的关系运作。

因此，以社会资本为视角的关系研究，将"关系"混同于社会资本，在理论和实践上都面临困境。社会资本可区分为个体性社会资本和群体性社会资本，前者具有自利性，后者则表现为公共性或公益性。而且，在现代西方社会和文化中，在个人主义的权利-义务原则下，个体社会资本的自利性并不侵犯他人和群体利益，有相对明确的"公""私"界限。相比较而言，中国社会在转型背景下个体间的关系则极易突破和模糊"公""私"界限，广泛渗透于政治、经济等诸多领域，个体关系资本极容易在

---

[1] 苏力. 较真"差序格局". 北京大学学报（哲学社会科学版），2017（1）.

中观组织层面乃至宏观结构层面产生消极性后果。① 如黄仁宇的分析一样：农村社会里人与人的关系为单元，你与我打交道，通常不影响到第三者；工商业社会里人与人的关系为多元，如果你我私自打交道，可能会间接危害第三者，甚至可以使他亏本破产。因此，在中国由农村社会发展到工商业社会的过程中，如果"非正规的行止依然泛滥"，可能成为制约中国经济改革成功的关键，所以"有意严厉地肃清贪污，包括杜绝这些走后门引用关系的行径"是理所当然的。② 因此，将"关系""差序格局"等概念上升为社会资本理论需要保持谨慎。

关系研究的重点和取向，应该是如何借助传统文化资源重建中国转型过程中社会联系的纽带，而不是仅限于实证描述分析人们通过关系运作获取稀缺资源的实践。面子、人情曾在传统熟人社会有着积极的社会功能：面子可以抑制人们的不良行为，激励人们提升修养，人情可以促进社会互助和社会团结③。在中国传统社会和文化中，"礼尚往来"的互惠关系虽然也包括能够带来利益的经济意义上的互惠，但似乎更强调能够产生幸福的心灵之间的互惠，即心灵的互相尊重和应答④。重视情感性互惠的关系文化，可以说是中国社会文化传统的优势，"很好地吸取传统中的精华，是我们发展、完善社会理论的基础"⑤。

李泽厚在梁漱溟的伦理本位基础上提出的"关系主义"概念强调中国文化中"关系"产生于情境，侧重情感认同，区别于着重人的分离性的西方现代"个人主义"和自由主义。中国在以家庭农业小生产为基础的漫长发展过程中，"人是关系"的观念形态演变为"传统无意识"，西方则是"人是个体"的观念形态演变为"传统无意识"。中国的"关系主义"与西方的"个体主义"的不同，也是"情理"与"理性"的分途。⑥《论语》中大量讲的是"关系"（首先是亲子关系），特别是"关系"中的情感，而

---

① 沈毅. 迈向"场域"脉络下的本土"关系"理论探析. 社会学研究, 2013 (4).
② 黄仁宇. 关系千万重. 北京：生活·读书·新知三联书店, 2001：1-2.
③ 黄金兰. 面子、人情的秩序功能及其当下变异. 文史哲, 2017 (1).
④ 赵汀阳. "天下体系"：帝国与世界制度. 世界哲学, 2003 (3).
⑤ 费孝通. 我们要对时代变化作出积极有效的反映. 社会, 2000 (7).
⑥ 李泽厚. 回应桑德尔及其他. 北京：生活·读书·新知三联书店, 2014：24-25.

非公共理性。与西方文化强调"正义"不同，中国文化强调"和谐高于正义"，人际和谐、身心和谐、天人和谐作为"情理"结构中的"关系主义"对现代社会性道德的"范导和适当建构"，是维系人类生存延续的最高层也最根本的"共同善"和"好生活"。它高于是非分明、公平合理的"正义"，但又不能代替正义，而是在"正义"基础上的和谐。和谐属于"以德化民"，"正义"属于"依法治国"。① 李泽厚强调指出，"情理"并不否定理性，只是否定"理性至上"；"关系主义"并不否定立足于现代生活之上的个人主义，只是防止和反对个人主义至上和右派自由主义。法治、正义等公共理性已成为现代社会生活的基础，因此，必须有了"法治"之后才好讲"人治"，有了"正义"之后才好讲"和谐"。在社会转型过程中，各种血缘、地缘纽带所组成的传统的"关系"在不断瓦解和消退，代替熟人社会的是一个各顾自己的"陌生人世界"。如何在"陌生人世界"的现代社会中重新建立起各种"关系"中的情感和谐，以"和谐高于正义"的理念来范导和适当构建公共理性所设立的社会性道德和法律规范，是今后理论上和实践中的重要课题，也应该成为一种理论自觉。②

美籍华裔社会学家林南作为社会资本理论研究的资深学者，也重视对中国"关系"的研究。他也强调"关系"作为社会交换的情感基础的层面③。一方面，在概念和理论上强调关系的情感性，挖掘中国传统文化中礼尚往来、人情交换的"关系"传统，对于重建和加强转型期中国社会人际关系的情感纽带有着重要的理论与实践意义。通过社区建设运动等途径重建被现代化过程所冲击的家庭、社区等维持人们之间情感联系与团结的原始性社会资本，也是世界现代化过程中的普遍做法。另一方面，在概念和理论上强调关系的情感性，对于探索如何通过社会建设和制度建设防范社会中（尤其是公共领域）的非情感性关系运作及其消极影响也有重要意义。

---

① 李泽厚. 回应桑德尔及其他. 北京：生活·读书·新知三联书店，2014：46-47.
② 同①54-60.
③ 林南. 关系：社会交换的情感基础. (2017-09-26) [2018-04-02]. http://www.sociologyol.cn/viewnet/pub/content/syw/id/shxgg/fbb922465c789bb9015ebe3488900031.

(二) 关系研究与制度设计和建设

1. 制度设计和建设研究的意义

在中国传统社会与文化中，由于受重义轻利等思想的影响，"关系"互动更大程度上是一种社会性交换。当与面子、人情结合在一起时，"关系"的运作逻辑是以"拟血缘"的方式将非家族或亲属的成员予以"家人化"的"泛家族主义"逻辑[①]。虽然这种"关系"建构能够给个体带来一些资源，但这并不是个体主观上有意为之的，而往往只是"意外之后果"，"关系"更多地意味着提升面子或声望，维系和建构"关系"本身就是目的，这是与经济理性不同的关系理性[②]。但是，在由传统农业社会向工商业社会转变的过程中，通过关系运作获取公共资源则会影响社会公正。

中国社会转型过程中的"关系"盛行或关系资本化现象，有受传统社会结构和文化影响的一面。因为在传统社会，人们的社会支持来源主要是亲属、家族等社会网络，关系文化也是维持这种社会支持网络的主要力量。在社会转型过程中，国家福利保障和相关社会组织对个体保护与支持的不足，使得人们一方面依然需要寻求亲属和家族等亲缘关系的支持，另一方面受利益的驱使，传统的关系文化也被人们工具化地移植和扩展到亲缘关系之外，以寻求和获取资源。但是，社会转型过程中关系盛行的根本原因，在于现代社会制度和规则不健全或没有得到执行。掌握资源配置权力的相关部门并没有严格遵循相关制度和规则，让公众通过市场路径公平公开地获取信息和资源，而是利用权力垄断信息和资源的配置，通过"私人联系""暗箱操作"等各种潜规则为自己谋取利益。[③] 例如，"求人社会"中被求的主体，一般都是在涉及公共资源和利益的岗位上掌握着大大小小权力的官员或工作人员，所以，造成"求人社会"困境的根源，主要

[①] 杨国枢. 中国人的心理与行为：本土化研究. 北京：中国人民大学出版社，2004：94.

[②] 林南. 社会资本：关于结构与行动的理论. 张磊，译. 上海：上海人民出版社，2005：152.

[③] 杨光飞. "关系资本"升格之合法性质疑. 人文杂志，2006（2）.

是优质资源稀缺，制度有漏洞、有弹性，改革不到位，对权力的监督远远不够，且中国传统文化中的糟粕在社会生活中沉渣泛起等因素①。因此，在社会转型的过程中，对制度设计和制度运行机制的研究，应该成为关系研究的核心议题。

人类社会以前的基本形态是"人"的一切关系都被纳入"家族"关系中，近代以来的社会转型和进步是一个"从身份到契约"的过程，在这一过程中，家族依附逐步消失，代之而起的是个人义务的增长②。在从封闭型社区向现代社区的转型中，由于社会的流动、伦理实体的松解，原来支配伦理实体的文化规则受到工具理性的挑战，"为了使一种新制度得以出现，必须重建新的社会资本"，这种新的社会资本主要就是基于普遍主义的正式制度，而不是基于特殊主义的关系资本③。从封闭转向开放的社会转变本身也会导致旧的社会网络的削弱，因此当一个社会发展其经济时，它的社会资本也必须调适，让人际关系网络部分地为基于市场、经济的正式制度所代替④。

一个国家如果不形成基于普遍主义的正式制度，完成"从身份到契约"的转变，而是继续基于特殊主义的关系资本支配社会，其社会发展必然会陷入僵局。例如，希腊陷入公共债务危机而难以走出困境，其主要原因是整个国家猖獗的裙带关系（clientelism）。希腊虽然建立民主制较早，但因资本主义发展程度较低，因此国家或公共部门成为机遇与资源的主要来源。希腊在城市化过程中并未实现由礼俗社会向法理社会的转型，而是将整个血缘、地缘关系带入城市，从而使传统的裙带关系继续盛行于现代社会。希腊公共部门中的工会成功地为公务员谋取了终身制，导致公共部门职位扩张，过于臃肿，这正是希腊危机的症结。虽然年青一代对现存体制深恶痛绝，但政党和政治家都因担心损害自身政治根基而不愿将彻底破除裙带关系列

---

① 周新生. 尽量让国人不求人 少求人. (2013-03-08) [2018-03-01]. http://news.xinhuanet.com/2013lh/2013-03/08/c_132218143.htm.
② 梅因. 古代法. 沈景一，译. 北京：商务印书馆，1959：97.
③ 青木昌彦. 比较制度分析. 周黎安，译. 上海：上海远东出版社，2001：260.
④ 斯蒂格利茨. 正式和非正式的制度. 经济社会体制比较，2003 (3).

入议程。①

西方工业社会文化强调在大多数交易情境下,个人应当根据自我的利益做出理性的决定,因此,"西方的社会科学界针对公平法则做了许多精致的研究"②。西方社会科学注重对公平正义法则和制度设计的研究的根本原因,一方面在于西方社会快速变革对制度建设的高度需求,另一方面也在于西方社会科学家对社会变迁和制度建设研究有较强的理论自觉。如美国政治哲学家罗尔斯(John Rawls)长期致力于对正义原则及其与政治、经济等基本社会制度的关系等问题的探索,其理论也推动了西方现代社会制度的建设。美国政治学家奥斯特罗姆(E. Ostrom)也正是因为对公共事务治理之道的探索而获得了诺贝尔经济学奖。奥斯特罗姆认为,精心设计制度是投资社会资本的一种方式。规则体系作为社会资本的重要形式,既是自然演化的,有时也是人们自觉设计的。为了克服集体行动的困境,个人必须花费时间与精力同他人一起精心制定分配收益和支付成本责任的一系列制度和规则。③ 公共物品方面的制度设计需要包括一些具有激励作用的原则,如制度的界限清晰,使占用和供应规则与当地条件保持一致,有关各方要参与规则的制定,要有监督,违规者要受到相应惩罚,拥有低成本的冲突解决机制,等等④。

国家和社会的良性运行与协调发展,"制度是决定因素"⑤,"制度好可以使坏人无法任意横行,制度不好可以使好人无法充分做好事,甚至会走向反面"⑥。要用好制度来抑恶扬善、推进社会向前发展。当前中国社

---

① 福山. 裙带关系是欧债危机罪魁祸首. (2012-05-18)[2018-04-09]. http://www.csstoday.net/xueshuzixun/guowaixinwen/14444.html.

② 黄光国. 论华人的关系主义:理论的建构与方法论的考量//儒家关系主义:文化反思与典范重建. 北京:北京大学出版社,2006:82-106.

③ 奥斯特罗姆. 社会资本:流行的狂热抑或基本概念//曹荣湘. 走出囚徒困境:社会资本与制度分析. 上海:上海三联书店,2003:23-50.

④ 奥斯特罗姆. 公共事物的治理之道:集体行动制度的演进. 余逊达,等译. 上海:上海译文出版社,2000:141-160.

⑤ 邓小平. 对起草《关于建国以来党的若干历史问题的决议》的意见//邓小平文选:第2卷. 北京:人民出版社,1994:308.

⑥ 邓小平. 党和国家领导制度的改革//邓小平文选:第2卷. 北京:人民出版社,1994:333.

会在快速转型中面临各类社会治理挑战，迫切需要在制度和政策方面有所创新，因为社会良性运行和协调发展，要靠各项具体的社会制度和政策来落实和实现。我们在走向更加公正、更加安全、更加和谐、更加健康和更加开放的社会的进程中，有无数具体社会问题要面对，要解决这些问题，需要根据我国的现实，研究改善民生的具体社会政策，调节各方面的利益。① 社会建设的根本任务，不是仅仅停留在现象层面去解决各种社会问题或排除各种社会矛盾，而是要开展有效的制度建设，保证社会形成稳定的秩序，使各种社会问题和社会矛盾在有序的状态下得到不断的调整或解决②。

中国社会学学者过去对社会制度和政策的研究重视不够，对社会快速变迁与转型过程中的制度与政策研究需求不敏感，相关的研究也不深入，使得社会学自身处于边缘化和话语权缺失的境地。实际上，社会制度和政策是最能集中体现社会学基本问题——个人与社会关系问题的重要研究领域，社会学在社会制度和政策研究上有着明显的优势。此外，社会学还能对其他学科特别是经济学观察的对象和结果的社会反映进行检测，通过社会学研究发挥其"实验功能"，可以为国家正确制定社会发展政策献计献策。如果社会学家能更好地将学术研究与社会政策的制定、实施和评估结合起来，就会对改善社会政策、调和社会矛盾、促进社会和谐稳定与发展繁荣做出更大贡献。③ 中国社会转型与社会建设的伟大实践及其对制度与政策研究的巨大需求，给中国社会学提供了空前的发展机遇。对当前中国社会建设中制度与政策建设的探索，将是中国社会学为世界社会学做出贡献的重要方面。

2. 关系研究与制度建设

社会现象中各种悲剧性的、常常是错误的循环（如种族主义、各种形

---

① 郑杭生. 社会政策与深层理念：在中国社会发展政策高层论坛 2004 开幕式上的发言//中国特色社会学理论的深化："实践结构论"的提出与"理论自觉"的轨迹：下卷. 北京：中国人民大学出版社，2009.

② 刘少杰. 制度建设是构建和谐社会的根本途径. 社会学研究，2007（2）.

③ 林跃勤. 治理好国家必须考虑全社会的整体诉求：访俄罗斯科学院社会学研究所所长米哈伊尔·戈尔什科夫. 中国社会科学报，2013-06-19（A04）.

式的偏见、关于"福利病"的观念等）是可以被打破的，一种有意设计的制度措施，可以打断自我实现预言机制在社会中的恶性循环①。中国关系社会的自我实现预言机制及其循环，也需要通过适当的制度设计来打破。因此，关系研究应有的理论自觉和研究的重点应该是深入分析关系现象背后的结构与制度性原因，揭示关系现象的自我实现预言机制，以及公共领域关系运作对人们的社会信任、社会公正和社会活力的消极影响，深入调查研究在社会建设与社会治理实践中通过制度设计与建设打破"关系"困境的成功案例。

社会结构转型过程中社会异质性与分化的加剧，需要有相应的社会整合来促进社会秩序。对于中国社会的整合而言，基于血缘、地缘特征结成的社会纽带因有相当强的局部性和分割性，其亲疏有别的个人关系规则很难在公共社会中发挥作用。异质社会的整合需要探寻社会成员共享的利益及价值的协调机制，关键是公共制度建设。② 当前工具主义和利己主义消解着中国的社会团结机制，迫切需要培育和提升公共性以促进社会整合。"差序格局"这一传统社会中内生的"利己主义"实现模式，其逻辑虽然在理论上同现代市场经济的基本原则以及现代科层体制的权力规则对立，但并没有因市场和科层制的引入而退出当代中国舞台，反而渗透并影响着社会领域，使社会日益物质主义化和利己主义化，由此造成私利对公德的侵袭。社会体制变革是推动公共性培育的重要途径，社会体制是关于公共产品配置的一系列制度安排。保证公共产品配置的公平正义，是中国和谐社会建设的基本目标。③

在中国的制度化过程中，一个重要现象就是在实践中有些制度、法律和政策得不到贯彻执行，所谓"上有政策，下有对策"即是这种情况，有时候潜规则反而代替了正式制度。有人认为，回避制度与规则、钻制度漏洞是因为中国人的文化心理是偏向"关系"价值观而不是制度理性，价值观滞后于制度变迁。其实，许多制度，包括法律、政策和规

---

① 默顿. 社会研究与社会政策. 林聚任，等译. 北京：生活·读书·新知三联书店，2001：303.
② 张静. 社会建设：传统经验面临挑战. 江苏行政学院学报，2012（4）.
③ 李友梅. 构建社会建设的"共识"和"公共性". 理论学习，2014（2）.

则得不到贯彻执行的重要原因之一是制度的合理性和科学性不足,制度和政策的设计与制定不够精心,操作性和精致性差,因此导致制度的有效性低。不合理不科学的制度,反而会促使人们通过关系运作回避这种制度带来的障碍。

从民主化建设角度而言,民主的实现需要从理念到一系列制度和政策的保障,更需要对细节的精致设计。针对农村基层选举中的各种腐败性关系运作,近年来各地都出台和实施了一些防范措施与规范。有人类学学者对昆明基层换届选举进行了人类学参与观察并发现,选举中有一个细节是在投票现场始终有一些壮汉聚集在投票圈子边上大声说话和吆喝,对在场的投票人构成威胁。而且,投完票后有些人还长久留在现场,如遇熟人来投票,便尾随投票者,站在投票者身边观看或指点。还有一些给投票者发烟发矿泉水的人一直徘徊在投票圈周围。针对这种情况,该学者建议在选举投票现场外设置宽十几米甚至几十米的隔离区,使投票者在投票时从其他人群中分离,单独步入投票场地。该学者认为此举可以让那些接受候选人请吃的人在走过最后 10 米空地以后"忘记"饭桌上的承诺,能够在无人观看的情况下自由投票。这一关于选举空间安排的建议得到采纳后,由于保证了选举现场封闭性和投票私密性,进一步在细节上防范了选举中的关系运作腐败,选举秩序和公平性明显好转。可见,民主要从落实细节开始,谈论民主要从干预细节落实开始。①

在制度与政策建设研究中,还有一个具有方法论意义的重要方面就是要注重发现和研究在中国社会建设与治理实践中那些有效打破"关系"困境的制度建设成功案例。就如默顿所主张的,在研究各民族群体间的人类关系等社会现象时,不能把普遍的或者典型的失败拿来当作悲观主义的证据。社会学的研究,就如物理学家和化学家的实验室研究一样,具有决定意义的是成功的实验,而不是一次次失败的实验。因为"从一次成功中所学到的东西要比从多次失败中学到的要多。一次成功证明它是可以去做

---

① 朱晓阳. 乡村民主:可能和不可能的使命. (2013-07-22)[2017-03-20]. http://blog.sina.cn/dpool/blog/s/blog_4c06b5040101evyz.html?vt=4. 朱晓阳. "老子投谁,天知地知鬼知道":民主选举从细节"较真"开始. (2016-05-03)[2017-03-21]. http://blog.sina.com.cn/s/blog_4c06b5040102w917.html.

的，那么此后，只需要去了解是什么使其成功"①。也就是说，成功的社会建设与治理案例的意义在于通过分析其之所以成功的条件与机制，便可以在相似的社会环境与条件下复制与推广。我国在富强民主文明和谐美丽社会主义现代化强国建设过程中，有许多值得研究总结的制度经验，如国家公务员考试制度、国家一些项目评审制度的改革与不断完善，都在很大程度上有效防范了制度运行过程中的关系运作，制度的公信力也大为提升。党的十八大以来，实施了"八项规定"等一系列整治党风政风社风的举措，以零容忍态度惩治腐败，党风政风大为好转，求人之风有所减弱，社会风气逐步净化，这些举措也提升和彰显了社会公平正义。关系研究应该注重这方面的经验与理论研究。

对于"关系"与制度之间的复杂性关系和共存性等方面，也需要加以深入研究。在制度化不断加强的现代化过程中，关系纽带和关系运作会不断被削弱，但作为某种文化现象和长期积淀的行为"惯习"，关系现象在短期内可能难以彻底改变。在仅靠建立法律和正式制度结构尚不足以割断"关系"与不道德行为之间的内在关联的情况下，可以在保持"关系"合作伙伴的合法私人利益的同时，将其纳入公共领域，只要他们不违反社会的正式制度和规范即可。② 当然，这需要建立相应的精细防范性制度。

"关系"与制度可以共存，也可能会转化。例如，制度在某种情境中的建立和实施，可能需要借助于和群体或组织核心成员之间的私人关系，以基于情感性而非义务性的关系信任促进制度被认可和信任，从而促进制度的确立和贯彻。关系纽带可能会阻碍向以市场为基础的经济社会秩序的转型，但在一定的条件下也可能会发挥积极的促进作用。也就是说，在一定条件下，"前现代的传统社会关系的存在可能与市场发展是互补性的"③。对这种"互补性条件"，需要加以深入考察。

3. 陌生人社会的亲密关系重建研究

如前所述，中国社会转型过程面临着双重挑战与任务，既要通过公共领

---

① 默顿. 社会研究与社会政策. 林聚任，等译. 北京：生活·读书·新知三联书店，2001：305-306.
② 朴雨淳. 中国社会的"关系"文化：兼论能否增进"关系"的公共性?. 学海，2006 (3).
③ 青木昌彦. 比较制度分析. 周黎安，译. 上海：上海远东出版社，2001：53.

域的制度化建设以削弱关系运作,同时也要加强陌生人社会亲密关系的重建。

现代化的一个重要影响,就是打破了人们地缘的稳定联系,使得社会关系在时间和空间上发生了分离,即吉登斯所说的"脱域"(disembedded community),由此导致信任危机等诸多社会问题①。社会高度分工和流动以及社会分化,使得社会中的亲密关系纽带和情感支持系统受到严重侵蚀。但是,即使在现代社会,家庭仍是社会的细胞,也是构成社会合作最基本的单位,"家庭成员的合作倾向不仅有助于儿童的抚育,而且有利于商业经营之类的其他社会活动"②。现代社会中人为创建的次级社会组织虽然在一定程度上可以替代家庭和社区的部分职能,但家庭以及从家庭直接派生出来的社会结构和组织中的动机结构促使人们在行动中注重他人利益、遵守规范、相互依赖,其分配资源的主要方式是各取所需,某些资源或社会资本(如父母对孩子的持续关注)是市场系统中购买不到的③。此外,除了城市化、工业化和市场化趋势及其力量会对家庭、社区等亲密关系造成侵蚀外,一些出于特定的目的而制定的制度和政策也会因为缺乏人文关怀而对亲密关系造成伤害。例如,以前我国严格的单位制度、长期以来的户籍制度和农民工体制,都不同程度地造成家庭成员处于分离状态,农村留守人口在今天仍是严峻的社会问题。再如,一些住房分配制度和城市商品房限购政策,也造成不同情况的离婚或假离婚现象。因此,对于相关的经济社会政策,都需要加以精心设计并充分进行社会影响评估,以避免对家庭等传统关系纽带及其功能的发挥造成破坏性影响。

熟人社会,即以血缘关系、地缘关系和熟悉关系为纽带而存在的群体,在整合社会、维系人际情感、保持社会稳定方面仍有着积极意义④。此外,在高度流动的陌生人社会中,通过陌生关系熟悉化,依赖传统道德观念,对于建立稳定协调的交易秩序有着十分积极的意义⑤。因此,如何

---

① 吉登斯. 现代性的后果. 田禾,译. 南京:译林出版社,2000:69-70.
② 福山. 大分裂:人类本性与社会秩序的重建. 刘榜离,等译. 北京:中国社会科学出版社,2002:42.
③ 科尔曼. 社会理论的基础. 邓方,译. 北京:社会科学文献出版社,1999:758-762.
④ 刘少杰. 熟人社会存在的合理性. 人民论坛,2006(10).
⑤ 刘少杰. 陌生关系熟悉化的市场意义:关于培育市场交易秩序的本土化探索. 天津社会科学,2010(4).

在市场经济的陌生人世界重建熟人社会并发挥其在日常生活领域的情感支持、社会互助和社会团结等功能,同时限制借助熟人圈子在公共领域和公共资源配置中的关系运作,应该是关系研究的重要课题。

(三) 关系研究与文化建设

在对关系现象的研究中,社会学等学科的学者要有理论自觉意识。一方面要分析中国社会转型与变迁实践中通过制度设计与建设打破关系循环的途径与机制;另一方面还要通过对文化和社会心态的研究,探索通过文化建设培育规则意识、打破关系现象的自我实现预言机制的途径与方法。

2016年3月,《人民日报》刊发,人民网、新华网等媒体纷纷转载署名习骅的文章《我们都是风气"一分子"》,批评中国社会办事就要"走后门"、拉关系的社会现象。文章举了医生收退红包的例子:医生对于实在无法拒绝的红包所用的"高招"是先收下红包,等做完手术再还给病人,因为如果拒收,病人心里会不踏实,怕医生不好好做手术,有的甚至要转院。这种情况反映了客观存在的社会现象和大众心理:人们做事首先想到的是找关系,找到关系就放心,找不到关系便忐忑不安。文章还举了许多日常生活中人们进行关系运作的例子。如给一脸严肃的门卫点支烟,大门立即打开;停车费明明30元,司机递上10元钱说"不要票了",收费员便开心放行;对办事员"意思意思",户口两天办妥,"死脑筋"的人也许要等上一年半载。这种"高超的生存智慧"使大家趋之若鹜,逐渐演化为社会习俗和生活方式。这些关系运作的不良社会风气,是催生贪腐最温暖舒适的环境。因此,大家在享受反腐倡廉胜利成果的同时,人人都需要思考自己的责任,人人要进行自我革命。① 该文发表后引发网民热议,网民批评称关系盛行是因为权力腐败,老百姓找关系办事是出于无奈,所以批判的矛头应该指向官僚,而不是指责普通民众,不能本末倒置。权力腐败,官场风气坏,就会上行下效,使社会风气变坏。网民的这些批评虽然有理,但《我们都是风气"一分子"》一文也确实揭示了中国人的"关系"

---

① 习骅. 我们都是风气"一分子". 人民日报,2016-03-24 (4).

困境除了制度因素之外,也有不良社会风气自我实现预言的一面。

权力腐败等体制性因素是导致"关系"社会风气的重要原因。因此,加强制度建设,加强反腐败的力度,从严治党治政,以党风政风清廉带动社会风气的好转,是打破关系运作恶性循环的标本兼治之策。党的十八大以来,"八项规定""打虎、拍蝇、猎狐"力度空前加强,利剑巡视成为常态,推进政府职能转变、简政放权的改革也不断深化,许多不适应经济社会发展的行政审批事项被取消调整,涉及群众办事创业的一些奇葩证明、循环证明被清理,行政审批信息化、标准化力度加大,最大限度地为群众办事创业提供便利,这些都是让群众办事"不求人"、减少关系运作的根本之路。

除了制度建设外,打破关系运作恶性循环更需要培育风清气正的政治生态文化和积极健康的社会风气。以"德国式政治洁癖"为例,德国政坛被称为只有"苍蝇"而没有"老虎",这与德国整体社会风气有关。德国社会以诚信为荣、视贪腐为耻,德国人素以严谨认真著称,办任何事都一丝不苟、精益求精,这一精神贯穿在政治、经济和社会生活各领域,人们对不讲诚信、学术抄袭、官员贪腐等行为的容忍度极低,对政治人物的道德审查更是严上加严。[①] 而在我国的政治、经济和社会生活中,事事要求人、要找关系的潜规则非常普遍,人们在无可奈何中见怪不怪,成为"沉默的大多数",关系运作似乎成为一种国民习惯和国民性格。人们的关系运作实践和"关系有用""中国是关系社会"的认识,又进一步导致更多的关系运作,甚至影响到制度化建设的进程和效果。以司法部原政治部主任卢恩光的严重违纪案为例。在年龄、学历、入党材料、工作经历、家庭情况等方面全面造假的卢恩光,却通过关系运作,金钱开道、投机钻营、跑官买官,从一名私营企业主一步步变身为副部级领导干部。他把钻营升迁当作事业,把所谓的商业成功模式复制到政治生活中,花大力气经营与领导的关系,将领导的生活照顾得无微不至。[②] 卢恩光案反映出各级官场中的

[①] 刘立群,李微. 德国式政治洁癖使"苍蝇"无法变成"老虎". 中国党政干部论坛,2013 (8).

[②] 电视专题片《巡视利剑》第二集《政治巡视》. (2017-09-09) [2018-02-09]. http://v.ccdi.gov.cn/2017/09/09/VIDEFymFpFKumNPNQTgTnOcb170909.shtml.

行贿受贿等现象较为普遍，也反映出"万般皆下品，唯有当官高"的官本位、权力至上、特权思想与观念依然存在。似乎有了"关系"和金钱运作，制度、法律、规制都可变通，什么事都能办成或摆平。卢恩光案也表明我国政治文化建设的紧迫性和艰巨性。

党风廉政建设和社会良好风气建设，既要坚持马克思主义，树立共产主义远大理想和中国特色社会主义共同理想，培育和践行社会主义核心价值观，继承革命文化，发扬党的优良传统，也要善于借鉴和发扬中华优秀传统政治文化元素。《论语·雍也》记载：子游为武城宰。子曰："女得人焉尔乎？"曰："有澹台灭明者，行不由径，非公事，未尝至于偃之室也。"孔子问在武城做长官的子游有没有得到什么人才，子游回答说："有一个叫澹台灭明的人，做事光明正大，没有公事从不到我的住处来拜访。"孔子与子游的这一对话，深刻反映了中国儒家传统政治文化中的执政为官之道。朱熹评论称，如"持身以灭明为法，则无苟贱之羞；取人以子游为法，则无邪媚之惑"①。作为孔子弟子的子游，为政以人才为先，而不任人唯亲（亲近）；同样作为孔子弟子的澹台灭明，"行不由径"，"非公事"不拜访长官，为官为人正直无私、持身自守。如果为官在上位者能够"取人以子游为法"，为官在下位者或作为普通人能够"持身以灭明为法"，那么政治生态必然会风清气正，社会风气自然会积极健康、向上向善。

在破解关系运作恶性循环的实践中，政治、经济和文化精英尤其要自觉抵制关系潜规则，在制度建设和文化重塑中发挥先锋模范作用，不能借助制度的漏洞或违反制度为自己人谋取好处。中国企业家俱乐部主席马云在"2017中国绿公司年会"上倡议，十八大以来党和政府的反腐为打造新型政商关系奠定了基础，对企业来说，坚持新型政商关系就是要坚持不行贿，企业家要亲手创建一个公平透明的市场环境，决不能一边呼吁净化市场环境，呼吁市场公平，一边又去破坏这样的环境。"企业家不行贿"的倡议引起了商界的共鸣。中国需要通过制度的加强与完善，"让权力在阳光下运行，把权力关进制度的笼子"，要"强化不敢腐的震慑，扎牢不

---

① 论语.上海：上海古籍出版社，2007：53.

能腐的笼子"，使掌管资源分配的各级公务人员"不敢受贿"，更要通过文化建设，使各级公务人员和企业家"增强不想腐的自觉"。"我们都是风气'一分子'"，每一位公民都有责任洁身自好，为改变社会不良风气做出自己的努力。

在社会心理和文化建设方面，社会科学能够发挥积极作用。梁启超在《中国历史研究法》一书中指出，欧美自近世以来，民众意识亢进，"故社会心理之表现于史者甚鲜明"，其史学家也能专注于社会心理的研究，这种研究也"间接促起民众意识之自觉"。梁启超的"新史学"主张史学和史学家要注重研究"历史的人格"或"首出的人格"，探索其对社会心理和国民性格革新的影响。① 某种"历史的人格"或"首出的人格"如确能针砭当时的严重社会问题，具有强大的感召力，而又能被简化普及到切合实际的程度，为一般民众所了解接受，就会被社会多数人或积极接受而内化，或消极默认而服从，这样，"历史的人格"或"首出的人格"就会演变为民众的特性，一种新的国民性格因此而形成②。

社会学的重要奠基人韦伯，其社会学研究的核心议题之一就是发现"时代精神"。在《新教伦理与资本主义精神》中，他提出并验证了一个著名的社会学假说：透过任何一项事业的表象，都可以在其背后发现有一种无形的、支撑这一事业的时代精神力量；这种以社会精神气质为表现的时代精神，与特定社会的文化背景有着某种内在的渊源关系；在一定条件下，这种精神力量决定这种事业的成败。韦伯认为，西欧资本主义的产生是以表现在欧洲宗教改革后的新教伦理中的"资本主义精神"为支撑的，这种精神是西欧理性主义发展的结果。因此，资本主义的产生与新教伦理有着一种内在的亲和关系。③ 韦伯在发表《新教伦理与资本主义精神》之后，继续致力于研究世界各种宗教的经济伦理，以证明资本主义时代精神的合法性。

关系研究的学者要发挥社会学的想象力，观察中国历史和社会之变迁

---

① 梁启超. 中国历史研究法. 上海：上海古籍出版社，1998：122-123.
② 杨懋春. 中国的家族主义与国民性//李亦园，杨国枢. 中国人的性格. 南京：江苏教育出版社，2006：106-109.
③ 苏国勋. 理性化及其限制：韦伯思想引论. 上海：上海人民出版社，1988：2-3.

趋势，明察当前社会改革之要务，在"关系"的流行中，注重探索那种勇于抵制不良"关系"的人格的孕育及其唤醒在"关系"盛行中"沉默的大多数"的条件与机制，推动"乡土中国"的"差序格局"向"现代中国"的"团体格局"转变。

第五编
理论自觉与社会政策研究

第十一章 福利制度是西方国家危机的根源吗？

2008年以来，西方国家爆发的金融危机、政府债务危机及其引发的社会和政治危机，给全球带来了深刻而持续的影响。在对危机原因的分析与反思中，将危机归因于福利制度的观点很普遍，谨防"福利病"和"福利陷阱"的话语占据了重要地位。一些西方学者"善意"地告诫中国要以西方福利国家为鉴；许多中国学者和经济精英们也"自觉"地反思，认为中国要谨防"福利陷阱"。关于福利制度的这些批评话语，实际上掩盖了资本主义国家危机的根本制度性原因，同时也夸大了福利制度的负面效应，容易误导人们对经济社会结构转型必然要求加强福利社会建设这一基本趋势和规律的认识，容易在认识上放大中国建设福利社会的困难，不利于我们形成共识。这种批评话语，也与中国正在加快建设全民共享的社会福利体系的实践不相符合。

在对社会福利制度政策的研究上，我们要有高度的理论自觉，要坚持"立足现实、开发传统、借鉴国外、创造特色"的立场[①]，根据西方福利制度发展的历史实践，剖析西方国家危机的福利制度根源论的认识误区，揭示危机的本质与根源，总结和借鉴西方福利制度发展的经验，在对比中国与西方福利制度的改革背景与改革逻辑的差异中，探索适合中国国情的福利社会建设模式，推动和谐社会建设事业。

[①] 郑杭生. 促进中国社会学的"理论自觉"：我们需要什么样的中国社会学?. 江苏社会科学，2009（5）.

一、福利国家制度的作用及其面临的困境与批评

(一) 福利制度是经济社会转型的必然选择

慈善、救助等社会保障思想与实践在人类社会发展史上源远流长。不过,现代社会保障和福利制度则是近代以来工业化的产物。随着工业化、城市化、市场化的发展,经济社会结构发生深刻变动,失业、工伤、养老等社会风险对人们的生活乃至生命的影响日益严重,高度的社会流动使得家庭、社区的社会支持功能弱化,以社会保障和福利制度来抵御社会风险就成为必然的选择。从西方经济史和福利制度发展的历程来看,1601年英国颁布的《济贫法》,是适应资本主义初期对劳动力自由流动的需要和流民、贫困问题普遍出现的产物;19世纪80年代德国的社会保障制度,则顺应了机器化大生产条件下无产阶级壮大、劳资冲突加剧的时代趋势。西方在经历了1929—1933年经济危机和第二次世界大战后,社会福利思想兴起,西方各国通过资本主义的制度调整,注重政府调控市场,实行福利国家模式。

社会保障和福利制度在经济、政治、文化和社会等方面具有多重功能,这些功能相互促进和强化,在客观上起到了缓解社会冲突、维持社会稳定、促进经济社会发展的作用。福利国家作为"稳定资本主义社会的一套装置"[1],其对资本主义国家矛盾的缓解机制表现为多个方面。首先,资本家通过将工人创造的部分利润用于保证工人的基本生活水平,在一定程度上将利益对立转化为总体上更具建设性的冲突解决形式,从而缓解了资本主义制度的合法性危机;其次,从国民经济学的角度来看,社会福利部门通过社会保障与福利政策帮助社会成员解决生活困难,保障其生存、发展的权利,通过教育培训等投资,改善人力资本状况,促进人们的工作意愿,实现劳动力再生产,提高劳动生产率,从而保证市场经济体系的有效运行。此外,福利制度在文化方面被视为促进社会公正的制度安排,提

---

[1] 克劳斯-奥菲. 福利国家的矛盾. 郭忠华,等译. 长春:吉林人民出版社,2006:8.

高了国家和社会相关方面的合法性。[1] 这样，福利制度也为资本主义社会的国家认同与社会整合奠定了基础。将经济发展的成果用于公共领域以改善民生的福利国家制度，是促进国家和社会认同的基础性支撑因素。[2] 在不平等的总体制度下，社会福利体制虽然不能从根本上解决不平等问题，但它通过对弱势群体在社会保障、医疗和教育等方面提供制度化支持，有利于缩小人们在起点上的差距，促进身份地位的平等，降低风险与不安全，提升社会生活的文明程度。

从社会治理的角度来说，西方发达资本主义国家的主要经验就是顺应工业化、城市化过程中经济社会结构的变化，通过具体制度的调整，用"社会改良政策"和"社会管理"来满足工人阶级的要求，在资本与劳动之间形成建设性的妥协，以摆脱毁灭性的阶级对抗[3]。社会保障和福利制度作为各国重要的基本制度安排，由维护稳定、保障民生的工具转变为维护公平正义、实现合理共享的财富分配机制，是一条不可逆转的发展规律。福利社会是人类共同的追求。[4]

（二）对福利国家制度的主要批评

福利制度对西方发达国家保持社会稳定和经济发展发挥着重要作用，但是福利制度与经济发展的关系等问题一直以来都是争论的话题。尤其是20世纪70年代以来，在全球化背景下，西方福利国家面临人口老龄化、经济增长缓慢、通货膨胀、失业率上升等一系列挑战，人们将这些问题归结为"福利危机"，福利制度越来越成为争论的核心议题。在遭遇经济危机时，对福利制度的批评更加盛行。因为在面临经济危机时，政府往往实行福利紧缩政策，但在危机发生时，失业率增长等状况使得人们对公共福利和保障的需求增加，福利紧缩政策就极易引发社会抗议。近几十年来，许多国家试图大力削减福利开支的改革，都引发了社会不稳定。2008年金融危机后欧洲许多国家陷入政府债务危机，政府不得不大幅削减福利支

---

[1] 考夫曼. 社会福利国家面临的挑战. 王学东，译. 北京：商务印书馆，2004：25-38.
[2] 李友梅，等. 社会认同：一种结构视野分析. 上海：上海人民出版社，2007：16-22.
[3] 同[1]21.
[4] 郑功成. 中国社会保障改革与未来发展. 中国人民大学学报，2010 (5).

出，从而引发民众的强烈抗议和广泛的社会、政治动荡。这种困境似乎更证明了福利制度是导致经济、社会和政治危机的重要原因，关于"福利病"的批评也就成了一种自我实现预言。①

对福利制度和福利国家的批评，主要集中在以下三个方面：

其一，认为普遍的高福利保障使部分人群工作欲望减弱，甚至掩盖自己的工作能力和工作热情，形成了福利依赖群体。这是关于"福利病"或福利依赖最常见的批评。有分析认为，欧洲债务危机证明福利国家模式只能养懒汉，也证明经济人假设的正确性和马克思主义的错误性。

其二，认为在福利制度下，社会福利成为人们的基本权利，而"福利刚性"使得社会福利支出日益膨胀，成为经济发展的负担。与对"福利病"的假设与分析相似，许多分析认为，福利具有不可逆性和刚性增长的特点，往往是只能升不能降，人们习惯于从"过穷日子"过渡到"过富日子"，但很难适应从"过富日子"过渡到"过穷日子"，这种"福利刚性"使得福利支出水平面临不断提高的压力。而一旦出现经济停滞，政府就会削减或限制福利支出，这必然会引发社会抗议和社会危机。

其三，认为高福利、高税收提升了劳动力成本，削弱了国家经济竞争力，使得福利国家经济活力不足、失业问题加剧。批评者还认为，福利制度造成福利机构不断膨胀，成本不断增加且效率低下，破坏了经济效率。因此必须改革福利体制，控制社会福利的范围和水平，降低企业税负，以提高经济活力。这种认识也是20世纪70年代以来福利国家的合法性受到质疑，新公共管理运动、公共服务社会化思潮兴起，以及推动福利国家改革的重要因素。

二、对西方国家危机的福利制度根源论的分析与批判

关于福利制度和"福利病"的上述分析与批评，看似合乎逻辑，其实存在着许多认识上的误区和建构主义的色彩。将当前西方福利国家危机归因于福利制度，并没有看到危机的资本主义制度根源，把对资本主义危机

---

① 默顿. 社会研究与社会政策. 林聚任，等译. 北京：生活·读书·新知三联书店，2001：117.

的反思和批判简单化地转移和集中到对其福利制度的批判上,无疑是打错了"靶子",使得福利制度成为资本主义危机的"替罪羊"。

对于20世纪80年代兴起的福利国家危机论,我们需要进行深入的分析与批判。只有对福利国家背后的制度及其结构进行深入探究,才能真正理解福利国家赖以生存的制度基础和政策逻辑,避免出现认识上的偏差或误导。如果只是片面批判福利制度或一味地担心"福利病",则会因夸大某些问题而偏离问题的本质。对福利制度的误解与曲解,无疑会对中国当前以民生为重点的社会建设道路产生误导。在社会福利理论与政策研究中,我们要有高度的理论自觉意识,尤其要从马克思主义政治经济学、社会学的视角,对相关福利制度认识中的误区进行深入分析与批判。

其一,关于过高的福利水平必然使人们产生福利依赖、影响经济效率的观念与解释有严重的分析缺陷;关于福利只可增不可减的"福利刚性"论,也是建立在现代西方经济学人性自私和贪婪的人性论假设基础上的,缺乏充分的社会学依据。

批评者认为,过高的福利造成福利依赖和长期失业问题,会降低市场经济的效率,阻碍公民的自由。为了克服福利依赖等"福利病",应实行低水平的失业保险或在就业方面减少扶助力度,以保证社会活力。这种批评忽略了失业问题原因的复杂性。关于福利依赖,正如蒂特马斯所分析的,人们都会在人生的不同阶段需要福利的帮助,因此,应当将依赖性看作人生历程的一个自然部分,而不应把它"刻板化"或排斥它[1]。而且,以自由主义为基础的关于福利依赖的解释,假设每个人都能够真正参与市场活动,这显然是不对的[2]。这种观念与解释并没有理解最需要社会福利的弱势群体(如老弱病残等劳动能力缺乏者)受市场经济排斥的状况,说这些人缺乏工作意愿甚至滥用社会福利,并没有看到问题的关键在于要能够以较低的资本密集度和低廉的交易成本,为这些人提供有益的就业机会[3]。而且,在技术变革和生产率提高对劳动力形成排斥的条件下,私有

---

[1] 沃特. 社会政策发展中的几个关键问题//杨团,关信平. 当代社会政策研究. 天津:天津人民出版社,2006.
[2] 埃斯平-安德森. 福利资本主义的三个世界. 北京:商务印书馆,2010:56.
[3] 考夫曼. 社会福利国家面临的挑战. 王学东,译. 北京:商务印书馆,2004:166.

制和自由市场难以解决失业和贫困问题，这就必然要求现代国家有就业考量的福利制度与政策安排。

将危机归因于福利制度，归根到人性自私、贪婪和享乐的本体论，似乎是现代经济学的最高境界①。实际上，社会学和社会心理学的研究表明，在收入和福利待遇方面，人们往往与其他参照群体相比较，而不仅仅比较收入和福利水平在纵向上的上升或下降。如果存在巨大的收入差距和福利分割，即使收入和福利水平不断上升，人们的公平感和满意度也不一定提升。金融危机后欧美社会的动荡，不只是因为福利受到削减，更为重要的是在贫富分化严重的条件下，危机发生后的福利削减，使得大量在危机时期更需要福利支持的人群（包括底层群体和新失业的中产者）陷入困境，心怀不满，从而走上街头。"占领华尔街"运动就是明显的例子。在金融危机后，更多的人群面临失业、收入下降和福利减少，而富人或特权阶层却仍享受着较高的收入和福利待遇，正是这种社会不公，才是引发抗议运动的根本原因。

其二，当前西方国家危机的本质是资本主义的制度性危机，而围绕福利制度的争论和所谓"福利国家危机"则是资本主义内在矛盾的彰显。

当前西方经济危机的根源与本质，仍然是马克思所分析的资本主义生产过剩危机。其发生逻辑是：生产资料的资本家占有制—资本、劳动收入分配的两极分化—有效需求不足—生产过剩—各种形式的透支消费—经济危机。只是在全球化背景下，这一逻辑有了一些新的变化。如当前有效需求不足的原因不再仅仅是一国范围内的贫富分化，也包括全球范围的不平等与分化；在经济全球化和金融化的推动下，生产过剩不再直接表现为一国内实体经济的产能过剩，而是表现为发达国家虚拟经济过度繁荣和发展中国家实体经济的产能严重过剩。② 尤其是当代资本主义金融化和金融掠夺，支撑了新的食利者阶层的产生，对当前危机的发生起着重要的推动作用③。

---

① 赵磊. 当代资本主义危机与中国的改革发展. 国外理论动态，2011 (12).
② 同①.
③ 拉帕维查斯. 金融化了的资本主义：危机和金融掠夺. 政治经济学评论，2009 (1).

资本主义的根本矛盾决定了它必然将生产当作目的，而将人的需要和消费当作工具，通过各种形式刺激人们消费，以维持生产的持续，由此也催生出普遍的"虚假需求"，人异化为"消费人"。在经济日益"金融化"的消费主义时代，超前消费、透支消费和负债消费与各种金融衍生品泛滥相互推动，成为金融和债务危机的根源。这种建立在人的不健康需要之上的资本主义生产方式，也日益使人类陷入资源环境困境。

即使福利或福利制度在某种程度上成为一些西方国家政府财政和债务危机的原因，也是由上述资本主义生产逻辑所决定的。为了刺激消费带动增长，福利政策也成为政府促进国民消费以缓解生产过剩危机的重要制度安排和工具。各种超前消费、高消费的模式又导致了人们对福利的更高依赖，实际上也加剧了人们的风险，一旦发生经济金融危机，许多民众就会陷入生存困境之中，对社会福利的需要就会更迫切，政府的福利削减政策也就极易引发抗议和社会动荡。可见，在资本主义条件下，国家的福利制度安排并不能真正解决经济的两极分化和政治不平等问题，也难以真正保障人的自由全面发展。

20世纪七八十年代以来，在新自由主义的影响下，许多国家（包括发达国家和发展中国家）推行私有化、减弱国家对失业率的调节、减少金融控制、削弱工会、降低税率和减少劳动保护等政策，大都出现了资本盈余不断扩大而收入不平等加剧的情况。福利国家中也出现了国家、资本和劳工三者之间的权力平衡偏向资本，形成"强资本""弱劳工"的状况。尽管在全球化过程中因产业转移等原因，发达国家的经济发展受到一定影响，但总体而言，发达国家在经济全球化中获益更多，而有些发达国家却陷入政府财政困境，其中一个主要原因是财富为少数人所拥有，"增长所带来的好处全被顶层攫走了"①。2008年金融危机以来，许多西方国家的债务危机和社会动荡，充分暴露出资本主义国家社会两极分化的现实。

其三，批评者将西方福利国家经济增长缓慢、经济竞争力下降和失业率上升等问题背后的复杂经济社会原因简单地归结为福利制度，实际上是

---

① 斯蒂格利茨. 不平等的代价. (2012-06-12) [2018-05-07]. http://www.zaobao.com/special/forum/pages8/forum_zp120612a.shtml.

将福利制度当成了经济发展不良的"替罪羊"。

关于福利国家债务危机是由于福利负担重,因而缺乏经济效益的说法,并不能经受事实的考验。据"世界经济论坛"公布的2011—2012年环球竞争力排名,瑞士、新加坡、瑞典、芬兰、美国、德国、荷兰、丹麦位居前八位,其中除美国外,大多有相近的福利制度①。经济合作与发展组织(OECD)的统计数据也表明,在欧盟,债务危机严重的国家,包括希腊、爱尔兰、西班牙和意大利,都不是福利支出水平最高的国家。从2007年政府社会支出占GDP比重看,意大利为24.9%,既低于采取社会民主主义型福利国家模式的瑞典(27.3%)和丹麦(26.1%),也低于采取法团主义/欧洲大陆型福利国家模式的法国(28.4%)和德国(25.2%)。相比之下,希腊(21.3%)和西班牙(21.6%)要低很多,爱尔兰(16.3%)更是低于经合组织国家的平均水平(19.2%),而且爱尔兰和西班牙近年来的福利增长幅度也非常小。②

事实上,不是有利于社会平等的福利制度,而是资本主义制度造成的不平等导致了经济增长减速和效率低下。就如斯蒂格利茨所分析的,在二战结束后的几十年中,经济增长速度要比1980年以来的两极分化时期快得多。以美国为例,社会不平等程度的扩大导致了经济增长减速和效率低下,富人们不需要公共服务而又担心强势政府会实行收入再分配,他们利用自身的政治影响力削减税收和政府支出,这就导致基础设施、教育和技术的投资不足,使得人力资源得不到充分利用,许多底层甚至中产人群的潜能难以充分发挥,阻碍了增长引擎的运作。政府在经济衰退时削减基本社会支出的做法,加上高失业率压低了工资,又加剧了社会不平等。③

从世界各国的发展实践来看,社会保障的发展是一个国家或地区经济

---

① 薛涌. 欧洲"福利国家"的范本意义. (2012-06-26) [2018-04-23]. http://viewpoint.inewsweek.cn/columns/columns-1904-p-1.html.
② 赵力涛. 福利制度并非"福利国家危机"根源. 中国社会科学报,2012-09-07(2).
③ 斯蒂格利茨. 不平等的代价. (2012-06-12) [2018-05-13]. http://www.zaobao.com/special/forum/pages8/forum_zp120612a.shtml.

发展的重要促进因素，中国近十多年来的发展，也证明了社会保障制度建设步伐的加快对经济发展及推进经济改革的巨大功效①。经济社会结构的深刻变动，必然要求进行相应的制度调整，要求通过福利制度将教育、医疗、社会保险、就业等纳入新型产业发展。这样，社会福利支出将不仅不是经济发展的负担，反而会成为经济社会持续协调发展的重要基础。

其四，如果说福利或福利制度与西方福利国家的经济、政治和社会危机之间有某种因果关联，那么主要是因为福利或福利制度与资本主义国家的形式民主的体制密不可分。

当前，以多党制和议会制为主要内容的西方"宪政民主"已面临制度性困境，政党为选票所绑架，蜕变为"选举机器"，议会民主成了选票民主，按选票多少排座次的"民主"规则被发展到极致②。为了获取选票，执政党和在野党及其政客在竞选过程中往往会许诺增加福利和减免税收。福利国家的本质是国家通过税收等手段调节财富分配，而高福利、低税收无疑会造成政府财政困境，政府必然要通过紧缩财政以平衡预算，社会福利紧缩又往往引发社会动荡。而且，在资本主义民主选举制度的实践中，低税收政策最大的受益者往往不是普通民众而是资本家，这些经济精英作为选举政治的最大操纵者，往往反对福利支出，质疑公共福利支出的意义及效果。

资本主义民主制度从其表面上看，似乎使得民众可以凭借其选票争取自己的福利权利，但从根本上来说权利并不能真正实现。列宁关于资本主义既有形式上的平等，又有经济上的不平等和随之而来的社会不平等的分析，确是命中了资本主义民主制度的要害③。实际上，近年来西方世界发生的各种民众抗议活动，都反映出民众对代议制民主的不满和对"真民主"的期盼。在社会分化的条件下，西方的选举政治和党派之争也导致政治极端化和社会分裂。选举政治往往陷入这样一种制度困境：竞选中观点越激进，就越能吸引选民的关注，而温和、理性的声音却得不到肯定，为

---

① 郑功成. 福利病不是我们面临的问题. 中国劳动，2004（10）.
② 柴尚金. 西方宪政民主是如何陷入制度困境的. 光明日报，2013-03-19（3）.
③ 程恩富，谭扬芳. 从"占领华尔街"反思资本主义制度危机. 中国社会科学报，2011-10-25.

得到更多选票和政治献金，政党和候选人往往倾向于以极端口号和承诺来迎合选民的诉求。这样，个人、团体利益和短期利益往往被放大，而国家整体利益和长远利益却遭受损害。党派之争也引起民众对立和冲突，容易导致社会分裂。① 选举政治和选票民主也成为当今许多国家移民排斥政策（尤其是在社会福利等层面的排斥）以及族群分化与纷争的根源。在多元主义的政治与社会现实中，族群、文化、宗教等层面的多样性有时会造成不和谐（如宗教或族群之间的暴力冲突），不过，在大多数情况下，文化、宗教冲突只是表象，经济、政治利益才是冲突的根源。例如，2001 年 9 月 11 日纽约遭受恐怖袭击后，欧洲民众产生了强烈的不安和反穆斯林情绪，一些政党为了得到更多的支持和选票，利用这种情绪，制定了激进的反穆斯林政策，严格控制穆斯林向欧洲移民②。这种政治实践最终必然导致族群的严重分化与纷争。

其五，福利国家危机的社会和思想根源是新自由主义影响下社会共识的日益缺乏。

较高水平的社会福利需要适当的财力支持，更需要民众的支持。二战以后，建造一个平等的福利社会，成为许多欧洲国家的基本社会共识。在二战后极其艰难的情况下，战争造成的苦难使人们更加向往美好生活和各阶级间的团结，这种共识为政府建立普遍供给式的福利体制奠定了坚实的社会基础。

不过，福利制度问题也一直是西方政治争论的焦点。尤其是 20 世纪 70 年代以来，随着经济全球化的加速、资本主义竞争结构的变化以及市场体制在世界范围内的普遍推行，新自由主义等社会思潮日益兴起，在二战后特定历史背景下形成的福利共识趋于瓦解，福利国家面临严重的政治合法性危机。20 世纪末社会主义运动陷入低潮以后，新自由主义的经济政策与发展模式更是日益占统治地位。新自由主义强调捍卫个人自由和市场经济至上，从意识形态和政策上对福利国家进行攻击，使得福利国家在

---

① 柴尚金. 西方宪政民主是如何陷入制度困境的. 光明日报，2013-03-19 (3).

② 游斌. 包容多样：以比较促进宗教间和谐：德国普朗克宗教与族群多样性研究所所长范彼得教授访谈录. 中国民族报，2011-10-25.

话语中成为经济发展的沉重包袱和道德抨击的对象,"低效率""高浪费""养懒人"等说法几乎成为福利国家的"悼词"。对福利依赖问题的讨论,也成为学者讨论福利国家道德与政治哲学的基础内容,成为福利国家社会政策的重要的话题[1]。新自由主义话语意识形态严重动摇了关于福利国家的共识,许多关于福利制度与政策的讨论偏离了实际,也缺乏理性。那些在很大程度上源于社会结构和制度层面的社会不平等、不公正问题,却被转化成了个人道德问题。这种争论,也造成贫富之间、工作者与失业者之间以及代际团结的破坏,从而使得社会共识日益匮乏,对利益共同体、价值共同体以及和谐社会的构建形成极其有害的影响。

其六,在面对各种危机和批评的情况下,福利国家在艰难地推进一些改革和调整,但是无论如何改革和调整,国家和政府在福利社会建设中的责任和作用都是不可或缺的,而且在某些领域还需要扩展和强化。

在剧烈变动的国际经济政治环境下,尤其是受经济全球化进程和新自由主义思潮的影响,西方福利国家在各种困境和压力之下,都在进行福利多元主义的改革,强调国家(政府)、市场、社区、家庭等主体在福利承担上的共同责任与作用。福利国家几乎都有不同程度的福利削减和紧缩改革,都在实施所谓"积极的劳动力政策",将福利权与公民责任挂钩,以减少所谓的"滥用福利";同时,也激励私营部门或非营利组织参与和提供公共服务。[2]

不过,福利多元主义的政策方案,并不能有效满足由社会变迁导致的新的福利需求,因为在既定的经济和政治框架下,政府之外的福利来源并没有坚实的基础,社会部门并没有能力提供充分、稳定和全面的福利[3]。要解决福利国家危机,不能简单地采取放弃国家与政府责任的做法。实际上,在当今经济全球化已严重削弱地方或社区自给性水平以及新自由主义经济政策带来严重经济社会分化和社会冲突的条件下,更需要政府承担提供社会福利的主要责任。所以,尽管西方各国由于经济、政治、社会和文化的不同,其福利制度模式和改革的方向也有差异,但国家"通过社会福

---

[1] Fraser N, Gordon L. "Dependency" demystified: inscriptions of power in a keyword of the welfare state. Social Politics, 1994 (1).
[2] 熊跃根. 全球化背景下福利国家危机与变革的再思考. 学海, 2010 (4).
[3] 王家峰. 福利国家改革:"福利多元主义"及其反思. 经济社会体制比较, 2009 (5).

利等方式,团结起来以集体的力量共同应对日益增高的社会风险,仍具有高度的合理性"①。例如,在现行的经济分配制度下,就业收入是大多数国民收入的主要组成部分,但随着生产力和技术水平的提高以及市场经济的发展,对劳动力的需求必然减少,失业也就越来越成为最主要的经济社会问题。而以利润、效率和竞争为基本原则的自由市场制度和资本主义私有制,是不可能解决就业、贫困等问题的;为自由市场和资本主义辩护的各种理论和思潮,在失业、贫困等社会问题上也是无能为力的。这种状况必然要求现代国家或社会实施积极的就业政策和就业优先战略,保障公民的受教育权利和帮助劳动者获得工作岗位,是应对现代性风险的重要方式之一。

将部分福利国家的危机归因于福利制度的观点,其根本目的是为资本和自由市场做合理化辩护。实际上,当前这些福利国家的危机以及世界经济社会发展中的诸多问题与困境的解决,必须通过进一步扩大福利性行动才能实现。也就是说,解决危机的出路不在于限制福利国家、削减福利支出,相反,在很多领域还有待扩展社会福利和提升福利水平。例如,在社会高度流动、家庭日益核心化的条件下,老年人、残疾人和儿童照顾等问题,已经很难在家庭或社区内得到解决,必须由政府发挥主体责任,通过社会政策引导,在社会化、专业化的制度化框架下加以解决。再如,老龄化问题已成为发达国家经济社会持续发展的首要制约因素,老龄化的根源是日益降低的生育率,虽然低生育率的原因是多方面的,但其中一个重要原因是福利社会建设尚有不足,使养育孩子的成本极高。在经济全球化环境下,工作压力使很多年轻人不愿建立家庭,已婚夫妇的生育意愿低,因为尽管可能会有生育等方面的政策补贴,但相对于工作收入来说,生孩子意味着可支配收入的下降。有研究表明,在新加坡等国家,法定工作时间外的长时间加班,减少了员工与家人相处的时间,给家庭生活带来不良影响,是生育率低的重要原因之一。因此,发达国家要摆脱老龄化、人口负增长和劳动力缺乏的发展困境,根本上还是要通过家庭福利政策鼓励生

---

① 张奇林,张兴文. 风险社会背景下福利国家的合法性及危机. 广西经济管理干部学院学报,2010(2).

育。此外，在发达国家老龄化严重、劳动力缺乏以及经济全球化的推动下，地区间乃至国际大规模的劳工移民成为发达国家劳动力的重要来源，但以民族国家为框架建构的福利制度，在覆盖面和保障水平上对移民群体的排斥普遍存在，也成为这些国家社会分化、族群纷争和社会稳定问题的根源之一。因此，福利国家在完善福利制度、减少福利排斥、建立突破民族国家和区域界限的福利保障制度等方面，仍面临艰巨的任务。

三、中国与西方福利国家在福利制度建设与改革上的差异

在对西方福利制度进行批判的话语中，福利制度的负面效应被放大。这种话语对于迫切需要加快福利社会建设的中国来说，在认识和政策方面都有消极影响。部分中国学者认为，发达国家以往的社会福利制度已难以为继，其改革的主要趋势是减少国家对社会保障的责任，并据此强调中国建立覆盖全体国民的社会保障制度所面临的困难。长期以来，保持较低的劳动力价格是中国在全球化竞争中保持所谓"比较优势"的关键。受新自由主义等思潮和话语的影响，一些学者认为在激烈的国际竞争环境中，如果我国不继续延长工作时间、保持较低的工资与社会保障水平，就会面临更大的失业危机。有经济学学者认为，在中国现有国情和发展阶段下，建立统一的社会保障体系是"洋跃进"[1]，是"短视国策"[2]。还有学者认为，对中国而言，从某种道德理想出发，一味地强调扩大保障覆盖面和提高保障水准是非常不现实的，在提供新的福利项目时一定要注意起点低，因为福利水平具有刚性增长的法则，往往是只能升不能降，要把福利增长速度降下来，一般都会面临政治上的挑战[3]。因此，中国提升社会福利必须小步走[4]。部分学者提出，我们要汲取欧洲国家福利负担过重导致经济发展压力过大的教训，要从中国的实际出发，构建能够保证处于底线以下的公民得到基本

---

[1] 陈平. 建立统一社保是"洋跃进". 改革内参，2002（8）.
[2] 陈平. 建立统一的社会保障体系是短视国策. 中国改革，2002（4）.
[3] 李培林. 法国福利体制的危机及对我国的启示. 社会学研究，1997（2）.
[4] 李培林. 提升社会福利为什么必须小步走. 北京日报，2012-06-18.

福利保障的社会福利制度①。与这些分析逻辑相似,更常见的话语是:为了防止"福利病"和"福利陷阱",即便经济高度发达,也不能建立高水平的社会福利和社会保障。

这种分析逻辑与观点,忽视了一个国家在工业化等社会转型过程中社会保障制度建设与社会福利水平提升的必然性,忽视了社会福利与保障制度在经济社会持续、和谐发展中的作用。更为重要的是,这种论调缺乏对中国与西方福利国家在福利制度建设与改革上的背景和逻辑差异性的深入分析。

首先,西方福利国家总体来说福利水平较高,而中国的社会福利水平还很低,如果说西方国家真有所谓的"福利病"的话,中国有的则是"福利贫困病"。

当前中国的社会福利与保障制度建设滞后于生产力和经济发展水平,保障不足、投入不足仍是主要问题,我们现在面临的主要任务是加快社会福利与保障制度建设,增进国民的福利,而绝对不是什么"福利病"的问题。而且,关于"福利病"的担心会使社会弱势群体的利益长期被忽略,经济社会将长期陷入不协调、不和谐的状态,最终损害国家健康而持续的发展。②

从发达国家福利制度建设的历史来看,它们开始建立社会保障和福利制度时的经济发展水平并不是很高。例如,当今具有极强经济竞争力的斯堪的纳维亚地区国家,在建立福利国家之初,还是欧洲著名的贫困角落③。2008年,中国经济发展水平相当于西欧 12 国 1957 年的发展水平,但在 1957 年之前,这 12 国中多数国家已建立起了比较健全的社会保障与福利制度。现在,世界上一些与中国经济发展水平相近或不及中国经济发展水平的国家,在基本社会保障制度建设上也比中国走得更远。④ 因此,从经济发展

---

① 景天魁. 社会管理创新与福利社会建设. 北京工业大学学报,2012 (1).
② 郑功成. 福利病不是我们面临的问题. 中国劳动,2004 (10).
③ 薛涌. 欧洲"福利国家"的范本意义. (2012-06-26) [2018-05-18]. http://viewpoint.inewsweek.cn/columns/columns-1904-p-1.html.
④ 陈友华. 社会保障制度:以人口可持续发展为基础. 中国社会科学报,2011-04-12 (10).

阶段和水平来看，我国现在已具备了建立覆盖社会全体成员的基本社会保障制度的能力。我们需要根据经济发展阶段与水平，适时地提高国民社会福利水平，加强社会福利制度建设。实际上，在政策与实践层面，我国政府近年来已承担了越来越大的社会福利或社会保障责任，对推进社会公平与社会和谐发挥了基础性的作用。

其次，西方福利制度改革的方向是减弱国家的责任、走向福利多元化，而中国当前福利制度建设与改革的核心仍然是突出国家和政府的责任。

西方福利国家在其较高的社会福利水平条件下，福利制度改革的主流趋势是在许多方面弱化国家责任，强化个人、社区、市场的责任。但中国却有着与西方福利国家不同的改革背景与逻辑：由于长期以来国家和政府在福利责任承担上不够，因此突出国家和政府的责任仍然是当前中国社会福利制度建设和改革的核心，"至少在福利改革的短期目标上，应当强调国家在福利制度中的主体责任，特别是财政责任"[①]。经济社会结构的变迁必然要求国家和政府承担福利供给者和制度建设推动者的角色和责任。长期以来，我国国家和政府福利责任不到位不仅表现在民生财政投入较低等方面，也表现在相关制度的设计与建设滞后等方面。例如，在养老等方面我国强调家庭的作用，但某些制度与政策实践却对家庭养老等功能的发挥形成制度性抑制与破坏，如户籍制度和农民工制度造成农村许多家庭处于分离状态，家庭养老等功能发挥的条件几乎完全丧失，导致留守老人等诸多影响深远的社会问题。我国当前存在的城乡之间公共服务不均衡、区域之间发展差距大、群体之间收入差距较大等问题，都需要强调国家作为利益协调责任主体的作用。

此外，在基本社会制度和政治体制等层面，中国与西方福利国家有不同的国情条件，也决定了彼此有不同的福利制度建设与改革的方向。

就基本社会制度而言，在私有制下，资源的市场配置和财富的私人所有占主导地位，西方国家政府直接控制的资源相对有限；而在中国却是国家和政府掌握着绝大部分国民财富和社会资源，社会主义公有制也决定了这些财富和资源要用之于民。实现共同富裕和建设福利社会，是社会主义

[①] 韩克庆. 第三条道路与中国的福利改革. 天津社会科学，2010（3）.

的本质和必然要求。从理论上来说，社会主义公有制有利于保证根据社会的实际需要安排经济活动，从而实现持续协调发展，而不是像资本主义生产方式那样为了生产而生产、通过制造"虚假需求"维持生产的持续运行；也能够避免私有制下社会陷入两极分化、消费主义的困境。在社会主义制度下，建设福利社会本身将成为社会发展的目的，而不仅仅是将福利作为刺激消费、拉动经济增长的工具。中国共产党"以人为本""执政为民"等执政理念的确立与施行，表明当前中国改革的过程就是国民社会保障与社会福利逐渐增加的过程，这深刻地体现了社会主义的本质特征与要求。

就政治体制而言，资本主义的私有制决定了政府在解决众多社会问题上的无力；与资本主义相比，社会主义以公有制为主体的优越性，保证了社会的统一性，社会管理不带有阶级对抗性，社会主义社会管理的主要目的是克服阶级之间的社会差异，充分保证社会全体成员的福利和自由的全面发展[1]。资本主义国家的民主制度，其"资本化"和"短视化"的蜕变，使得其在利益集团平衡政治中，并不能真正保证弱势群体的经济权利；相比而言，社会主义民主政治体制，能够有效实现全社会在经济上的实质性平等与民主，而不仅仅以政治上的"程序民主"为满足，也能够避免陷入选票政治中政客的低（免）税收高福利的许诺使政府或国家陷入财政危机的境况。

四、结语

社会福利水平滞后于经济发展水平，国家在社会福利投入和福利制度建设方面的责任亟待加强，这是当前中国社会福利事业发展中的根本问题。关于"福利病""福利陷阱"的话语，无疑会误导和影响我国社会福利事业的发展。

当前中国应在政府的主导下，全面促进社会福利事业发展，建立健全社会福利体系，实现社会福利体系从照顾弱者向普惠全民转变，让全体人

---

[1] 奥马罗夫. 社会管理：某些理论与实践问题. 王思斌, 等译. 杭州：浙江人民出版社, 1987：1-9.

民真正过上有体面、有尊严的生活①。在社会福利制度的建设与改革上,必须根据国家经济社会发展的阶段和面临的挑战与机遇,制定适应当前和未来发展的经济政策和社会福利政策,坚持国民福利与国民经济同步发展,推动和谐社会建设事业稳步前进。

在社会福利理论与政策研究中,中国学者要有高度的理论自觉意识,在对西方福利国家和我国福利制度发展的历史、现状与未来趋势进行深入分析的基础上,厘清"福利病"等观点背后的话语意识形态及其误区,寻求中国福利社会建设的共识。要借鉴西方福利国家通过福利制度建设实现社会建设和社会治理的成功经验;在加快福利制度建设和提升福利保障水平的过程中,也要吸取西方的教训,注重民生政策与制度设计的科学性与合理性。要在加强国家和政府福利责任主体性的同时,通过相关制度改革和文化价值观念的重塑,充分发挥我国注重家庭、社区等主体承担社会福利功能的社会与文化传统优势,探索适合中国国情的福利社会建设道路。

---

① 郑功成. 中国社会福利改革与发展战略:从照顾弱者到普惠全民. 中国人民大学学报, 2011 (2).

第十二章　福利社会建设与社会治理

在对西方国家金融、政治与社会危机的反思中,许多人将福利制度看作危机的根源,谨防"福利病"和"福利陷阱"的话语十分流行。实际上,这种反思与批评夸大了福利制度的负面效应而忽视了其正面功能,在认识上也放大了中国建设福利社会的困难,不利于形成社会共识。当前,我国正在实施的加快推进以改善民生为重点的社会建设战略和任务,是应对我国经济社会发展阶段面临的重大挑战、抓住新的发展机遇的重要选择。可以说,加快具有中国特色的福利社会建设,是中国社会建设的根本任务,也是社会治理的基本途径。因为建设福利社会,是社会主义的本质要求;加强以基本公共服务为主的福利社会建设,也是中国实现经济发展方式转变的突破口。在社会分化加剧、社会矛盾突出的条件下,加快福利社会建设是中国应对社会治理困境的根本途径。此外,福利社会建设也是促进社会认同、重塑价值共同性的重要途径,福利社会建设也将为文化建设与中华民族伟大复兴奠定坚实的基础。

这里所说的福利社会,不是在批判福利国家制度的话语中与福利国家相对、强调国家(政府)之外的社会(社区、家庭和个人)与市场的福利责任主体性的"福利社会"概念,而是以广义的"社会福利"概念[①]为基础的。所谓福利社会建设,就是指提高广大社会成员的生活水平、幸福感

[①] 广义的社会福利,不同于与社会保险、社会救助、社会慈善等内容相对应的包含在社会保障体系中的狭义的社会福利(即针对特殊人群的社会照顾和社会服务),而是指旨在提高广大社会成员生活水平、幸福感和健康水平的各种政策和社会服务。这里关于社会福利的概念,类似于迪安所说的"福祉"(wellbeing),即活得好不好(how well people are)的问题,而不仅仅是"福利"(welfare),即做得好不好(how well they do)的问题。迪安. 社会政策学十讲. 岳经纶,等译. 上海:上海人民出版社,2009:1-2.

和健康水平的各种政策和社会服务建设，就是要加强普惠型社会福利制度建设，实现从"小福利"向"大福利"的转变①。所谓"大福利"，主要是指全民普遍享有，消除各种福利分割。在内容上，"大福利"除了包括中国传统意义上的社会保障（包括社会福利、社会保险、社会救助，以及慈善事业、商业保险），还扩展到就业、教育、住房、卫生健康、社会服务、公共福利，乃至与此有关的公共财政和税收，以及与民生有关的金融体系；在社会福利主体方面，由政府、企业、民间组织、家庭和个人共同参与、协同运作、各负其责，形成合理的责任结构。② 这里强调"大福利"和"福利社会"的概念，主要原因之一是单靠狭义的社会福利等社会政策，是难以解决社会不平等问题的，社会不平等从根本上来说主要是由所有制、收入分配、劳动就业等经济制度与政策等综合因素造成的，因此，除了狭义的社会福利和保障外，还需要通过税收、收入分配等经济制度与体制的调整等再分配工具以减缩贫富差距。此外，福利社会也强调社会各个群体和个人的心态层面，强调人们的安居乐业和社会的"有感发展"。

一、福利制度建设与社会现代化

如前一章所述，现代社会保障制度是现代工业文明的产物，西方国家实施的社会福利政策在经济、政治、文化和社会等方面具有多重功能，而且，这些方面的功能相互促进和强化，在客观上起到了缓解社会冲突、维持社会稳定、促进经济社会发展的作用。福利国家作为"稳定资本主义社会的一套装置"③，其对资本主义国家矛盾的缓解机制表现为多个方面。首先，资本家通过将工人创造的部分利润用于保证工人的基本生活水平，从而削弱工人的反抗意识，在政治方面缓和了阶级对立，将利益对立转化为总体上更具建设性的解决冲突的形式，从而增加了资本主义制度的合法性。其次，从国民经济学的角度来看，资本主义国家社会福利部门的功效对市场经济体系的功效具有补偿功能：通过社会保障与福利政策帮助社会

---

① 景天魁，毕天云. 从小福利迈向大福利：中国特色福利制度的新阶段. 理论前沿，2009（11）.

② 景天魁. 应对金融危机的"大福利构想". 探索与争鸣，2010（1）.

③ 克劳斯-奥菲. 福利国家的矛盾. 郭忠华，等译. 长春：吉林人民出版社，2006：8.

成员解决生活困难,保障其生存、发展的权利;通过教育培训等投资,改善人力资本的教育状况、防止劳动力过早劳损、促进人们的工作意愿、保持和提高劳动生产率,从而顺利实现劳动力的再生产,在很大程度上为提高市场经济体系的效率做出了贡献。此外,福利制度在文化方面被视为促进社会公正的制度安排,提高了国家和社会相关方面的合法性。① 福利制度从而也为资本主义社会的国家认同与社会整合奠定了坚实的基础。

从社会治理的角度来说,西方发达资本主义国家的主要经验就是顺应工业化、城市化等经济社会结构的变化,在制度层面加以相应的调整,通过国家的"社会改良政策",来满足工人阶级的主要诉求,通过社会治理防止工人阶级颠覆私有财产制度,协调资本与劳动之间的关系,以摆脱毁灭性的阶级对抗②。在一个不平等的社会里,福利国家制度虽然不能从根本上解决不平等问题,但它通过对弱势群体在社会保障、医疗和教育等方面的制度化支持,有利于缩小人们在起点上的差距,促进身份地位的平等,降低风险与不安全,提升社会生活的文明水平。

近几十年来,在全球化背景下,西方福利国家面临经济增长缓慢、通货膨胀、失业率升高等方面的严峻挑战,一种比较普遍的批评话语就是将这些问题归因于"福利病",认为是高福利、高税收提升了劳动力成本,造成国家经济活力不足,经济竞争力下降,失业和贫困问题加重,而减少国家责任、削减福利的改革往往会引发政治与社会抗议。在这种话语的影响下,一些学者也强调中国建立覆盖全体国民的社会保障制度面临的困难,认为提升社会福利必须小步走,要严格控制福利费用的增长。这种观点缺乏对中国与西方福利国家在福利制度建设与改革的背景、方向和目的等方面差异性的比较分析,不利于中国福利社会建设共识的形成,不利于福利社会建设实践,也难以适应应对社会治理挑战的需要。

二、福利社会建设与中国社会治理

党的十九大报告指出,中国特色社会主义进入新时代后,社会主要

---

① 考夫曼. 社会福利国家面临的挑战. 王学东,译. 北京:商务印书馆,2004:26,36.
② 同①21.

矛盾已经从人民日益增长的物质文化需要同落后的社会生产之间的矛盾转化为人民日益增长的美好生活需要和不平衡不充分的发展之间的矛盾。我国的社会生产能力在很多方面已进入世界前列，但发展不平衡不充分的问题十分突出，已成为满足人民日益增长的美好生活需要的主要制约因素。我国在总体上实现小康之后，人民对物质文化生活提出了更高要求，在民主、法治、公平、正义、安全、环境等方面的要求也日益增长。

从当前中国经济社会发展面临的挑战来看，过去那种单纯强调通过发展经济、"做大蛋糕"来化解矛盾和问题的理论和实践，已难以应对当前深层次的结构性矛盾。根据经济社会结构的巨大变化，加快经济、社会、政治等领域一些密切关乎民生的制度政策调整，越来越成为推进中国整体改革事业的关键因素。当前中国的主要任务，就是要把以保障和改善民生为重点的社会建设摆到更加突出的位置，建立健全有效的社会治理体系。从某种意义上说，加快福利制度建设和建设福利社会，是当前和今后中国社会建设的根本任务，也是中国社会治理的根本之道。

（一）福利社会建设与社会主义的本质

过去，我们在意识形态层面将福利制度等同于资本主义，片面地将高福利视为病态，并没有正确地把握社会福利制度的本质。实际上，福利国家制度也是资本主义借鉴和吸收马克思主义、社会主义因素的结果。俄国十月革命以来社会主义革命和实践的重要影响之一就是促使西方国家在政治经济制度层面做出深刻调整，由此出现二战后的福利国家[①]。二战后发达国家的社会福利及社会保障事业的发展受到民主社会主义思想的深刻影响，也是执政或联合执政的社会（民主）党、工党大力推进的结果。北欧诸国作为社会保障和社会福利事业最发达的地区，都是社会民主党长期执政的国家。[②] 西方福利制度可以说是马克思、恩格斯所分析的"在资

[①] 童小溪.“十月革命”的重要遗产：世界非殖民化和西方福利国家化. 思想战线，2011（4）.

[②] 庞绍堂.《民主社会主义的目标和任务：法兰克福宣言》导读//童星，庞绍堂. 社会保障经典名著导读. 北京：北京大学出版社，2016：187-202.

本主义社会内部自发地孕育和形成社会主义因素"①的一个重要例子。福利制度在很大程度上缓解了资本主义国家的阶级矛盾,从一定程度上缓和了资本主义生产关系与生产力的矛盾,成为资本主义国家合法性的重要基础,从而也推迟了马克思所预言的资本主义走向灭亡的进程。

马克思、恩格斯在批判资本主义生产方式给社会带来贫困、伤残、失业的同时,并没有简单否定资本主义的济贫事业等社会保障所起的作用。他们分析了社会保障的阶级属性,提出了社会主义社会保障的原则性设想。社会保障是社会发展与进步的重要内容,是社会文明的重要标志。建立科学、完善的社会保障制度,是社会主义社会的题中应有之义,是发展社会主义市场经济过程中的一项重要且紧迫的任务。②恩格斯指出:"现今的制度使寄生虫安逸和奢侈,让工人劳动和贫困,并且使所有的人退化;这种制度按其实质来说是不公正的,是应该被消灭的。**现在,劳动生产率提高到了这样的程度,以致市场的任何扩大都吸收不了那种过多的产品,因此生活资料和福利资料的丰富本身成了工商业停滞、失业、从而千百万劳动者贫困的原因,既然如此,这种制度就是可以被消灭的。**我们的目的是要建立社会主义制度,这种制度将给所有的人提供健康而有益的工作,给所有的人提供充裕的物质生活和闲暇时间,给所有的人提供真正的充分的自由。"③要"结束牺牲一些人的利益来满足另一些人的需要的状况",使"所有人共同享受大家创造出来的福利"④。从马克思主义的立场来看,防止两极分化,提高全体人民的社会福利,实现共同富裕,是社会主义社会的本质特征和根本目标。马克思主义也始终把社会主义的共同富裕视为根本区别于资本主义的发展道路。⑤

---

① 姜素勤. 马克思恩格斯的"社会主义因素"思想及其现实意义. 科学社会主义, 2009 (2).
② 周沛. 社会保障的阶级属性、资金来源与建立原则:马克思主义社会保障观初析. 南京大学学报, 1997 (2).
③ 恩格斯. 弗·恩格斯对英国北方社会主义联盟纲领的修正//马克思恩格斯全集:第21卷. 2版. 北京:人民出版社, 2003:569—570.
④ 马克思,恩格斯. 马克思恩格斯选集:第1卷. 2版. 北京:北京:人民出版社, 1995:243.
⑤ 侯惠勤. 作为社会主义本质特征的共同富裕. 中国社会科学报, 2012-02-01 (B01).

凯恩斯在1930年发表的《我们后代的经济前景》一文中预言说,如果我们选择致力于非经济目标的话,那么,每周15个小时的工作时间就可以满足一个社会的需求,工作之外的时间可用于休闲和文化创造。不过,由于人类的整个进化史已经使我们形成了为生存而斗争的本能和习惯,人类的真正永久性的问题是如何利用解除了经济忧患之后的自由问题,或者说,是如何休闲以便使自己"理智地、舒适地和更好地"生活。① 与私有制的资本主义社会相比,社会主义以公有制为主体等方面的优越性,保证了社会的统一性,社会管理或治理不带有阶级对抗性。社会主义社会治理的主要目的是克服阶级之间的社会差异,充分保证社会全体成员的福利和自由的全面发展。② 社会主义公有制有利于保证在经济发展方面,能够根据社会的实际需要安排生产,从而实现可持续与协调发展,而不是像资本主义生产方式那样为了生产而生产、通过制造"虚假需求"维持生产的持续运行,避免私有制下社会陷入两极分化、消费主义的困境,建设福利社会本身将成为社会发展的目的,而不仅仅是将福利作为刺激消费、拉动经济增长的工具。

贫富差距是当今中国面临的重大现实问题,从马克思主义的立场看,这种贫富差距是不正义的。当然,正义的实现是有其客观条件的,在当前中国的社会经济条件下,我们需要做的是在不使福利减少的情况下尽可能地缩小贫富差距。③ 严重的贫富差距问题,已成为我国最大的民生问题之一。解决贫富差距问题,从分配问题入手是必要的,但要从根本上解决贫富差距问题,还是要坚持以社会主义公有制为主体,解决所有制问题。④ 邓小平在南方谈话中指出:"走社会主义道路,就是要逐步实现共同富裕。

---

① Keynes J M. Essays in persuasion. New York: W. W. Norton & Company, Ltd., 1963: 358-373.
② 奥马罗夫. 社会管理: 某些理论与实践问题. 王思斌,等译. 杭州: 浙江人民出版社, 1987: 1-9.
③ 段忠桥. 当前中国的贫富差距为什么是不正义的?: 基于马克思《哥达纲领批判》的相关论述. 中国人民大学学报, 2013 (1).
④ 赵智奎. "走社会主义道路,就是要逐步实现共同富裕": 纪念邓小平"南方谈话"发表20周年. (2012-01-06) [2018-05-22]. http://theory.people.com.cn/BIG5/148980/16814332.html.

共同富裕的构想是这样提出的：一部分地区有条件先发展起来，一部分地区发展慢点，先发展起来的地区带动后发展的地区，最终达到共同富裕。"① 邓小平还用科学社会主义理论对社会主义本质做了论断："解放生产力，发展生产力，消灭剥削，消除两极分化，最终达到共同富裕。"邓小平指出，中国"十二亿人口怎样实现富裕，富裕起来以后财富怎样分配，这都是大问题。题目已经出来了，解决这个问题比解决发展起来的问题还困难。分配的问题大得很。我们讲要防止两极分化，实际上两极分化自然出现。要利用各种手段、各种方法、各种方案来解决这些问题"②。也就是说，走社会主义道路必须既要解决好发展的课题——解放和发展生产力，把"蛋糕"做大，也要解决好分配的课题——逐步消灭剥削，消除两极分化，把"蛋糕"分好。邓小平对于社会主义初级阶段的贫富分化问题提出过预警并提出了解决的办法，认为"只要我国经济中公有制占主体地位，就可以避免两极分化"③。

受社会经济发展阶段和水平的制约，中国长期实行的是以社会救助为主的较小范围、较低水平的社会福利体制。改革开放以来，在效率优先、兼顾公平的市场化改革过程中，社会福利体制以社会保险为主，以补缺性、强调权利与义务对等性为特征，国家投入相对有限，保障标准偏低，社会福利服务对象限于老人、孤儿、残疾人、五保户等人群。社会福利支出不足的后果是基本公共服务短缺，人民基本需要得不到满足，导致巨大的"福利真空"和"福利断层"④。随着国民经济的发展和人民对公共服务等社会福利需求的不断增大，中国的社会福利保障制度改革正在加速推进，但社会福利保障建设仍滞后于经济社会发展，覆盖面不宽、保障水平不足仍是主要问题。大力发展和完善社会保障体系，大幅度提高社会保障水平，符合国情、顺应民意、切合实际，是促进经济社会持续发展、协调

---

① 邓小平. 邓小平文选：第3卷. 北京：人民出版社，1993：373-374.
② 中共中央文献研究室. 邓小平年谱（1975—1997）：下. 北京：中央文献出版社，2004：1364.
③ 同①149.
④ 岳经纶. 中国社会政策的基本特征及未来挑战//岳经纶，陈泽群，韩克庆. 中国社会政策. 上海：上海人民出版社，2009：284.

发展和社会稳定和谐的必由之路。那种把社会福利视为经济发展的负担，过于担心提高社会福利水平会导致"福利病"和"福利陷阱"的观念是没有道理的。我国仍处于社会主义初级阶段的国情决定了社会福利水平的提升还是一个长期的过程，但建设和走向福利社会，是社会主义的本质要求。

中国共产党"以人为本""执政为民"等执政理念的确立与施行，表明中国的改革本身就是一个国民社会保障与社会福利逐渐增加的过程，一个政府逐渐承担责任的过程[①]。我国"十二五"规划纲要提出的"改善民生行动计划"中，其中一项就是要"增加国有资本收益用于民生支出。扩大国有资本收益上交范围，逐步提高国有资本收益上交比例，新增部分主要用于社会保障等民生支出"[②]，这深刻地体现了社会主义的本质特征与要求。党的十九大报告强调"中国共产党人的初心和使命，就是为中国人民谋幸福，为中华民族谋复兴"，"永远把人民对美好生活的向往作为奋斗目标"，强调"带领人民创造美好生活，是我们党始终不渝的奋斗目标。必须始终把人民利益摆在至高无上的地位，让改革发展成果更多更公平惠及全体人民，朝着实现全体人民共同富裕不断迈进"。报告还明确提出"增进民生福祉是发展的根本目的"，要"在发展中补齐民生短板、促进社会公平正义，在幼有所育、学有所教、劳有所得、病有所医、老有所养、住有所居、弱有所扶上不断取得新进展，深入开展脱贫攻坚，保证全体人民在共建共享发展中有更多获得感，不断促进人的全面发展、全体人民共同富裕"。

（二）福利社会建设与社会治理困境化解

从社会福利承担主体来看，中国在市场化改革的过程中，受利益格局调整及其塑造的主流话语和舆论的影响，社会福利一度被认为是政府和企业的"包袱"而过度甩向社会和市场，政府的社会福利责任弱化。在医疗

---

① 陈友华. 近期中国福利制度建设困难被夸大. (2011-08-10) [2018-03-13]. http://theory.people.com.cn/GB/15379633.html.
② 中华人民共和国国民经济和社会发展第十二个五年规划纲要. 北京：人民出版社，2011：105.

卫生、教育等社会福利的很多方面，政府的投入持续走低，个人和家庭支出所占的比重快速增长。①

在全球化、市场化、金融化、工业化、城市化、信息化和老龄化等趋势与力量的推动下，中国在经济体制、社会结构、利益格局、思想观念等方面都发生了深刻的变化，各种深层次的结构性不平衡与社会矛盾日益凸显。尤其是中国改革开放40多年来的快速发展，使得西方发达国家在上百年间所经历的经济社会发展历程，在被高度压缩的时空背景中积聚和体现在中国发展中。

当前中国面临的主要挑战是经济社会发展中不平衡、不协调、不可持续的问题。首先，经济发展方式存在结构失衡。包括经济快速增长与资源环境约束之间的矛盾突出，出口与内需之间失衡，形成靠投资、出口拉动增长的路径依赖，高投资与低消费之间存在结构性失衡；在投资方面也存在生产性投资和社会性投资的失衡（其中制造业和基础设施等方面的投资多，而社会保险、医疗保障、环保、教育等方面的投资比较少）；产业结构不合理，中国人均国民收入已经达到中等收入国家水平，而产业结构层级尚处于中低收入国家水平，产业结构严重偏向低端制造业，在三大产业结构比重中，第三产业发展严重不足，就业吸纳能力提高较慢，形成高增长、低就业的格局。其次，社会发展与经济发展失衡，社会建设落后于经济建设，社会结构转型滞后于经济结构转型。城乡结构、区域结构、收入分配结构、阶层结构等方面存在不合理，各种社会矛盾、社会公正问题凸显，成为经济持续较快发展和社会和谐的主要制约因素。城乡、区域和贫富之间差距过大，社会保障等基本公共服务覆盖面和水平较低，而且配置极其不均衡；教育、住房、医疗、养老等成为老百姓支出的主要部分，既极大地制约了居民的消费预期和消费能力，成为内需增长和经济发展方式转变的首要制约因素，也成为人们不确定感、不安全感、不公平感的主要根源，成为影响社会稳定的重要因素。再次，在市场化、全球化、工业化、城市化和信息化加快，经济社会发展面临越来越多的不可预见风险的条件下，就业、住房、社会保障等方面正在加速推进市场化、社会化改

---

① 江治强. 转型加速期的民生问题与社会福利改革取向. 学习与实践，2010（12）.

革，社会流动人口增多，失业人员增多，贫困人群增多，使各类社会矛盾进入多发期。尤其是在人口老龄化和人口高度流动的条件下，中国的人口结构和家庭结构的巨大变化，使得过去可以由家庭、家族等传统社会支持网络帮助解决的养老、抚养、疾病照顾等方面的事务越来越需要由国家和社会来承担。最后，市场化改革和利益分化等因素带来了社会规范和价值观念的多元化，社会共识的缺乏也增加了社会矛盾和社会问题化解的难度。这一切，都对原有的经济社会发展方式和社会管理体制形成严峻的挑战。

社会福利等公共服务需求的快速增长与供给不足和资源配置不均衡之间突出的矛盾，成为我国当前与民生问题相关的社会矛盾和社会公平、公正问题凸显的重要原因之一。公共卫生、义务教育、社会保障等基本公共服务的短缺、不均衡或碎片化状态，也使得生产要素难以合理流动和有效配置，使得某些方面的社会管理问题加剧。城乡、地区、行业、部门和群体之间巨大的差距，尤其是公共服务方面的巨大差距，使得人口流动、城市管理、就业的结构性矛盾等问题加剧，甚至成为难以有效治理的顽疾。例如，地区、城市或行业之间公共服务与福利待遇的巨大差异，使得某些地区、城市或行业招不到人才，而某些地区、城市或行业却人才集聚，流动人口增长迅速，形成"蜗居"和"蚁族"等广受关注的社会现象，相关的人口调控措施也难以奏效。

保持较低的劳动力价格，使得中国在全球化竞争中保持了所谓的比较优势。有些人声称我们面临激烈的国际竞争环境，如果不延长工作时间、不保持低工资和低保障水平，我们就会面临更多的失业危机。实际上，经济增长并不能自动带来完善的社会保护。总体上来说，改革开放以来农村劳动力大规模向城镇流动就业，使城乡居民通过就业收入的增长分享了经济高速增长的成果，但对普通劳动者及其家庭的社会保障机制尚不健全。当前，居民对更加充分、均等的社会保障制度的需求大大提高，需要政府提供更多、更好、更均等的公共服务。[1] 当前国家应当在政府的主导下，通过建立项目完整、保障功能强、社会化运行、多层次发展的社会福利体

---

[1] 蔡昉. 刘易斯转折点与公共政策方向的转变：关于中国社会保护的若干特征性事实. 中国社会科学，2010 (6).

系，全面满足城乡居民的社会福利需求，让全体人民真正实现生有体面、死有尊严，实现中国社会福利体系从照顾弱者向普惠全民的转变①。

面对我国经济社会发展中的各种挑战，党的十七大明确提出"加快推进以改善民生为重点的社会建设"，提出"必须在经济发展的基础上，更加注重社会建设，着力保障和改善民生，推进社会体制改革，扩大公共服务，完善社会管理"。党的十八大进一步强调，"加强社会建设，必须以保障和改善民生为重点。提高人民物质文化生活水平，是改革开放和社会主义现代化建设的根本目的"。党的十九大继续强调"提高保障和改善民生水平，加强和创新社会治理"，"不断满足人民日益增长的美好生活需要，不断促进社会公平正义，形成有效的社会治理、良好的社会秩序，使人民获得感、幸福感、安全感更加充实、更有保障、更可持续"。

关于社会建设、社会管理和社会治理，学术界有很多讨论。如有人认为社会建设就是发展社会组织，建设公民社会；有人认为社会建设就是要实现社会现代化。从中国当前经济社会发展所面临的各类挑战与任务来看，社会建设就是建设福利社会，着力解决当前民生突出问题，保障和改善民生，提高社会福利水平，这是中国社会建设的基本任务和根本目的，也是加强和完善社会治理的基本途径。

社会福利作为一种再分配方式，是维护社会公平和社会稳定的重要手段，社会保障制度的建设关系到整个社会抗风险能力的强弱②。把社会治理置于社会福利建设的基础之上，是发达国家的一条成功经验。缩小社会差距，增进社会福利，缓解社会紧张，是社会治理的治本之策，也是社会治理创新的基础和重点③。社会建设和社会治理，从其内涵和本质而言，就是要更为合理地配置社会资源和社会机会，要在社会领域建立和完善对各种社会资源和社会机会进行合理配置的社会结构和社会机制，以及处理社会矛盾、社会问题和社会风险的新机制，促进社会的良性运行和协调发展。社会资源和社会机会是否合理配置，要以是否贯彻"民生为重、百姓

---

① 郑功成. 中国社会福利改革与发展战略：从照顾弱者到普惠全民. 中国人民大学学报，2011（2）.
② 向德平. 发展型社会政策及其在中国的建构. 河北学刊，2010（4）.
③ 景天魁. 社会管理创新与福利社会建设. 北京工业大学学报，2012（1）.

至上"来衡量。① 国家经济社会发展要从"无感增长"向"有感发展"转变②，要加快福利社会建设，让老百姓感受到发展，增强老百姓的幸福感。

以改善民生为重点的福利社会建设，要求公共政策和公共财政进一步向民生事业倾斜，建立"民生财政"，充分发挥公共财政的主渠道作用，建立民生投入与经济发展适度同步增长的保障机制。要以民生需求为导向，加强各项民生政策与群众需求的对接，加强生活、养老、医疗、住房、就业、教育等各项民生政策之间的衔接，通过提高公共服务等社会福利水平，切实解决群众关心的基本民生问题，强调治本管理，从源头上化解社会矛盾、促进社会和谐稳定。

（三）福利社会建设与发展方式转变

当前中国经济社会结构转型中的突出矛盾之一是经济结构不协调，突出表现为产业结构中服务业发展严重滞后，有效拉动就业的能力不足，内需不足长期存在，依赖出口、投资拉动增长的模式又极易受到国际危机冲击。

随着经济的发展，中国老百姓的生活水平不断提高，但广大农民的生活水平还远远没有达到富裕，城市也还有不少贫困人口，为什么却出现了严重内需不足和商品过剩问题？根本原因在于分配政策和阶级阶层结构不合理，福利社会建设的步伐滞后，国家拉动内需的政策错位。拉动消费必须解决深层次的问题，要改变重经济、轻社会的公共财政投入格局，增加教育、卫生、社会保障与福利及住房、环境等公共服务财政投入比重，降低服务价格，减轻城乡居民这方面的消费负担，从而减少公共服务对居民消费的"挤出效应"，拉动内需和消费，推动居民消费结构升级。③ 只有这样，才能真正有力地促进经济增长由主要依靠第二产业带动向依靠第一、第二、第三产业协同带动转变。可以说，加强以基本公共服务为重点

---

① 郑杭生. 社会学视野中的社会建设与社会管理. 中国人民大学学报，2006（2）.
② 郑杭生，黄家亮. 从社会成员"无感增长"转向"有感发展"：中国社会转型新命题及其破解. 社会科学家，2012（1）.
③ 陆学艺. 当代中国社会结构. 北京：社会科学文献出版社，2010：247-248.

的福利社会建设,是中国应对当前经济社会发展困境、推进整体改革事业的突破口。

1. 福利社会建设与产业结构转型

与第一产业和第二产业相比,第三产业的生产和消费与人的联系更为紧密。第三产业产品不像一般商品那样可以通过规模化生产提高劳动生产率来降低成本和价格,对于企业家来说,第三产业产品的生产就显得缺乏吸引力,与人相关的服务价格也就相对要昂贵,教育、卫生和社会福利部门就必然会出现费用扩张的趋势。所以,尽管这些领域原则上有可能由市场来调节生产,但最终仍需要由国家来资助和调控,否则,大部分老百姓就会由于费用太高而无法享受这些服务。因此,与人相关的服务大部分都由国家和政府资助是具有必然性的。从西方福利国家的发展历史看,经济的第三产业化,必然要求相应的社会政策调整,第三产业化与福利社会建设实际上是同步发展、相互促进的。福利国家的发展,是随着教育、卫生和社会福利事业等与人有关的服务业的扩充而兴起的,所以它本身就为这种产业转移做出了突出贡献。[1] 在工业化开始之前,80%以上的从业人员从事第一产业,后来工业化创造了越来越多的第二产业就业机会,而且提高了劳动生产率,劳动生产率的提高又反作用于第一产业,第一产业产品的需求达到了饱和极限。随着大批量生产和生产日益自动化,对工业品的需求也逐渐达到了饱和极限,在第二产业中,劳动力也日益为资本所排挤,就业机会越来越多地转移到了第三产业。第三产业化表现为工作内容的改变和对劳动力越来越高的技能要求,这一方面提高了对教育等公共服务的要求,另一方面,日益提高的技能要求使企业更愿意雇佣积极进取、灵活和可靠的劳动力,并用高工资和企业内部福利来吸引人才。而普通收入者,尤其是弱势群体则对政府福利更加依赖。第三产业化的趋势使得国家社会政策调整显得更加重要。此外,工业化、市场化、城市化、老龄化等经济社会结构变迁,使传统的家庭、社区等社会支持网络受到冲击,其社会支持功能下降,使得贫困、养老等都成为社会问题,都需要政府提供

---

[1] 考夫曼. 社会福利国家面临的挑战. 王学东,译. 北京:商务印书馆,2004:43-45.

完善的公共服务。

2. 福利社会建设与扩大内需

从各国发展的历史来看，基本公共服务等社会福利的发展都有其历史性和阶段性，往往都是在民生问题和社会矛盾凸显的时候受到重视并得以推进的。正因为如此，基本公共服务等社会福利往往容易被视为经济发展的负担，也是福利国家辩论的焦点。实际上，这种观念只把民生支出看作花钱的事，而忽视了其重要的经济功能。教育、医疗卫生、社会保障等基本公共服务和社会政策，并不是市场经济的负担，而是它的必要补充。因为这些社会政策和服务首先保证了人力资源积累，有助于提高劳动力素质，从而提高劳动生产率和资源的利用效率。而且，在消费成为经济增长的主要拉动力的市场经济条件下，内需不足和消费不足是经济健康发展的重要威胁因素。而对于大多数发展中国家来说，内需不足的重要原因是收入低下，尤其是公共服务缺乏、低水平或高价格，导致城乡居民消费预期不稳，消费倾向下降。因此，扩大基本公共服务的供给，特别是提高基本社会保障水平，有助于减少居民的预防性储蓄，促进消费，扩大内需，从而实现经济发展方式的转变和经济结构的优化。

当前，中国经济社会发展已进入新的阶段，公共服务需求增长迅速与公共服务供给短缺之间的矛盾突出，对下一步的改革提出了新的更高要求，加强和创新公共服务，不仅有助于改善民生，也有利于缓解经济社会发展中的一些结构性矛盾，甚至成为这些矛盾得以解决的突破口。

改革开放以来，中国的产业结构已发生了很大的变化，第一产业占国内生产总值的比重已下降到10%以下，但总体而言，长期以来第三产业比重明显偏低，低于世界平均水平，甚至低于世界低收入国家水平。从就业结构来看，中国的第三产业就业人员比例偏低，增长缓慢。产业结构不合理，第三产业比重偏低，形成高增长、低就业的格局，成为影响民生和经济社会持续发展的重要制约因素。中国第三产业发展滞后的制约因素中的一个重要方面是长期以来实施的投资、出口导向的经济发展战略，消费在拉动经济增长中作用有限。出口导向型的发展造成的困境是资源、生态环境恶化，外贸依赖度高，金融风险加剧，制约就业增长，国民收入和生活水平提升缓慢。此外，中国投资拉动型的发展模式，也造成了生产性投资和社会性投资的失衡，投资主要集中在制造业和基础设施等领域，而关乎民生的社会保障、医疗卫生、环保、教育等方面的社会性投资则比较少。基本公共服务不发达、价格昂贵，尤其是教育、医疗、养老、住房等成为老百姓支出的主要部分。在养老、医疗、子女教育等方面没有保障的情况下，即使居民收入增长，也很难提高居民消费率，老百姓更为注重预防性储蓄而不敢消费，是内需不足的重要原因。

早在1998年东南亚金融危机时，中国就提出了扩大内需的战略，刺激经济增长。2008年金融危机以后，我国更为注重转变经济发展方式、走上向拉动内需转变的发展道路。但总体而言，这种转变进行得并不顺利，扩大消费的政策效果并不明显。究其原因，有认识方面的问题，也有体制方面的问题。在认识上，经济学的消费、投资、外需"三驾马车"中，消费仅仅是工具和手段，往往只在经济增长需要时，才会受到重视。在政治经济学中，社会主义生产的目的是不断提高人民物质文化生活水平，指的就是消费，消费本来是目的。但在西方经济学体系中，生产或物的生产是本位，消费和人被异化为工具。[①] 因此，经济发展方式的转变，仍然"是一个政治经济学的问题"[②]。

内需不只是个人消费，也包括政府在教育和公共卫生医疗事业等领域的投入与消费。建立良好的社会保障体系，提高工资，民众就可以进行更多消费，从而刺激内需。英国、瑞士、瑞典也都有通过公共消费刺激内需的成功经验。中国政府参与城镇化进程，投入打造宜居城市，提高人民生活水平，改善人民的生活质量和环境等，都是促进中国经济转型、建立更加依赖内需的发展模式的重要方面。[③] 要真正实现增长方式的转变，需要政府职能的真正转型。加强以基本公共服务为基础的福利社会建设，有助于推动政府职能的转型，有助于扩大内需，促进消费，有助于打破制约服务业发展的路径依赖和制度体制性障碍，营造服务业发展的良好环境，推

---

① 刘尚希. 扩大消费：从转变认识和体制改革入手. 经济参考报，2012-03-01（8）.
② 吴敬琏. 我认同"我们仍然处在政治经济学时代"这个重要提醒. 北京日报，2009-05-04（17）.
③ 姜红. 不平等现象加剧是新兴国家面临的一大挑战：访诺贝尔经济学奖得主、哥伦比亚大学教授约瑟夫·斯蒂格利茨. 中国社会科学报，2014-04-28（A05）.

动经济增长由主要依靠第二产业带动向依靠第一、第二、第三产业协同带动转变。

总之，如果不明确建设福利社会的重要性，就难以将老百姓的正当消费当作目的，就不能有效推动经济发展方式的转变，也就难以从根本上扭转经济社会发展失衡的状况，社会福利投入就只能被当作生产或经济增长的工具，只在需要时才会受到重视，在不需要的时候就可能受到压制，民生问题就会严重受影响。重视福利社会建设，有利于促进福利投入的制度化，而不仅仅是当作拉动消费、促进经济发展的工具，也有利于防止将社会福利工具化为刺激消费的手段从而陷入消费主义的困境。

3. 福利社会建设与民生问题

当前中国经济社会发展已进入新阶段，已经从生存型阶段走向发展型阶段，需求结构正在发生巨大变化，正在经历从生活必需品到耐用消费品、从私人产品需求到公共产品需求的转变。社会公共需求呈现快速增长趋势，一方面是公共需求主体快速扩大，广大农民和城镇中低收入者逐步成为公共需求的主体，对义务教育、公共医疗、就业和社会保障的公共需求日益强烈；另一方面，公共需求数量和质量不断增长和提升，广大社会成员的公共需求，涉及义务教育、公共卫生、基本医疗、社会保障、基本住房问题、环境保护、食品卫生安全等各个方面。[1] 公共需求快速增长、需求水平不断提高，与公共服务不到位、基本公共服务短缺和区域、城乡、群体之间不均衡的矛盾进一步突出，成为影响民生和社会公平的重要问题，对改革提出了新的要求。

通过加强公共服务、扩大和促进公共消费（指对政府提供的公共服务的消费），可以有效抑制居民经济差距的扩大，从而减弱"马太效应"，对促进消费公平、能力公平具有重大影响，是改善社会公平的关键[2]。基本公共服务与民生问题直接相关，具有重要的社会与经济功能。基本公共服务有助于缩小初次分配造成的不平等，有助于减少绝对贫困，缩小群体收

---

[1] 迟福林. 第二次改革：中国未来 30 年的强国之路. 北京：中国经济出版社，2010：64-74.

[2] 刘尚希. 扩大公共消费是改善社会公平的关键. 光明日报，2011-02-11（11）.

入差距，有助于保障民众尤其是弱势群体的基本生活水平和基本健康，有助于培养人的发展能力。例如，在以劳动就业为主要收入分配方式的市场经济条件下，就业服务等基本公共服务有助于促进就业，帮助人们获得工作机会，保障就业者的收入和尊严；在劳动力从劳动密集型向知识、技术密集型转变的过程中，教育等方面的基本公共服务和社会政策有助于提升其文化程度和技术能力，为其提供向上流动的条件，这也是提高教育公平进而促进社会公平和社会稳定的主要途径。

加强公共服务不但有利于解决民生问题，而且有助于解决经济社会发展中许多结构性的矛盾问题，通过增加公共服务总体供给的质量与水平，有助于缓解地区间和城乡间发展不平衡、居民收入差距偏大、资源环境约束增加、内外需失衡、投资消费结构不合理等问题。

以基本公共服务为重点的福利社会建设，有助于促进社会管理从控制转向服务，促进服务型社会的来临。服务型社会将以服务社会、服务他人为宗旨，社会将根据如何更好地为人提供服务、满足人的各种需求和适应人的全面发展来设置相应的社会部门，从而促进社会整合，减少社会矛盾与冲突。服务也将构成社会上个体与个体、个体与群体、群体与群体的主要联系纽带。[1]

（四）福利社会建设与社会认同整合

从欧洲国家的发展历史看，19世纪和20世纪的工业化所引起的经济的和社会的动力，使得传统的保障关系瓦解，失去依靠的无产阶级集中在日益扩大的城市中，工业生活和城市生活带来损害健康的新风险，而正是福利国家式的社会政策，成为能够把分化而又相互敌对的阶级整合进民族国家社会秩序的中心领域[2]。以民族国家为单位和主体的社会福利制度与系统，通过直接影响民众的日常生活和抗风险能力，使国家成为为民众提供本体性安全的载体，成为国家认同和社会认同的基础性支撑因素

---

[1] 孙希有. 服务型社会的来临. 北京：中国社会科学出版社，2010：57-63.
[2] 考夫曼. 社会福利国家面临的挑战. 王学东，译. 北京：商务印书馆，2004：98.

之一①。

在以发展生产力和经济建设为中心的社会主义初级阶段发展路线与战略促进经济社会巨大发展的同时,社会贫富分化加剧,某些方面的民生问题和社会公平正义问题日益凸显,改善民生、实现共同富裕成为紧迫任务。而要实现分配公平和共同富裕,"最好的办法就是发展社会福利","不明确提出社会福利目标,不足以扭转经济和社会的失衡,不足以有效缩小贫富差距"②。在利益分化、社会风险等不确定性日益增强、价值观多元化的时代,不仅需要协调各阶层利益关系、促进利益共同体建设,更需要促进社会共识和价值认同。社会共识或社会认同的缺乏成为当前社会矛盾的焦点和社会治理困境的重要原因之一,因此,"社会成员在观念和价值观方面的共同性,其意义绝不亚于社会在利益结构方面的共同性"③。

中国社会当前面临的最大的社会危机是利益分化和失衡正在造成不同阶层与群体之间的分裂和敌视,极大地损害和瓦解着中国社会的凝聚力。在人口高度流动的背景下,由城乡、地区户籍,以及体制内外之别等制度性因素所造成的高度福利分化,也成为社会公平感、社会隔阂和社会认同问题的重要原因。因此,建设福利社会,提高国民的福利水平,也是最大限度凝聚人心、提升社会认同感的主要途径。从近年来中央和地方政府的政策和实践来看,通过推进以改善民生为重点的社会建设和社会治理,着力化解民生相关难题,满足民生所需,促进了社会公正,增进了利益共同性,同时也凝聚了民心,赢得了人民对党和政府的信任,提升了人民对国家的认同感,促进了人民对党以及党的基本路线方针政策的认同和拥护,扩大和凝聚了社会共识。

(五) 福利社会建设与文化建设

社会福利与社会成员的生活水平、健康和幸福息息相关,涉及社会群体或个体的心态层面,因此,在福利社会建设中,价值观等层面的文化秩

---

① 李友梅,等. 社会认同:一种结构视野分析. 上海:上海人民出版社,2007:16-22.
② 景天魁,毕天云. 建设具有中国特色的福利社会. 人民论坛,2009 (20).
③ 郑杭生. 论社会建设与"软实力"的培育. 社会科学战线,2008 (10).

序建设显得尤为重要。

正如费孝通所分析的，在饥寒线上挣扎的人们，追求的目标比较容易一致，因为这些要求还紧密联系着生物的基础，而在物质生活富裕的条件下，人与人之间身心上的差别有了分道扬镳的客观条件，不同地方、不同民族的人也更能发挥他们特有的价值倾向①。也就是说，衣食足而知荣辱，在解决了温饱和走向小康之后，人与人之间怎样相处的问题就会凸显。这就需要关注和研究社会发展过程中人们的心态变化，探索社会变迁中人与人相处能彼此安心、安全、遂生乐业，大家对自己的一生感到满足，对于别人也能乐于相处的新的心态秩序。②中国传统文化中有很多关于人与人之间如何和谐相处的奥义，如孔子所主张的"克己复礼"、"己所不欲，勿施于人"和"老吾老以及人之老，幼吾幼以及人之幼"等③。费孝通指出，社会学等社会科学研究者和教育工作者，要致力于挖掘中国丰厚的文化传统和大量社会历史实践所包含的深厚社会思想和人文精神理念，充分发挥其"位育"④教育的功能，帮助社会成员更好地认识、理解自我与社会之间的关系，培养人道、理性、公允的生活态度和行为，这是建设一个优质的现代社会所必不可少的⑤。

在现阶段社会矛盾复杂、价值观念和社会思潮分化的条件下，以价值共同性塑造为核心的文化建设，无疑是中国社会治理最为核心和基础性的工作。而文化建设的工作要落到实处，需要广大知识分子和教育工作者对古今中外人类优秀文化资源进行系统、全面、深入和细致的梳理、挖掘和提炼，形成适应中国当前和未来发展需要的文化价值体系。例如，其中一个重要方面就是知识分子和教育工作者要积极致力于国民基础教育教材建设等基本层面。在这方面，俄国大文豪托尔斯泰堪为楷模，他曾投入多

---

① 费孝通. 从小培养二十一世纪的人//费孝通全集：第13卷. 呼和浩特：内蒙古人民出版社，2009：251-261.
② 费孝通. 略谈中国社会学//费孝通全集：第14卷. 呼和浩特：内蒙古人民出版社，2009：241-258.
③ 费孝通. 孔林片思. 读书，1992（9）.
④ 按照潘光旦对"位育"的解释，"位"就是安其所，"育"就是遂其生。费孝通. 中国城乡发展的道路：我一生的研究课题. 中国社会科学，1993（1）.
⑤ 费孝通. 试谈扩展社会学的传统界限. 北京大学学报，2003（5）.

年心血，亲自为儿童编写启蒙课本，并自认为这是他"一生唯一的重要事业"。这无疑为俄国后来的发展奠定了坚实的文化精神基础。当前，我们一方面需要通过文化和教育体制改革创造这样一种氛围，另一方面也需要知识分子和教育工作者有高度的历史责任感和理论自觉意识。

福利社会建设能够为文化建设奠定坚实的基础。其一，社会福利水平的提高，有助于社会成员安居乐业，有利于减轻社会行动中普遍的功利化和工具化趋势；其二，福利水平的提升有利于社会整体创造性和创新能力的提升；其三，福利社会建设有助于创造一种良好的社会环境和氛围，使知识分子和教育工作者以更高的理论自觉和文化自觉意识潜心深入研究中国社会发展中的重大课题，这对于中国文化软实力的建设和中华民族的伟大复兴有着重要的战略意义。

三、中国福利社会建设之路与当前的重点任务

各国由于历史传统、经济社会条件、政治意识形态等方面的不同，其福利制度的发展、模式和改革的方向也有差异。中国的历史和现实国情，决定了我们不可能走西方福利国家道路。中国的社会福利制度也必然有着别国无法复制的特征。

中国福利社会在历史进程、本质属性、意识形态、根本目的等方面，与西方福利国家有重要的差别。例如，中国作为社会主义国家，在社会主义初级阶段社会福利水平的提升还是一个长期的过程，虽然在社会快速转型期也面临社会稳定等问题的挑战，而社会福利水平的提升有助于社会稳定，但建设福利社会的根本目的不仅仅是维持稳定，也就是说，建设福利社会是由社会主义的本质决定了的主动发展方向。

中国的福利社会建设，不仅面向弱势人群，而且面向全体人民；除了物质等层面，更重要的是通过普惠、公平、可持续的社会福利制度建设，解除人民生活后顾之忧，不断提高人民的生活质量，切实维护个人的自由、平等与尊严，给人民以安全的、长远的美好预期和对未来的充分信心，增进人民的幸福感，劳动与生产的安排要以人为本，而不是让人成为生产的工具，要使全体人民能够安居乐业。

在中国当前的福利社会建设事业中，要着重完成几个方面的任务：一

是要形成福利社会建设的共识;二是国家和政府要发挥福利社会建设的责任主体作用;三是要尽快消除福利分割和福利排斥,建立统一的普惠型社会福利;四是在社会福利制度设计上要立足本土、挖掘传统、借鉴国外、创造特色。

(一) 形成福利社会建设的共识

较高水平的社会福利需要适当的财力支持,更需要民众的支持。二战以后,建造一个平等的福利社会,成为许多欧洲国家的基本社会共识。例如,最早建立"从摇篮到坟墓"的福利制度的英国,是在二战后极其艰难的情况下,得到了对建设福利制度的广泛拥护。战争造成的苦难,使人们更加向往美好生活,渴望各阶级之间的团结与共识,这种共识为政府建立普遍供给式的福利体制奠定了坚实的基础,福利国家制度也成为当时弥合社会分歧的重要工具。

在今天已有的科学技术条件下,世界已经开发的资源是足以为所有的人提供基本需要的,但现在还存在广大饥寒的人口,是由于分配上存在问题[1]。人类在生产力水平制约下所形成的"为生存而斗争的本能和习惯"[2],使人类在生产力发达、经济富裕之后仍难以解决和谐相处的问题。英国等西方国家在二战后艰难的条件下,各阶层具有较为普遍的共识,这种共识成为建立普遍供给式福利体制的基础。但是到后来,在新自由主义等思潮的主导下,市场和竞争取向的价值观及其经济社会制度与政策导致西方福利国家社会共识日益缺乏,进而陷入所谓"福利国家危机"。关于"福利病"和"福利陷阱"的话语,无疑会误导和影响我国社会福利事业的发展。在社会福利理论与政策研究中,中国学者要有高度的理论自觉意识,在对西方福利国家和我国福利制度发展的历史、现状与未来趋势进行深入分析的基础上,厘清"福利病"等观点背后的话语意识形态及其误区,寻求中国福利社会建设的共识。

---

[1] 费孝通. 从小培养二十一世纪的人//费孝通全集:第13卷. 呼和浩特:内蒙古人民出版社,2009:251-261.

[2] Keynes J M. Essays in persuasion. New York:W. W. Norton & Company,Ltd.,1963:358-373.

(二) 突出国家和政府在福利社会建设中的主体作用

在现代化和经济全球化过程中，社区、家庭等自给性的社会支持网络被严重削弱，因此，那种弱化国家和政府的责任而强化个人、家庭和社区的福利服务责任的福利制度改革缺乏坚实而稳定的社会基础。就如斯蒂格利茨所分析的，经济发展过程中的社会分化或不平等现象也与经济政策和政治有密切关系，要实现可持续发展、社会和经济稳定，就必须解决不平等和机会不均等的问题，这就需要政府发挥积极作用。中国在让市场发挥决定性作用的同时，也应注意到市场自身的缺陷，要建立一个框架让市场促进发展、增进社会和谐与社会福祉，确保环境不被污染，人们的受教育水平不断提高，创造激励创新的环境，使不同部门能为彼此带来益处。①

对于中国而言，之所以需要更强调国家和政府在福利社会建设中的责任主体地位，一是由于社会主义制度与体制使得国家和政府有着强大的资源汲取能力，掌握着大部分国民财富和社会资源，这些资源要取之于民、用之于民，这是社会主义的本质要求。二是中国因自然、历史条件和政治等因素所造成的城乡之间、区域之间、行业之间和群体之间巨大的差距，以及利益部门化和集团化等所造成的民生困境，都需要国家发挥利益协调和平衡作用，通过顶层制度设计加以解决。三是我国国家福利责任的不足，不仅表现为长期以来民生财政投入较低，也表现在相关制度政策方面。例如，我国相关劳动就业制度，如计划经济时期单位制条件下所形成的夫妻两地分居等家庭分离问题，改革开放以来户籍制度下农民工进城务工造成许多农村家庭处于分离状态，家庭发挥照料、养老等功能的条件几近丧失，导致留守儿童、留守老人、留守妇女等诸多影响深远的社会问题。要根本解决这些社会问题，国家和政府推动制度变革仍是决定性的因素。要发挥家庭、社区、个人、社会组织和企业等其他社会主体在社会福利承担中的责任，也需要有国家和政府在相应制度和政策层面进行引导与支持，从而形成多方参与的社会服务供给格局。例如，在老龄化趋势加

---

① 姜红. 不平等现象加剧是新兴国家面临的一大挑战：访诺贝尔经济学奖得主、哥伦比亚大学教授约瑟夫·斯蒂格利茨. 中国社会科学报，2014-04-28 (A05).

剧、养老问题日益严重的情况下,要充分发挥中国家庭传统的在生产、生育和养老等方面的功能,需要国家和政府在劳动就业政策、住房政策、税收政策、户籍政策等方面做出相应的改革与调整。此外,国家和政府让市场在经济发展中发挥决定作用的同时,要认识到市场自身的缺陷,并重视以怎样的制度弥补市场的缺陷这一问题。

(三)消除福利分割和福利排斥

工业化、城市化和市场化的逻辑和动力推动着经济的一体化,但是社会制度层面却往往表现出强大的制度惰性。西方发达国家的成功经验是适应经济发展的需要,逐步调整相应的社会制度与体制,建立一整套公共福利和社会保障体制,在一定程度上解决或缓解收入分配不公等很多市场不能解决的问题,从而为其经济社会持续发展提供基本的保证。而拉美国家之所以一度陷入发展困境,就是因为在工业化和城市化过程中,大量的社会群体并没有为碎片化的保障制度所覆盖,贫民窟等社会问题严峻。在社会福利制度建设上,我国当前各种制度和体制性的分割仍然十分严重,如城乡户籍制度,有编制、无编制的制度,都成为劳动力排斥,从而形成社会不满的重要制度性原因,也造成社会稳定和社会治理的困境。例如,在住房问题上,城市化过程中各类资源迅速向城市集中,房价也随之上涨,导致城市低收入人口的基本居住需求不能得到满足,住房问题成为社会问题。而且,低水平和不完善的社会保障制度所带来的不确定感等因素,也成为中国民众投资买房的主要动力,由此形成严重的住宅问题。

人口普查和大量调查研究表明,我国大部分流动人口的居住和就业相对稳定,已经成为流入地的常住居民和就业者,成为不流动的"流动人口"。但是我国现有的相关政策体系却仍以流动人口频繁流动并最终会返乡的假设为基础,体现出"重就业、轻服务""重经济、轻保障"等特征。因此,当前迫切需要在城乡一体化的框架中重新设计社会福利相关政策。① 如果继续用户籍制度限制农村转移人口,在城市公共福利和社会保

---

① 段成荣,王宗萍. 就业稳定是当前流动人口的基本特征. 中国社会科学报,2013-05-10(A08).

障方面对他们加以排斥，社会治理问题必然会日益加剧。党的十八届三中全会也明确提出"城乡二元结构是制约城乡发展一体化的主要障碍。必须健全体制机制，形成以工促农、以城带乡、工农互惠、城乡一体的新型工农城乡关系，让广大农民平等参与现代化进程、共同分享现代化成果"，"推进以人为核心的城镇化"战略。中国必须走新型城镇化的道路，坚持以人为本，促进大中小城市、小城镇和农村社区协调发展，使老百姓能够安居乐业，从"无感增长"转向"有感发展"[1]。消除福利分割和福利排斥，建立统一的普惠型社会福利，能够避免补缺型福利政策的消极性，具有明显的反贫困、人力资本投资和对工作的激励等效果，也有助于化解诸多方面的社会治理困境，促进社会和谐。

（四）理论自觉与福利社会建设研究

社会良性运行和协调发展，需要各项具体社会制度和政策的支撑才能实现。当前中国社会的快速转型及其所面临的社会建设和社会治理困境，也迫切需要在社会福利制度和政策方面有所创新。社会政策也是最能集中体现社会学基本问题——个人与社会关系问题的重要领域，社会学在社会制度和政策研究上有着明显的优势。我国的社会科学工作者尤其是社会学学者要以高度的理论自觉，积极介入经济、社会政策的理论与实践研究。

对于新自由主义影响下的"福利病"话语和以公民社会为基础的西方治理理论，我们要结合中国的历史和现实国情加以反思性批判。近几十年来，在西方广为传播的治理概念、理论及意识形态，其主要特征之一就是认为福利国家存在着普遍性危机，建议加以废除，主张把公营企业和公共事业私有化，把优先发展市场和准市场作为分配服务的手段[2]。西方治理理念与模式是在西方土壤中发展出来的，是对其国家统治和管理经验的更新与提升，也是为其基本制度和国家利益服务的。我们的治理观点与理

---

[1] 郑杭生，黄家亮. 从社会成员"无感增长"转向"有感发展"：中国社会转型新命题及其破解. 社会科学家，2012（1）.

[2] 梅里安. 治理问题与现代福利国家. 国际社会科学杂志（中文版），1999（1）.

论，也必须与我国的根本制度、宪法和国体政体联系起来，考虑到我们自己的历史背景和内在逻辑。对于西方治理理论与实践中合理的成分，也需要在立足于我国历史和现实的基础上加以借鉴，否则注定会失败。① 那种强调单纯依靠市场力量与社会力量参与的治理模式，其实质是排斥广大人民分享发展成果，旨在维持原有的利益格局。中国的社会治理应该充分发挥国家与社会在利益上一致与合作的优势，以改善民生为重点，强调公共服务均等化，注重制度安排的公平正义，以人民的"有感发展"为社会治理改革与创新的目标。② 在中国福利社会建设理论与政策的研究和设计中，我们要根据时代变迁的特点，立足于我国经济社会结构发展的阶段性特征、面临的挑战与机遇；要善于挖掘和发扬中国传统文化中符合人类社会本质属性的传统因素，总结和发扬中国社会主义革命与实践过程中的优秀传统资源；还要善于总结、反思和吸取西方国家在社会转型过程中福利制度建设理论与实践中的经验和教训，注重民生政策与制度设计的科学性和合理性。

---

① 郑杭生. 理想类型与本土特质：对社会治理的一种社会学分析. 社会学评论，2014（3）.
② 郑杭生，邵占鹏. 中国社会治理体制改革的视野、举措与意涵. 江苏社会科学，2014（2）.

参考文献

董翔薇，董驹翔. 理论自觉与中国社会学学派的成长：郑杭生的社会运行学派及其贡献. 甘肃社会科学，2012（3）.

费孝通. 反思·对话·文化自觉. 北京大学学报，1997（3）.

费孝通. 费孝通全集：第 1～20 卷. 呼和浩特：内蒙古人民出版社，2009.

费孝通. 简述我的民族研究经历和思考. 北京大学学报，1997（2）.

费孝通. 试谈扩展社会学的传统界限. 北京大学学报，2003（5）.

费孝通. 我们要对时代变化作出积极有效的反映. 社会，2000（7）.

费孝通. 中国城乡发展的道路：我一生的研究课题. 中国社会科学，1993（1）.

费孝通. 中华民族的多元一体格局. 北京大学学报，1989（4）.

费孝通. 中华民族研究的新探索. 北京大学学报，1990（4）.

洪大用，黄家亮. 理论自觉与社会运行学派的发展. 社会学研究，2015（5）.

洪大用. 理论自觉的必要性及其意涵. 学海，2010（2）.

奂平清. 华北乡村社会转型的困境与城市化道路：以河北定州为例. 中共中央党校学报，2008（3）.

奂平清. 施坚雅乡村市场发展模型与华北乡村社会转型的困境：以河北定州为例. 社会主义研究，2008（4）.

奂平清. 华北乡村集市变迁、社会转型与乡村建设：以定县（州）实地研究为例. 社会建设，2016（5）.

奂平清. 社会资本与乡村社区发展：以西北弓村为例. 北京：中国社会出版社，2008.

奂平清. "关系社会学"研究反思. 科学社会主义，2010（1）.

奂平清. "理论自觉"与中国马克思主义社会学的发展：郑杭生的社会学理论立场及意义. 甘肃社会科学，2012（3）.

奂平清. "理论自觉"与中国社会学的发展：以郑杭生及其社会运行学派为例. 西北师大学报，2012（3）.

奂平清，夏志新. 陆学艺"三农"问题研究的社会学理论自觉及其意义. 社会学评论，2013（6）.

奂平清. 费孝通学术历程的理论自觉及其意义. 天津社会科学，2013（6）.

奂平清. "小城镇大问题"再思考. 中国社会科学（内部文稿），2016（1）.

奂平清. 从"罕言夷"看孔子的民族观：兼谈民族研究的理论自觉. 文史哲，2017（1）.

奂平清. 大瑶山调查与费孝通民族研究的理论自觉. 西北师大学报，2016（3）.

奂平清. 费孝通的"和而不同"与"天下大同"思想：兼论民族研究的文化自觉与理论自觉. 学海，2014（4）.

奂平清. 费孝通乡村工业化思想的人文关怀与理论自觉及其意义. 甘肃社会科学，2015（5）.

奂平清. 福利制度是西方国家危机的根源吗？：兼论中国社会福利研究的理论自觉. 教学与研究，2014（2）.

奂平清. 福利社会建设与社会治理：兼论社会政策研究的理论自觉. 教学与研究，2015（11）.

奂平清. 小城镇依然是大问题吗？：费孝通城乡社会学理论自觉的启示. 江苏社会科学，2016（5）.

李强，张莹. 社会运行视角与社会学的本土化. 社会学研究，2015（5）.

李迎生. 当代中国特色社会学理论的开拓者：郑杭生社会学探索历程. 社会科学战线，2007（1）.

刘少杰. 马克思主义社会学理论研究的历史与机遇. 江海学刊，2008（5）.

刘少杰. 社会学研究的提升：从经验描述到理论思维. 河北学刊，2006（5）.

陆学艺. "三农"续论：当代中国农业、农村、农民问题研究. 重庆：重庆出版社，2013.

陆益龙. 从文化自觉迈向理论自觉：郑杭生对中国社会学及理论的贡献. 甘肃社会科学，2012（3）.

谢立中. 超越个人与社会之间的二元对立："社会互构论"理论意义浅析. 社会学研究，2015（5）.

谢立中. 当前中国社会学理论建构的努力与不足. 河北学刊，2006（5）.

郑杭生，奂平清. 社会管理和社会治理基本理论研究. 昆明：云南教育出版社，2014.

郑杭生. "理论自觉"与中国风格社会科学：以中国社会学为例. 江苏社会科学，2012（6）.

郑杭生. 促进中国社会学的"理论自觉"：我们需要什么样的中国社会学？. 江苏社会科学，2009（5）.

郑杭生. 改革开放30年：当代中国社会学的历史轨迹和鲜明特色. 教学与研究，2008（6）.

郑杭生. 关于加强社会学理论研究的几点思考. 河北学刊，2006（5）.

郑杭生. 改革开放30年：日趋成熟的中国社会学：有关中国社会学发展全局的几个重大问题. 江苏社会科学，2008（3）.

郑杭生，等. 社会转型与中国社会学的理论自觉. 北京：中国人民大学出版社，2011.

后　记

2002年，我有幸进入中国人民大学社会学理论与方法研究中心和社会学系，师从郑杭生先生学习，并于2005年博士毕业后留在中心和系里工作。在十多年中，我跟随先生做过许多有关中国社会建设与社会治理实践的实地调查项目，如定州（县）乡村变迁研究、杭州市城市发展与社区建设调查、广州南海城乡社区建设调查、北京市民政事业建设研究、武汉市社区建设以及浙江临安乡村建设考察等。在这些涉及新时期中国社会发展的重大现实及理论问题的调查研究中，我深刻感受到先生作为社会学家的"顶天立地"精神及其在社会学思想、立场与方法等方面的高度理论自觉意识，由此对他所倡导的"立足现实、开发传统、借鉴国外、创造特色"的中国社会学理论自觉路径有更为深入的领悟。

本书正是我响应郑杭生先生关于要将理论自觉全面落实和运用到中国社会学的各个领域、各个方面和各个层次的倡议，结合自己的研究领域和学术兴趣，在城乡发展、民族和文化问题、社会资本和关系研究以及社会政策研究等领域的一些研究与反思。"山高水长有时尽，唯我师恩日月长。"在先生逝世三周年之际，谨以此书作为对先生的纪念！

感谢中国人民大学社会与人口学院的张建明教授、洪大用教授、李路路教授、刘少杰教授、郭星华教授、李迎生教授、陆益龙教授和冯仕政教授，感谢他们自我进入中国人民大学以来给予的各种关心和帮助！感谢胡鸿保教授，他对中国人类学、民族学的历史、现状及相关人物的许多精到评论，给我启发颇多！感谢中国人民大学社会学理论与方法研究中心办公室主任李锁成老师给予我的各种支持和帮助！

齐齐哈尔大学的董驹翔教授作为郑杭生先生的老朋友及其学术思想

的研究者，常赞叹郑杭生先生社会运行论的博大精深，并鼓励我们要努力继承和发扬他的学术理论。董先生与我亦师亦友，在见面、邮件和微信的交流中给予了我很多鼓励和关爱，在此深表谢意！

感谢我在西北师范大学攻读硕士研究生时期的导师刘敏教授、王宗礼教授和贾应生教授，是他们引导我走上了社会学的学术研究之路。师友岳天明教授、刘仲翔编审、宋国恺教授、王道勇教授、焦若水博士、黄家亮博士等，我在与他们的交流中获益良多。纸短情长，还有许多师友的情谊，我铭记在心，在这里难以一一致谢。

本书部分内容曾在相关刊物上发表，感谢这些刊物编辑部、审稿人和责任编辑给予我的肯定、意见和建议！本书获得中国人民大学"决策咨询及预研委托项目学术成果征集"项目的研究和出版资助，特致感谢！同时感谢该项目的评审专家的肯定和支持！感谢中国人民大学出版社人文分社社长潘宇女士的支持，感谢策划编辑盛杰女士，责任编辑黄超、万冰任鉴女士的支持与精心编辑工作！

"哀哀父母，生我劬劳。"父母一生辛劳，即使是在家中极度贫困时期也竭尽所能鼓励我追求学术研究的梦想，希望我成为一个对国家、对社会有用之人。老父远在千里之外，每每电话问候，总是询问近来可有什么新的文章和著作发表。父亲盼儿有所作为的殷切之情、拳拳之心，让我在为学为人之路上始终不敢有丝毫懈怠。这本书权且当作对父亲培育和关怀之恩的点滴回报！

"家是世界上唯一隐藏人类缺点与失败的地方，它同时隐藏着甜蜜的爱。"感谢妻子这些年来给予的理解和支持，她不仅宽容和忍耐了我常常在家庭责任中"缺席"，还在文稿的修改润色方面付出了许多心血！感谢儿子的乖巧和懂事，他知道爸爸有自己的作业，不能时时刻刻陪伴他，因此也养成了自觉完成作业和合理安排游戏时间的习惯。

承载如此深厚的师友扶持之义和家人关爱之情，吾虽愚钝，亦知"士不可以不弘毅，任重而道远"，并以此自勉。

奂平清
2017 年 11 月 9 日
于中国人民大学社会学理论与方法研究中心

图书在版编目（CIP）数据

理论自觉与中国社会学的探索/奂平清著. —北京：中国人民大学出版社，2019.8
（百家廊文丛）
ISBN 978-7-300-25296-4

Ⅰ.①理… Ⅱ.①奂… Ⅲ.①社会学-研究-中国 Ⅳ.①C91

中国版本图书馆 CIP 数据核字（2017）第 311965 号

百家廊文丛
理论自觉与中国社会学的探索
奂平清　著
Lilun Zijue yu Zhongguo Shehuixue de Tansuo

出版发行	中国人民大学出版社		
社　　址	北京中关村大街 31 号	邮政编码	100080
电　　话	010-62511242（总编室）	010-62511770（质管部）	
	010-82501766（邮购部）	010-62514148（门市部）	
	010-62515195（发行公司）	010-62515275（盗版举报）	
网　　址	http://www.crup.com.cn		
经　　销	新华书店		
印　　刷	北京东君印刷有限公司		
规　　格	160 mm×230 mm　16 开本	版　次	2019 年 8 月第 1 版
印　　张	17	印　次	2019 年 8 月第 1 次印刷
字　　数	258 000	定　价	58.00 元

版权所有　侵权必究　印装差错　负责调换